新时期城市管理执法人员培训教材

数字化城市管理案例汇编

全国市长研修学院
（住房和城乡建设部干部学院） 组织编写

中国城市出版社

图书在版编目（CIP）数据

数字化城市管理案例汇编/全国市长研修学院（住房和城乡建设部干部学院）组织编写．—北京：中国城市出版社，2018.10
新时期城市管理执法人员培训教材
ISBN 978-7-5074-3148-3

Ⅰ.①数…　Ⅱ.①全…　Ⅲ.①数字技术-应用-城市管理-案例-中国-教材　Ⅳ.①F299.23-39

中国版本图书馆CIP数据核字（2018）第203990号

为总结和贯彻数字城管典型经验，促进数字城管事业健康发展，指导地方“建好、用好”数字城管，进一步落实《中共中央国务院关于深入推进城市执法体制改革改进城市管理工作的指导意见》（中发〔2015〕37号）精神，全国市长研修学院（住房和城乡建设部干部学院）组织数字城管专家组，并邀请了数十名业内专家，成立本书编委会，经过多次走访调研，实地考察评估、核实印证，共筛选出20个城市实践案例。

本书作为第一本全国数字城管实践案例教材，期望对各地数字城管工作者提供有益借鉴和参考。

责任编辑：李　慧　李　明
责任校对：党　蕾

新时期城市管理执法人员培训教材
数字化城市管理案例汇编
全国市长研修学院（住房和城乡建设部干部学院）　组织编写
*
中国城市出版社出版、发行（北京海淀三里河路9号）
各地新华书店、建筑书店经销
北京科地亚盟排版公司制版
北京圣夫亚美印刷有限公司印刷
*
开本：787×1092毫米　1/16　印张：14　字数：349千字
2019年1月第一版　2019年1月第一次印刷
定价：**52.00**元
ISBN 978-7-5074-3148-3
（904111）

本书编委会

主　　编　崔俊芝

副 主 编　郝　力　高　萍　蒋景曈

编写组成员（按姓氏笔画排序）

马春莉　王　东　王　芳　王洪深　王海滨　皮定均
刘佳琪　李学东　杨怀亚　吴江寿　吴强华　宋　佐
宋光辉　张凤楼　陈芸华　陈建伟　周冠骅　郑开涛
胡德萍　郭　滨　崔　迪　梁柏清　童　林　曾明波

序

城市是地理空间、自然生态、人类物质文明和精神文明的统一载体，是现代人类社会政治、经济、科技与文化活动的中心，是推动人类社会进步的主结点。城市不仅居住着一半以上的人口，聚集着百分之八十以上的社会财富；而且拥有几乎百分之百的精神文明产品。城市化（或城镇化），仍然是当今社会发展的动力源，特别是对于正在迅速崛起的中国。

城市从其诞生起就伴生了城市管理，最初的城市管理是专制模式，伴随着政治、经济和社会的进步，城市管理经历了漫长的进化，演变到今天的公共治理。

由于城市居民的社会地位、文化素质、职业技能、经济收入、生活方式、宗教信仰和社会需求的巨大差异，由于经济、科技和社会进步而形成的生产方式、经营方式及政策、法规的多样性和复杂性，再加上现代信息技术的广泛应用，特别是互联网、物联网、有线与无线通信、智能终端，融入社会活动的各个角落，使得今天的每座城市都是一个复杂、开放的巨系统；在任何一座城市的任何一个角落发生的任何一个重要事件，都可能迅速传遍全球，形成推动社会进步的动力，或造成社会动荡，招致人、财、物的巨大损失。

现代化城市呼唤着现代化的城市管理，需要科学的规划、合理的决策，人性化的管理，需要将现代社会管理学，特别是城市管理学与现代系统科学、系统工程学、工程管理学相结合，综合集成现代信息技术，创建支持城市规划、建设、管理与服务的体制、机制，技术体系，运行体系，即数字化城市管理模式，以实现精准、实时、高效的社会管理，保证政治、经济、科技、文化和社会的可持续发展，不断提高市民的物质与文化生活水平，构建和谐社会。

在中国，数字化城市管理起源于 21 世纪初。2004 年，北京市东城区区委、区政府为了彻底改变城市管理中条块分割、职能交叉、管理粗放、缺乏监督、效率低下和服务差的状况，创建了融合城市管理与服务于一体的“网格化（数字化）城市管理新模式”。“新模式”的核心内涵是：

在城市管理体制、机制、业务流程方面，建立了监督和指挥—处置既独立，又协调的“双轴心”的管理体制；创建了无缝衔接的城市管理业务流程。

在管理方法上，提出了对城市管理对象精确定位的万米单元网格法，以及相应的城市部件管理法和城市事件管理法，建成了基于GIS和万米单元网格的城市部件和事件数据库群，及数据库管理系统。

在管理手段方面，研发了实时实地采集城市管理信息的“城管通”，以及无线与有线的信息传输与集成系统；通过整合资源，建成了一个综合集成现代信息技术的、支持精确、高效、全时段、全方位城市管理的、信息资源共享的支撑平台。

在管理与服务绩效评价方面，建立了针对管理机构和管理者的、科学合理、客观公正的绩效考核与评价体系。

“新模式”实现了城市管理由粗放向集约，由滞后向实时的转变，实现了对市政、公用、园林、环卫、建筑、房产等城市基础设施，以及摆摊、烧烤、乞讨、非法小广告、占道经营等管理对象的全时段、全方位的监督和管理，并具有防范和协助处理突发事件的功能。

“数字化城市管理新模式”自诞生之日起，就展现出科学、高效和人性化的管理效能。为了有效地推广“新模式”，住房和城乡建设部及时地组织“新模式”的实践者和专家，编制并发布了数字化城市管理的标准体系，包括建设、验收和运行效果评价的标准、规范和导则等。该标准体系由9个标准组成，它们既规范了数字化城市管理建设和运行的行为，也为城市管理者创新、扩展和完善“新模式”留下了充裕的空间，每个标准都对“扩展表示”做出了规定。

住房和城乡建设部于2005年10月召开专题会议，确定了首批试行数字化城市管理的城市，由此拉开了在全国推行数字化城市管理的帷幕。十多年来，在住房和城乡建设部的大力推动和各城市的共同努力下，数字化城市管理迅速地由大中城市扩展至中小城市。通过十余年的完善和创新，使得数字城市管理的运行实效不断提升，管理内容不断丰富，功能不断扩充，影响力不断扩大；不少城市已经将“数字化城市管理”扩充至文物保护、流动人口、出租房屋、工商执法、社保医疗等社会安全管理与公共服务领域；同时，探索出许多建设和运行数字城市管理的成功经验，例如，监督重心上移，指挥与处置重心下移；政府主导下的市场化运行；城市主管领导重视数字化城市管理的建设和运行等。

值得指出，数字化城市管理在各地取得成功与当地城市领导的重视密不可分。由于数字城市管理涉及城市规划、建设、国土、房产、市政、公安、交通、园林、环保、环卫、工商、技监、药监、卫生、民政、综合执法等数十个政府部门，以及水、电、气、热、通信等众多的专业公司，在建设和运行中必然涉及机构调整、资金投入和资源整合等跨部门、跨企业的困难问题，城市主管领导的指导、协调和政策、法律的支持是“新模式”取得成功的根本保证。实施数字化城市管理的城市领导多数都本着执政为民的理念，积极开拓创新，为数字城市管理的建设和运行做出了重要贡献。总结和传播他们的经验是进一步提升数字化城市管理水平和效益的基础。

综上，数字化城市管理是时代发展的产物，它为城市管理者和全体市民共享和管理城市资源，提供了体制、机制、组织架构、技术平台和标准体系，是城市管理科学与实践的一次革命性飞跃；是城市领导者落实科学发展观，贯彻以人为本、执政为民理念，建设有中国特色的城市管理制度的基础。

2015年中央召开了城市工作会议，同年12月发布了《中共中央国务院关于深入推进城市执法体制改革改进城市管理工作的指导意见》（中发〔2015〕37号），文件明确指出：“积极推进城市管理数字化、精细化、智慧化，到2017年年底，所有市、县都要整合形成数字化城市管理平台。基于城市公共信息平台，综合运用物联网、云计算、大数据等现代信息技术，整合人口、交通、能源、建设等公共设施信息和公共基础服务，拓展数字化城市管理平台功能。加快数字化城市管理向智慧化升级，实现感知、分析、服务、指挥、监察“五位一体”，……，综合利用各类监测、监控手段，强化视频监控、环境监测、交通运营、供水—供气—供电、防洪防涝、生命线保障等城市运行数据的综合采集和管理分析，形成综合性城市管理数据库，重点推进城市建筑物数据库建设。强化行政许可、行政处罚、社会诚信等城市管理全要素数据的采集与整合，提升数据标准化程度，促进多部门公共数据资源互联互通和开放共享，建立用数据说话、用数据决策、用数据管理、用数据创新的新机制。”

为了落实中央的新要求，加强数字城市管理的培训工作，全国市长研修学院（住房和城乡建设部干部学院）组织数字城市管理专家组，用半年时间编制了这套《新时期城市管理执法人员培训教材》，由三本组成，它们是：

《数字化城市管理理论、技术与实践》

《数字化城市管理标准解读》

《数字化城市管理案例汇编》

这套书是过去十多年我国数字化城市管理的写照，既涵盖了过去十多年数字城市管理的主要经验，也简要介绍了数字城市管理的未来——智慧化城市管理，笔者期待尽早看到年轻的同业者续写出智慧城市管理的新篇章。

这套教材能够如此快地出版，应该感谢全体撰写人员的尽心尽责，感谢全国市长研修学院（住房和城乡建设部干部学院）的同事们的尽力，还应该感谢城市管理行业的同仁无私地奉献了他们的资料。

从数字化到智慧化城市管理是一个只有起点没有终点、与时俱进的事业。伴随着现代化城市的规模扩张、功能扩充，信息技术的发展，以及城市管理者和市民对城市管理和服务需求的提升，需要城市管理者更多地发挥聪明才智，创建适应时代需求的智慧城市管理新模式。

愿此套教材能够点燃城市管理者的创新激情，续写未来城市管理的新篇章！

崔俊芝

（中国工程院院士、数字化城市管理
新模式推广领导小组专家组组长）

前 言

自2004年北京东城区创建数字化城市管理模式并向全国推广以来，实施数字城管的城市越来越多。近年来，由于国家政策导向和大数据、物联网等现代信息技术快速发展，推进数字城管向精细化、智慧化方向拓展升级。与此同时，各地在建设和应用实践过程中，做出了许多有益的探索，积累了十分丰富的经验。为贯彻落实《中共中央国务院关于深入推进城市执法体制改革改进城市管理工作的指导意见》（中发〔2015〕37号）精神，适应城市执法体制和城市管理体制改革的新形势要求和各地城市管理的新需求，总结和推广典型经验，促进数字城管事业健康发展，全国市长研修学院（住房和城乡建设部干部学院）于2018年初启动了《数字化城市管理案例汇编》编写工作。

本着“求实审慎、客观公正、公开透明、典型示范”的原则，2017年11月初，全国市长研修学院（住房和城乡建设部干部学院）就教材编写做好了前期立项工作，依托全国数字城管专家组，考察和邀请了数十名业内知名专家，成立《数字化城市管理案例汇编》教材编写组；2018年2月发出了实践案例征集通知；2018年3月中旬，组织编写组专家在成都召开教材编写第一次工作会议，明确编写工作分工，确立了案例筛选标准；2018年4月中旬，在海口召开教材编写第二次工作会议，对收集到的城市案例进行评估打分，确定初步入选城市名单，讨论和制订实地考察评估印证工作方案；2018年4月下旬，派出10多名专家组成8个考察组，对初步入选的30多个城市进行了实地考察评估、核实印证；2018年5月初，在北京召开了教材编写第三次工作会议，最终确定入选案例城市名单，并指导入选案例城市按照要求编写案例；2018年6月上旬，在北京召开了教材编写第四次工作会议，对征集的案例进行分类和编辑成书稿。

本书共收集20个城市的实践案例，分为综合篇、特色篇、发展篇三个部分，涉及直辖市、副省级城市、省会城市、设区市、县（市、区），其中，综合案例7篇、特色案例7篇、发展案例6篇。为叙述方便，本书将“数字化城市管理”简称为“数字城管”。

本书由案例入选单位供稿，由梁柏清负责统稿，陈芸华、马春莉、崔迪、高萍、王芳、皮定均、胡德萍参与了编写工作。在本书编写过程中，得到了多地城管部门、多位专家的大力支持和帮助，在此表示感谢。由于编者水平有限，难免存在疏漏和不足，请读者提出宝贵意见。期望本书能够为各地数字城管工作提供有益的借鉴和参考。

目录

一、综合篇 …… 1
第一章　北京市东城区数字城管实践案例 …… 3
第二章　杭州市数字城管实践案例 …… 12
第三章　成都市数字城管实践案例 …… 22
第四章　宁波市数字城管实践案例 …… 33
第五章　石家庄数字城管实践案例 …… 47
第六章　昆山市数字城管实践案例 …… 60
第七章　建德市数字城管实践案例 …… 74
二、特色篇 …… 83
第八章　常州市数字城管实践案例 …… 85
第九章　烟台市数字城管实践案例 …… 95
第十章　徐州市数字城管实践案例 …… 104
第十一章　洛阳市数字城管实践案例 …… 113
第十二章　威海市数字城管实践案例 …… 122
第十三章　宜宾市数字城管实践案例 …… 132
第十四章　西安市碑林区数字城管实践案例 …… 140
三、发展篇 …… 151
第十五章　深圳市数字城管实践案例 …… 153
第十六章　南宁市数字城管实践案例 …… 162
第十七章　太原市数字城管实践案例 …… 171
第十八章　合肥市数字城管实践案例 …… 187
第十九章　昆明市数字城管实践案例 …… 197
第二十章　海口市数字城管实践案例 …… 204

一、综合篇

第一章

北京市东城区数字城管实践案例

（东城区网格化服务管理中心　供稿）

专家点评

北京东城区作为数字城管工作新模式的发源地，开创伊始就在体制机制的设计和落实上实现了高位监督考核，建立了全国第一个专门从事城市管理监督的行政机构，确定了区委干部绩效考核百分制数字城管考核结果占10分等制度保障，运行以来始终引领着全国数字城管新模式的推广和发展。近几年来，在网格化城市管理基础上先后拓展了社会服务、综治管理、应急管理等领域，全面推进网格化社会服务管理体系与网格化城市管理体系融合，建立网格一体化治理平台，实现了一体化采集、指挥、处置、评价，提升了城市精细化管理水平，打造了协同聚力、广泛参与、精治共治的网格化城市治理新格局。

一、东城区概况

东城区面积41.84平方公里，是北京市面积最小的区。区域狭小，区位重要，是首都功能核心区。东城区有丰厚的文化积淀，是全市历史文化遗存和胡同四合院最为密集的地区。现有国家级、市级文物保护单位106项，占全市的1/3；旧城内19片历史文化保护区中，东城区占10.5片。现存肌理完整的胡同500余条，占全市胡同的30%。同时，东城区人口密度大，2015年末常住人口90.5万人，常住人口平均密度每平方公里2.16万人，其中常住外来人口19.7万人。截至2016年12月，全区流动人口24万、出租房屋4.8万户。旧城文保区人口密度高达每平方公里4万多人。

如何在风貌保护、发展产业、疏解人口的同时，提升城市环境水平，改善民生，是东城区长期面临的难题，解决办法只能是建设网格化服务管理体系，走精细化发展之路。

二、网格化管理模式带动东城区城市管理精细化

2004年东城区首创网格化城市管理模式，2005年8月在全国推广。概括来说，网格化管理就是运用网格地图的技术思想，将东城区所辖区域划分成若干个网格状单元，从而实施精细化管理的过程。网格化管理模式形成了六大创新点。

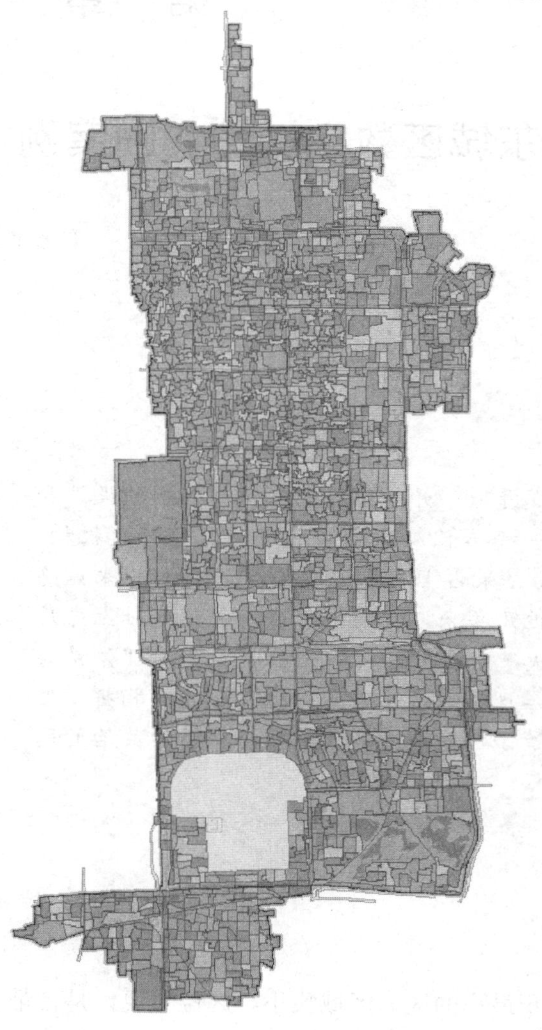

图1-1　东城区万米单元网格划分图

1. 单元网格管理法

将东城区17个街道、182个社区，划分为2322个万米单元网格，明确责任人。单元网格划分如图1-1所示。

2. 城市部件和事件管理法

把城市的各项设施作为部件，把有关人的行为、活动、需求作为事件，运用地理编码技术在万米单元网格图上进行精确定位，实现了管理空间、管理对象和管理信息的精细化，如图1-2所示。

3. “双轴化”管理体制

整合政府城市管理职能，并将监督职能剥离出来，与管理职能并行，对全区城市管理问题的发现和处置结果进行监督评价，形成了监督轴和指挥轴“两个轴心”，即：城市管理监督中心、城市综合管理委员会。

4. 城市管理信息实时采集

利用技术手段，实现了在城市各种复杂环境下进行图文声一体的数据采集和实时数据传递，监督员主动、全面巡查，解决了信息滞后问题，如图1-3所示。

5. 再造城市管理流程

打破了传统的层层上报机制，形成了七步闭环工作流程，克服了原有流程没有监督回流且速度缓慢的弊端，如图1-4所示。

6. 建立了客观、动态、科学的综合绩效评价体系

以上六大创新点支撑起地方政府治理创新的一片新天地。

运行14年来，东城区网格化城市管理系统解决了原有的管理空间划分不合理、管理对象不具体、监督不到位、责任不落实、信息获取滞后、处理效率低下等问题。在实践中不断探索完善，将网格化拓展到文明城区常态化建设，建成“文明城区网格化数据分析平

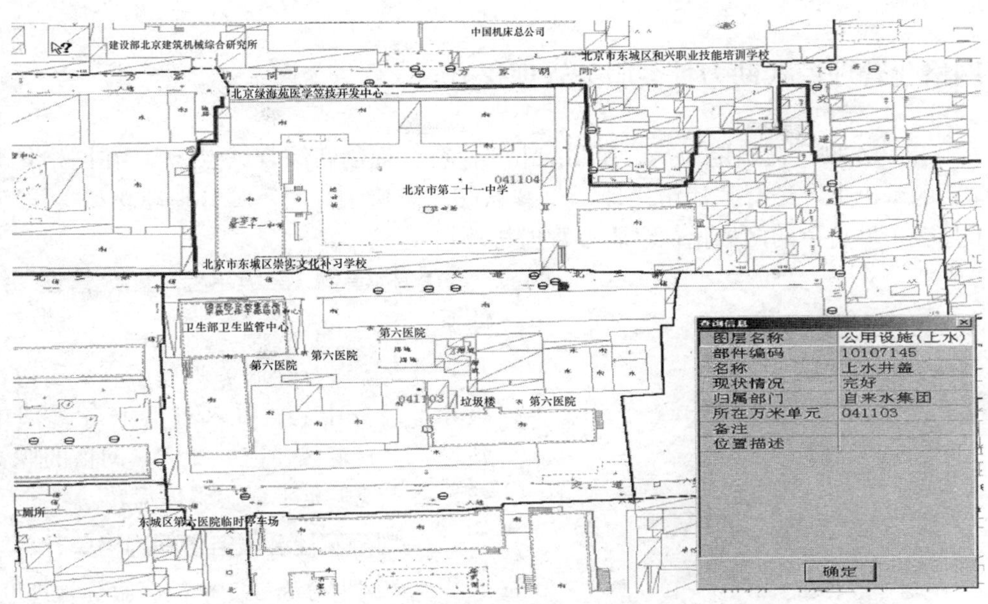

图 1-2　部件和事件管理法

图 1-3　信息化工具

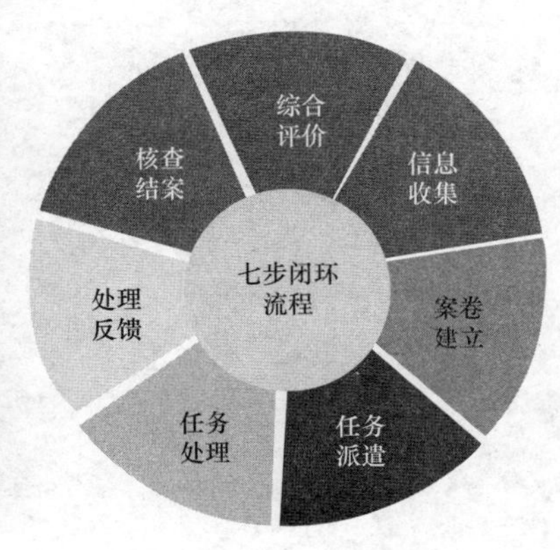

图 1-4　七步闭环流程

台”，将测评指标与网格案件信息对接，常态监测文明程度，将阶段性的突击创建转为日常的习惯养成。作为主编单位编写的《城市市政综合监管系列行业标准体系》和《数字化城市管理国家标准》，被列入国家智慧城市标准体系框架。建设成果先后荣获“中国人居环境范例奖”、“华夏建设科学技术一等奖”等 20 余项省部级奖项，并成为北京大学、清华大学等高校教学实践基地。网格化体系在改善城市环境、提升城市形象、促进社会和谐中发挥了重要作用。

三、网格化管理模式助力社会服务管理提升

2010 年，东城区被确定为全国和北京市“社会管理创新综合试点区”，在网格化城市管理体系的基础上，结合“信访代理制”、“城管综合执法机制”等管理理念和实践经验，形成了具有东城特色的网格化社会服务管理新模式。

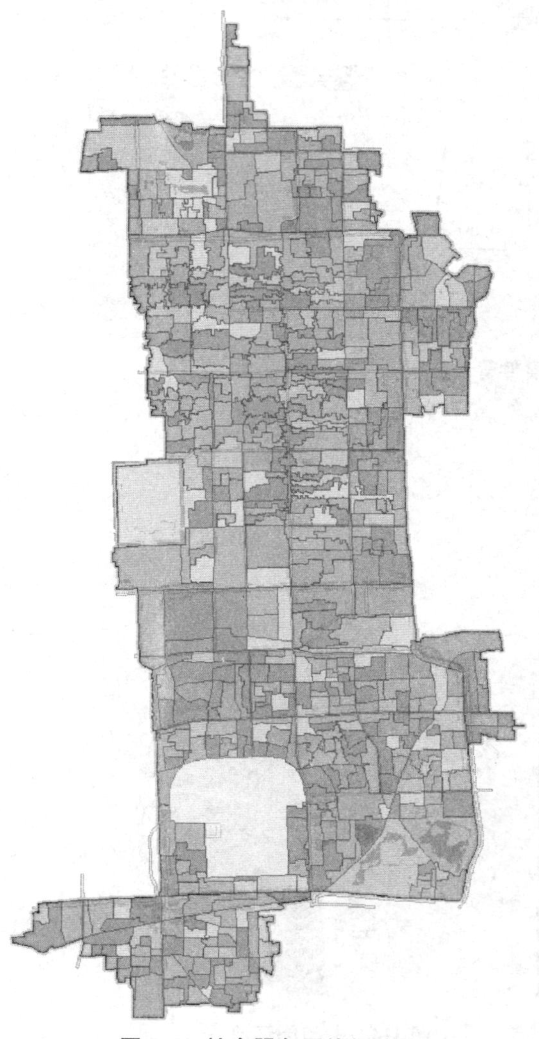

图 1-5　社会服务网格划分图

1. 构建了“三级平台、四级管理”组织体系

设立了区社会服务管理中心、街道社会服务管理分中心、社区社会服务管理工作站，科学界定区、街、社区、网格的职责任务，并实现上延下联、整体运转。

2. 划分了社会服务管理网格单元

将全区划分为 592 个社会服务管理网格，如图 1-5 所示，将人、地、物、事、情、组织等基本情况全部纳入数据库，实现“网格全覆盖、工作零缝隙”，同时明确了网格职责。

3. 优化了网格力量配置

每个网格配置了基础力量、特色力量和专业力量，形成“一格多员、一员多能、一岗多责”的力量配置模式。

4. 搭建了信息化支撑平台

研发并上线了区、街、社区、网格四级信息系统，梳理政府部门业务事项，网格助理员可及时将发现的问题、情况分类上报，并纳入闭环流程，提高了社会管理效能和服务质量。

在城市管理、社会服务管理等领域的成熟应用，初步形成了网格化模式协同发展环境。现在网格化正在走出单一领域的模式建设，走向更广阔的服务管理体系建设，即网格化管理的提升阶段。

四、多网融合推动网格化服务管理体系建设

从 2014 年开始，我们立足首都功能核心区定位，以服务民生为出发点和落脚点，以落实责任和强化部门联动为基础，以整合力量和优化流程为重点，以打造城市综合服务管理平台为核心，全面推进网格化社会服务管理体系与网格化城市管理体系融合，努力打造

社会服务、城市管理、社会治安三位一体城市综合服务管理平台，建成东城区城市运行的中枢指挥体系、社会服务的综合平台、政民互动的有效载体。

1. 开展顶层设计

制定了工作意见和10余项工作实施方案，涉及监督指挥体系、政务热线整合、信息化系统建设、机构编制调整、基层力量整合等。

2. 畅通诉求渠道

整合区内服务、咨询和投诉等各类热线，设立全区统一的96010为民服务热线，实现咨询、建议、投诉、举报“一号通”。建立了“1＋4＋17＋N”为民服务热线受理运行方式，2015年又将12345非紧急救助服务、微信公共服务号、媒体舆情监督、批示件、政务微博和政风行风热线等诉求渠道纳入网格化服务管理，实现公众诉求“七合一”。如表1-1、表1-2所示。

全区拟纳入96010为民服务热线单位名单　　表1-1

委办局（共32家）

<table>
<tr><th>序号</th><th>单位名称</th><th>热线号码</th><th>序号</th><th>单位名称</th><th colspan="2">热线号码</th></tr>
<tr><td>1</td><td>政府办</td><td>12345（64012345）</td><td>19</td><td>文化委</td><td colspan="2">67091092</td></tr>
<tr><td>2</td><td>城管委</td><td>67168091</td><td>20</td><td>旅游委</td><td colspan="2">65133305</td></tr>
<tr><td>3</td><td>城管执法局</td><td>96010</td><td>21</td><td>法制办</td><td colspan="2">87556312</td></tr>
<tr><td>4</td><td>城管监督中心</td><td>13910001000</td><td>22</td><td>社会办</td><td colspan="2">87408748</td></tr>
<tr><td>5</td><td>规划分局</td><td>65258800—8350</td><td>23</td><td>危改办</td><td colspan="2">87556915</td></tr>
<tr><td>6</td><td>民防局</td><td>84006400</td><td>24</td><td>民政局</td><td colspan="2">87556039</td></tr>
<tr><td>7</td><td>房地一中心</td><td>64026854</td><td>25</td><td>安监局</td><td colspan="2">64055528</td></tr>
<tr><td>8</td><td>房地二中心</td><td>67165801</td><td>26</td><td>房管局</td><td colspan="2">64041939</td></tr>
<tr><td>9</td><td>环保局</td><td>64043663</td><td>27</td><td>工商分局</td><td colspan="2">64033742</td></tr>
<tr><td>10</td><td>园林绿化局</td><td>64041796</td><td>28</td><td>质监局</td><td colspan="2">84220417</td></tr>
<tr><td>11</td><td>园林绿化中心</td><td>67142585</td><td>29</td><td>司法局</td><td colspan="2">12348</td></tr>
<tr><td>12</td><td>人口计生委</td><td>64072574</td><td>30</td><td>法院</td><td colspan="2">12368</td></tr>
<tr><td>13</td><td>卫生局</td><td>64040302</td><td rowspan="2">31</td><td rowspan="2">食药分局</td><td colspan="2">87890863（南）</td></tr>
<tr><td>14</td><td>人力社保局</td><td>84038500</td><td colspan="2">64029590（北）</td></tr>
<tr><td>15</td><td>国税局</td><td>56090600</td><td rowspan="5">32</td><td rowspan="5">教委</td><td colspan="2">64222788</td></tr>
<tr><td>16</td><td>老干部局</td><td>64040221</td><td>64215323</td><td>义教办招生</td></tr>
<tr><td>17</td><td>行政服务中心</td><td>4006507145</td><td>64226007</td><td>自考办招生</td></tr>
<tr><td rowspan="2">18</td><td rowspan="2">商务委</td><td rowspan="2">67079106</td><td>64226595</td><td>中招办招生</td></tr>
<tr><td>64226596</td><td>高招办招生</td></tr>
</table>

各街道、地区（共20家）热线电话　　表1-2

<table>
<tr><th>序号</th><th>单位名称</th><th>热线号码</th><th>序号</th><th>单位名称</th><th colspan="2">热线号码</th></tr>
<tr><td>1</td><td>和平里街道</td><td>84221886</td><td rowspan="3">3</td><td rowspan="3">交道口街道</td><td>84014075</td><td>便民服务</td></tr>
<tr><td rowspan="2">2</td><td rowspan="2">安定门街道</td><td rowspan="2">64067350</td><td>64017882</td><td>社区便民</td></tr>
<tr><td>64043859</td><td>消防安全</td></tr>
</table>

续表

序号	单位名称	热线号码	
4	景山街道	64048145	便民
		64010856	一老一小
5	北新桥街道	64043994	
6	东四街道	64001589	
7	朝阳门街道	65129256	
8	建国门街道	65126891	
9	前门街道	67028203	值班抢险
		65113343	服务咨询
		67021516	投诉建议
10	崇外街道	67013683	
11	龙潭街道	67120375	便民值班
		67126306	咨询应急
		67164525	投诉举报

序号	单位名称	热线号码	
12	体育馆路街道	67199654	
13	东花市街道	67188640	
14	东华门街道	65256678	
15	东直门街道	65955678	
16	天坛街道	67021429	
17	永外街道	67249361	咨询服务
		67221207	咨询服务
18	王府井建管办	无	
19	北京站地区管理处	无	
20	前门大街管委会	67018526	

注：共 52 家单位，现为 62 条热线。

3. 调整组织体系

2016 年，东城区网格化服务管理中心新“三定方案”获得批复，东城区综治办所属的区社会服务管理综合事务中心和区政府办所属北京市非紧急救助服务中心东城分中心职责划入网格化服务管理中心，确定网格化服务管理中心是区政府负责本区网格化服务管理事项监督评价与统筹协调工作的正处级行政机构。目前现有社区网格管理员 524 人，均由居委会成员兼任；社区网格助理员 441 人，均为专职社会工作者；城管监督员 441 人，均为劳务派遣，其中负责日常外业巡查的城市管理监督员 337 人，负责查处城管监督员违纪、普查、专项检查的督察队员 64 人，负责流动人口信息采集的流管监督员 40 人；同时，各街道网格化服务管理分中心和为民服务分中心全部成立，全区街道枢纽全面建成，并开展市“三网”融合示范点建设。如图 1-6 所示。

4. 强化监督考核

2014 年梳理考核项目 1011 条，编制《东城区城市管理监督综合考核办法》，2015 年制定《东城区便民热线事项办理暂行办法》，2016 年出台区级热线事项正式考核办法，内容涵盖城市管理、社会服务管理、社会治安、公共安全四大领域共 3120 类。网格中心逐步建立了一套系统化的考核评价制度；在强化考核应用方面，突破了传统的城市管理监督考核“月通报”做法，多措并举将考核评价结果广泛面向媒体、公众和区领导；结合我区管理实际，不断夯实“七步闭环”的工作流程，成功地将网格化管理经验拓展至教育、社区卫生等领域，并在城市管理领域不断深化，通过建立动态更新的工作模式，确保城市部件数据的现势性；不断完善便民热线受理满意度测评机制，热线诉求回访率达到 100%。

五、适应城市管理体制改革搭建完善网格化平台体系

2018 年，东城区网格化服务管理中心积极推进城市管理体制改革，深化网格化服务管理模式，建立一体化信息平台，着力拓展和统筹建立覆盖区、街道、社区，深入群众的全开放、广覆盖监督网络，提高问题发现能力，实现感知、分析、服务、指挥、监察“五

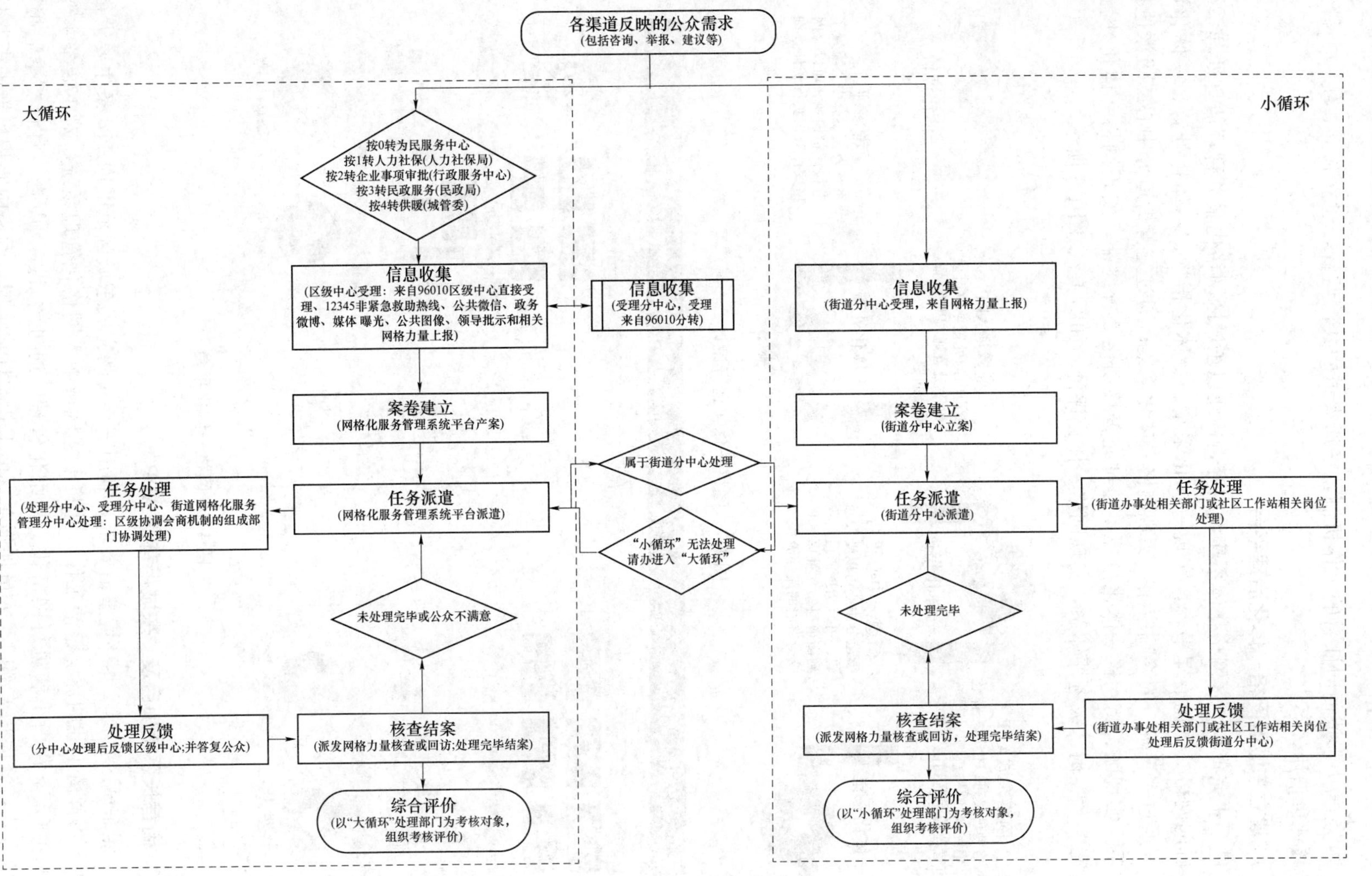

图1-6　大循环小循环体系

位一体”。努力形成面向社会的工作机制，畅通渠道的共治监督，建立独立、统一、科学的考核评价信用体系。

1. 建立东城区网格一体化治理平台

进一步完善东城区网格化体系建设内容，构建以东城区网格化服务管理信息处理系统为基础的网格一体化治理平台，实现一体化采集、一体化指挥、一体化处置、一体化评价。即通过完善统一的终端应用，实现网格一体化采集；通过完善街道分中心二级派遣指挥体系，实现区、街网格一体化指挥；通过完善移动化处置终端，实现网格一体化处置；通过完善区、街二级考评体系，实现网格一体化评价。如图 1-7、图 1-8 所示。

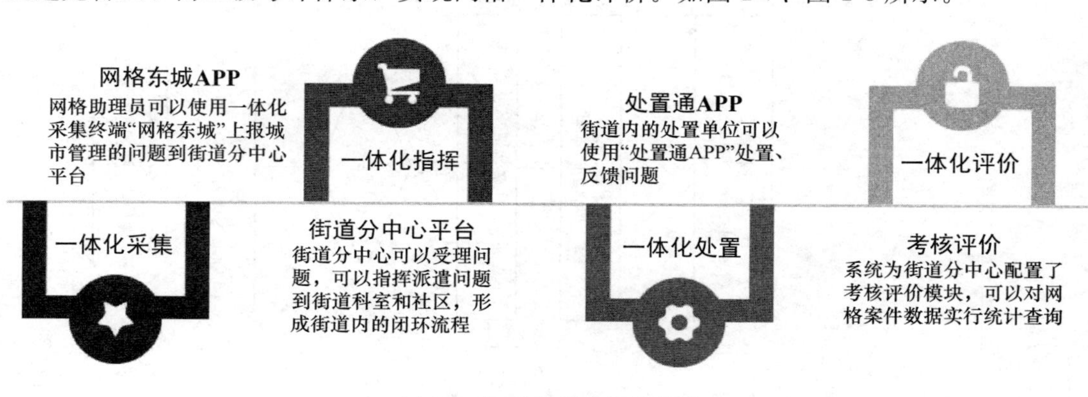

图 1-7　图格一体化运行设计

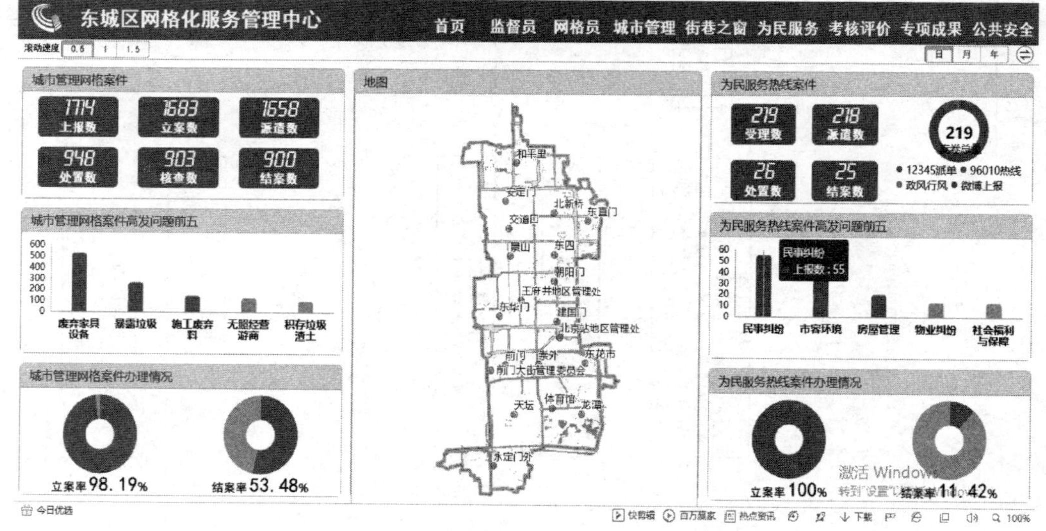

图 1-8　网格一体化平台

2. 街巷长系统项目及“东城街巷通 APP”

按照东城区百街千巷环境整治要求，利用三年时间完成东城区范围内 178 条主要大街和 1005 条背街小巷的环境整治工作，并将上述区域纳入网格化管理系统，对 178 条主要大街和 1005 条背街小巷进行网格化、精细化管理，通过“日巡、周查、月评、季通报”的考核方式，督促相关部门、人员加强对百街千巷的日常管理。网格中心积极推进街巷长系统项目建设，开发了“东城街巷通 APP”，目前街巷长专用 APP 已上线运行，如图 1-9 所示。

3. 建立“微网格”微信公众号

完善了微信号、扩展社区微网格矩阵平台功能，将区、街道、社区微信公众号与网格化街道平台及区级 96010 热线平台对接，建设微信公众号 140 个，实现全区 182 个社区微信公众号全覆盖，实现了关注用户与社区互动，如图 1-10 所示。主要包括三项功能：（1）“惠捷便民”栏目的在线服务，方便居民在线查询社区服务事项、办事指南和便民电话等各类社区服务信息。（2）“社区之窗”栏目的信息发布，展示社区工作亮点，主动居务公开，发布社区活动信息。（3）“参与互动”栏目的网格事件“随手拍”，实现了居民上传照片反映身边的服务管理问题并及时响应处理。

图 1-9　街巷通

图 1-10　市民随手拍

4. 可视化综合指挥平台项目

可视化综合指挥平台主要开发了防控部署、综治维稳、指挥调度、监测预警四个模块。同时完成重点人、重点部位、重点行业等相关数据协调收集工作，以及各街道重点部位、重点人定位工作，该项目已于十九大召开前完成。会议期间，利用平台模块数据制作了十九大安保维稳挂图 9 张，张贴于区十九大安保维稳总指挥部，方便领导随时查看全区重点部位、重点人分布情况，为领导提供可靠的数据支撑保障。

下一步，东城区网格化服务管理中心将进一步提升城市精细化管理水平，聚焦重点，以实现“十无”为目标，强化监督考核、平台支撑、体系构建、渠道完善、队伍建设等方面的整体性联动，充分利用社会合力的强大推动作用，着力打造协同聚力、广泛参与、精治共治的网格化社会治理新格局。

第二章

杭州市数字城管实践案例

（杭州市数字城管信息处置中心　供稿）

专家点评

杭州市是首批数字化城市管理试点城市，2006年建成并通过验收，是全国第一个实施数字城管的省会城市，运行稳定、高效。其主要特点：一是高位指挥。成立市政府数字城管工作领导小组，十多年来，坚持每年以市政府名义评选表彰数字城管工作；二是高位考核，市政府对区（市）县政府综合考核、文明指数测评、城市综合管理考核中为数字城管单独设定权重；三是高位协同，长年坚持主城区政府、市级主要协同部门选派年轻干部到数字城管中心集中办公，并作为培养选拔年轻干部的重要方式；四是法制保障，全国第一个出台数字城管地方法规。

一、基本概况

杭州市数字城管信息处置中心为杭州市数字化城市管理和监督的具体实施机构，隶属于杭州市城市管理委员会，职级为副局级，负责全市实施数字化城管范围内数字城管的信息采集、问题立案和处置督办以及评价考核，负责城管与执法系统信息化建设与管理等工作，如图2-1所示。2005年7月，杭州市被住房和城乡建设部确立为首批“数字城管试点城市”；同年10月开始项目建设，2006年3月28日实现了数字城管的上线运行，2006年8月，通过住房和城乡建设部的验收，成为全国第一个通过验收的数字城管试点城市。目前，杭州市数字城管覆盖面积达到611.5平方公里。

近年来，杭州市数字城管以“三个第一”为总要求（即第一时间发现问题、第一时间处置问题、第一时间解决问题），以“扩面、扩容、提质、增效”为主要手段，以“四个最”为目标（即“最高标准、最快速度、最严作风、最好效果”），完成了从数字城管到智慧城管的转型，在杭州城市日常管理、应急管理、服务为民和科学决策等方面发挥了积极作用。

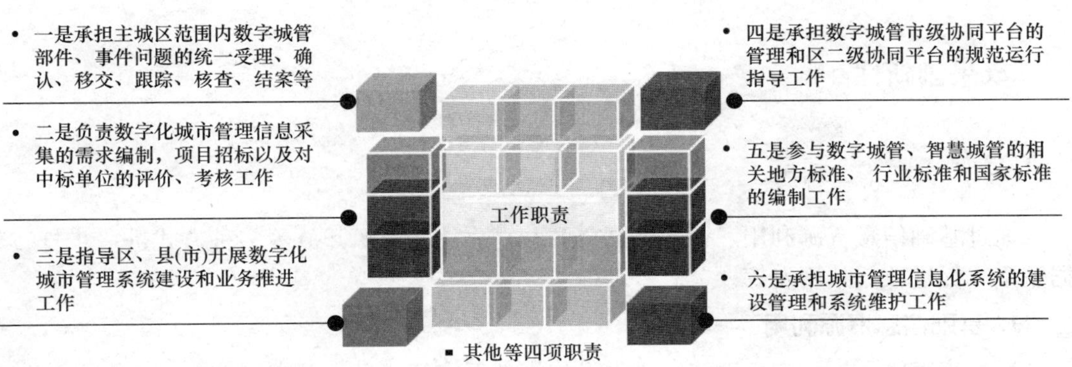

图 2-1　杭州数字城管职能

12 年来，数字城管工作得到了各级领导的高度重视，2005 年 11 月，时任浙江省委书记的习近平同志，对数字城管工作作出重要批示，他要求有关部门，“要结合我省实际，抓好试点，逐步推开，以此为载体，全面提升我省城市日常和应急管理水平”，如图 2-2 所示。2007 年 10 月，时任中央政治局委员、国务院副总理的曾培炎同志，在视察该市数字城管时强调，要“认真总结经验，努力加以推广”。国务院参事仇保兴同志，也非常关注杭州市智慧城管工作情况，并先后两次做出批示，在峰会前，他要求有关部门，“作为典型案例跟踪观察”，并期待在 G20 峰会期间发挥更大作用；峰会后，他充分肯定杭州市智慧城管工作，在 G20 峰会期间发挥的作用，认为“是严格管理和科技创新的结果”，并“希望能更上一层楼，创造新业绩”。

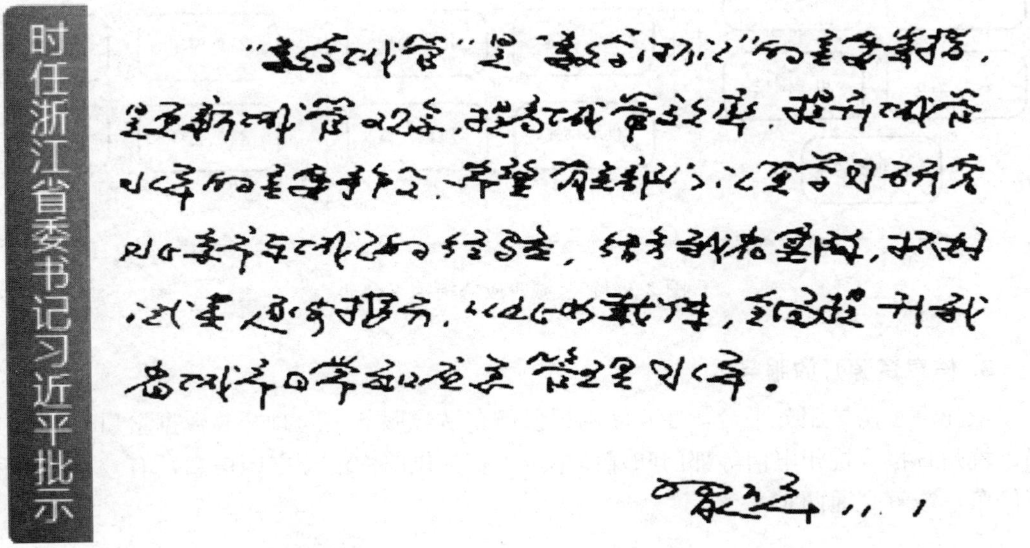

时任浙江省委书记习近平批示

图 2-2　习近平主席批示

目前，杭州智慧城管已完成了 30 多个系统建设，内容从监督指挥扩大到了综合指挥、公共服务、政策研究分析、集约化展示等综合领域，提高了城市管理问题发现和解决效率，提升了城管公共服务水平，提升了城市管理的智慧化、科学化水平。

二、成果创新性

（一）信息共享利用

通过基础信息资源利用、业务数据资源共享、信息资源开放等多种方式进一步打破数据壁垒，促进数据效用发挥。

1. 基础信息资源利用

通过流媒体平台、应急系统、排水设施管理系统等建设，共享了公安、交警的视频监控5万余路，共享了规划局、建委的地下排水管线地理信息数据，在智慧城管各个与地图相关的系统中直接使用了规划局的地图服务作为底图展示。

2. 业务数据资源共享

通过智慧城管应急指挥平台建设（图2-3），整合了公安、交警、林水、气象、水务等部门的实时台风动态、水情、雨情、水位数据，在防洪抗台、防雪抗冻时期，充分发挥了数据整合的作用，及时发布预防指令，有力地支撑了应急指挥工作。

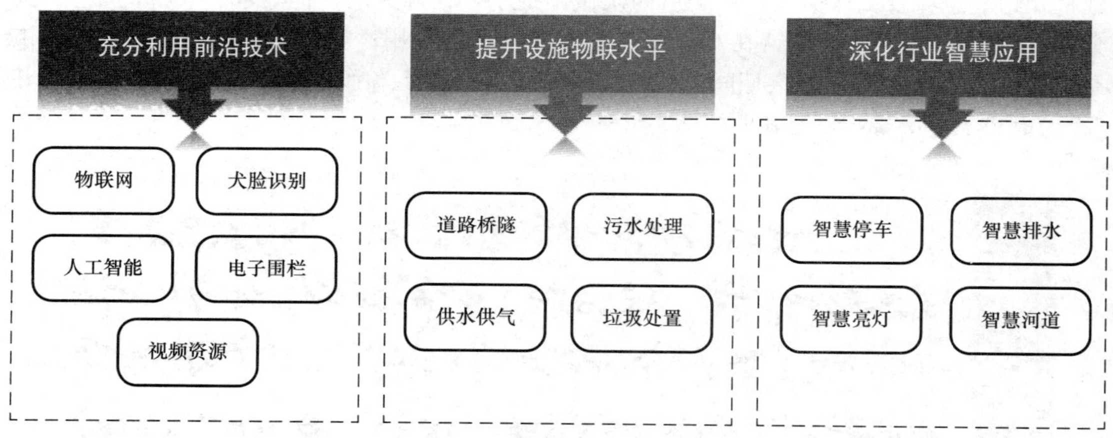

图2-3　智慧城管应急指挥平台功能

3. 信息资源开放服务

依托停车诱导服务平台，在互联网提供停车诱导服务，同时开放数据接口，向市交通局、杭州日报、杭州电信等部门和媒体单位免费提供路面泊位空闲信息，有效引导市民有序停车，缓解交通两难。

（二）体制机制创新

在智慧城管日常运行管理中探索并建立了五大机制。

1. 建立采集市场化机制

杭州市首创了信息采集市场化的做法，坚持政府“掌舵”，问题采集由市场化招聘的采集公司去完成，并通过合同设定和科学考评强化对采集公司的管控。目前，杭州主城区范围共有采集员 413 名，通过政府公开招标共有 6 家采集公司参与具体采集工作，日均上报问题 5000 余件。信息上报流程、信息核实流程、案件核查流程如图 2-4～图 2-6 所示。

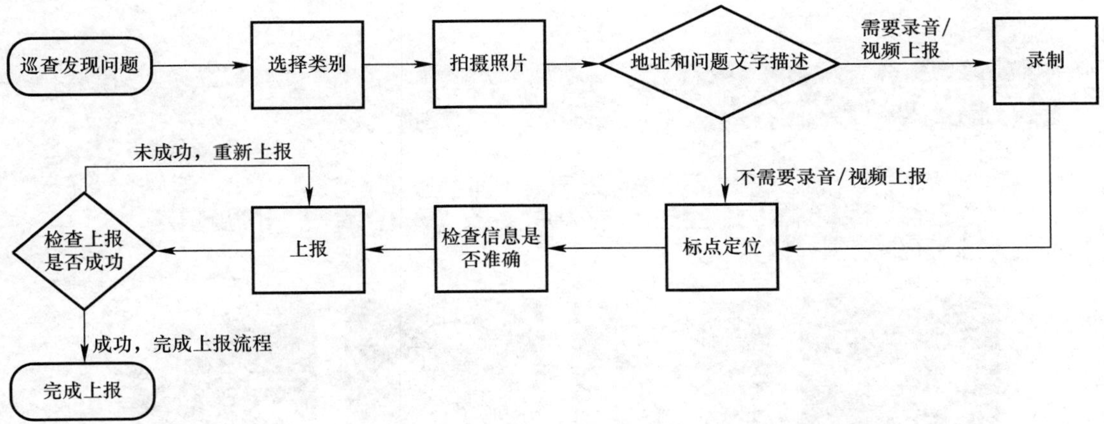

图 2-4　信息上报流程图

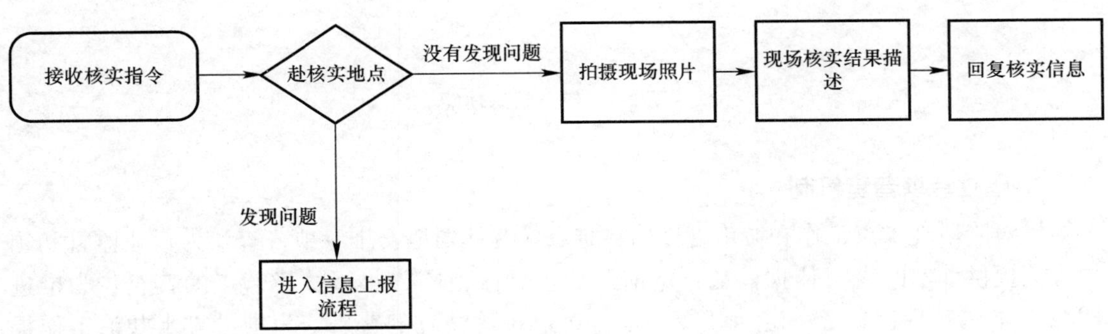

图 2-5　信息核实流程图

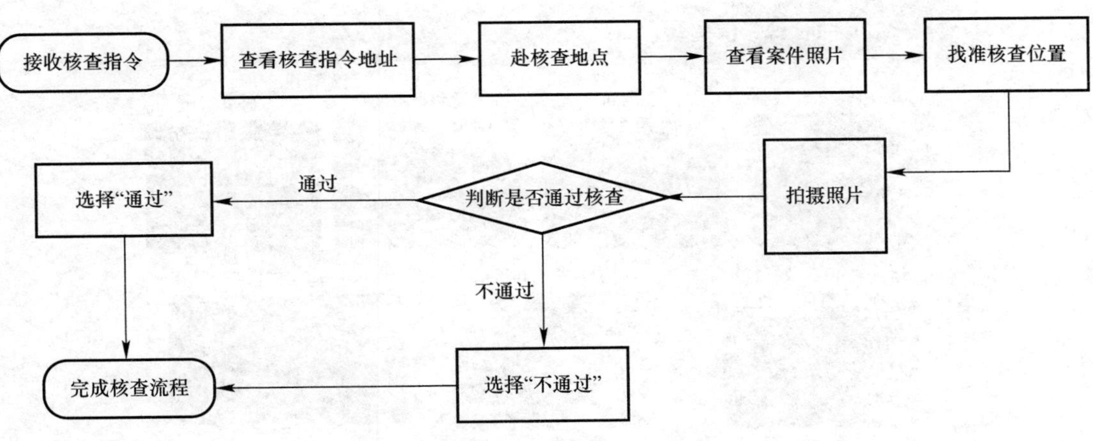

图 2-6　案件核查流程图

2. 建立“平急”转换机制

实现了城市日常管理和应急管理模式间的无缝切换。在日常状态下，主要围绕城市的“四化”做好长效管理，而在台风、暴雪等恶劣天气或其他应急状态下，能迅速进行平急转换，按“三个第一”要求及时、全面地上报街面动态信息，处置突发事件，如图 2-7 所示。

运行机制—“平急”转换机制（应急保障）

在台风、暴雪等恶劣天气和其他应急状态下，以**“保安全、保畅通、保民生”**为重点，按**“三个第一”**的要求处置突发事件。

低洼积水

广告倒伏

路面结冰

树木压毁

图 2-7 应急状态功能

3. 建立专项普查机制

针对阶段性重点工作和城市管理的热难点，有计划地安排专项普查，为行业监管和领导决策提供详实的参考依据，如：定期开展主城区范围内小锅炉经营点的普查，为推进 PM2.5 的治理提供参考；定期开展河道排污口排污情况的普查，为推进五水共治工作提供保障。专项普查机制如图 2-8 所示。

图 2-8 专项普查机制

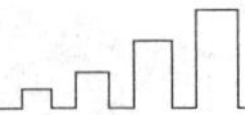

4. 建立协同工作机制

成立了市智慧城管协同工作平台，实行派驻管理的模式，强化对“市与市”、“市与区”、“区与区”之间边界不清及相关疑难问题的协调力度。目前共选取了6个主城区和11家相关市级部门（单位），选派挂职干部18名。

5. 建立目标考核机制

将“问题及时解决率”作为智慧城管评价的唯一指标（问题及时解决率不仅体现问题的解决率，同时将处置超时、返工、延期、缓办、有责差错等考核项纳入计算公式，科学、全面、细致地评价问题处置情况，是一项综合性的考核指标），纳入市委、市政府对区委、区政府以及对市相关部门（单位）的考评体系，有力推动了问题的解决。

（三）重点应用突破

依照《杭州智慧城管建设方案》，充分总结数字城管建设和运行经验，2015年，完成了《杭州智慧城管一中心四平台建设方案》的编制工作，建成了“一中心四平台”智慧城管总体框架，如图2-9所示。

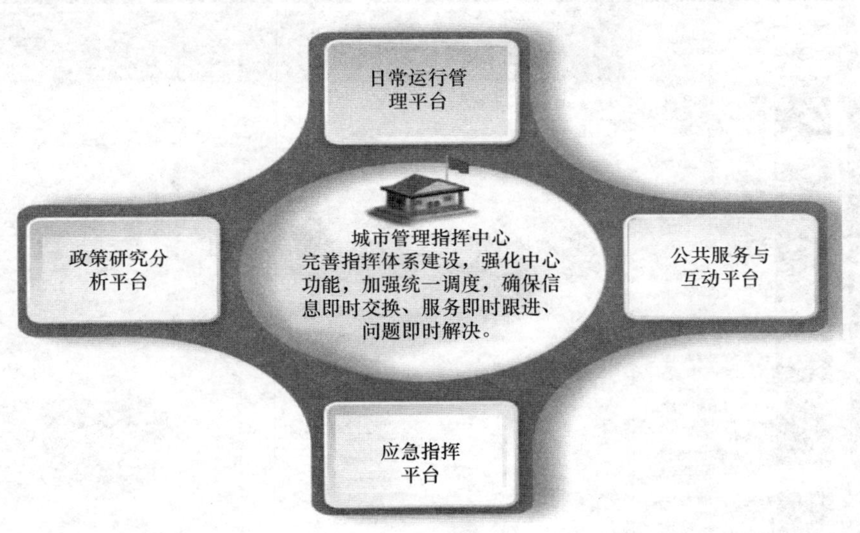

图2-9　“一中心四平台”总体框架

1. 构建“一个中心”即推进城管指挥体系建设

根据智慧城管推进要求，完善城管指挥体系建设，强化市、区城市管理指挥中心功能，加强对各区县（市）城管部门、市直相关部门、服务单位的统一调度，确保信息即时交换、服务即时跟进、问题即时解决。“一中心四平台”建设如图2-10所示。

2. 搭建智慧城管日常运行管理平台

按照“机器补人”的工作要求，完成智能化数字城管系统、智慧停车、智慧排水、智慧街面管控及智慧亮灯五个重点项目建设，提升城市管理科技化水平和城市日常运行管理能力，如图2-11所示。

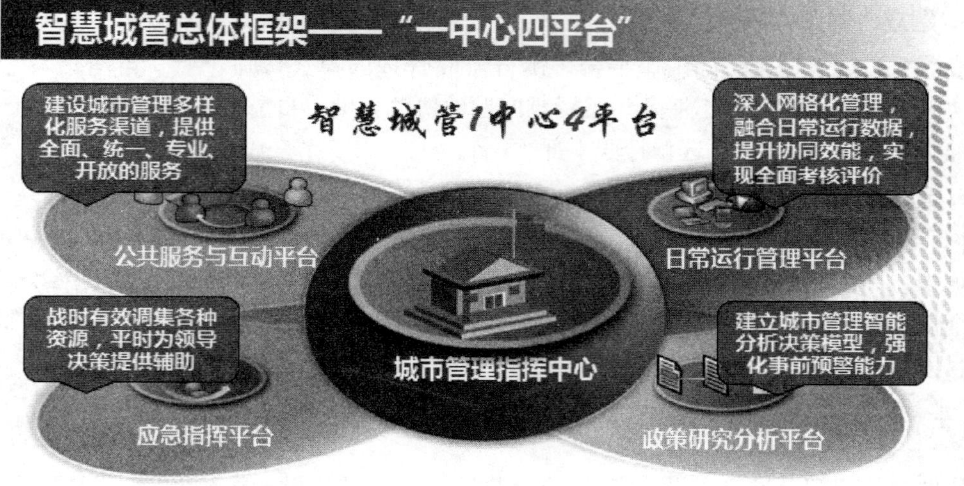

图 2-10 “一中心四平台”建设

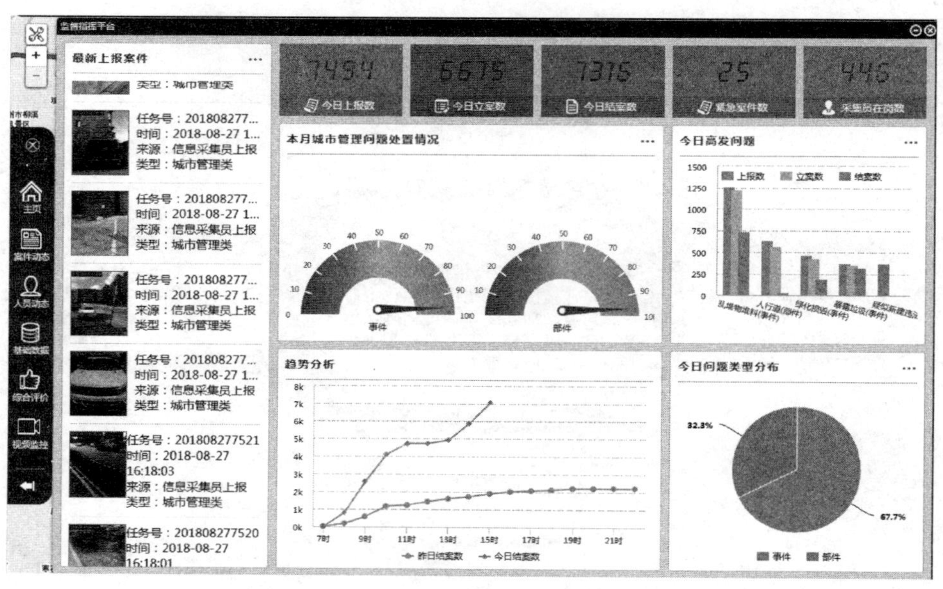

图 2-11 日常运行管理平台

3. 搭建智慧城管公共服务与互动平台

通过资源整合，建设面向市民和游客的便民服务及互动平台（图 2-12），引导社会管理向社会治理转变。拓展违停罚缴、犬类年审、我来爆料、停车诱导服务等便民服务功能，引导市民和游客积极参与杭州城市管理工作。

4. 搭建智慧城管应急指挥平台

建设应急指挥系统和综合指挥系统，在城区防汛抗台、防冻抗雪及重大活动保障期间，借助视频监控及融合通信等技术，实现在紧急状态下实时掌握现场情况，实施有效的指挥与调度，如图 2-13 所示。

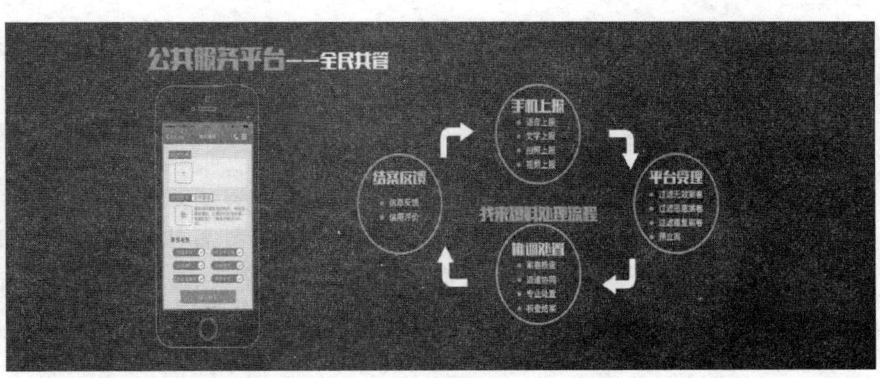

图 2-12　公共服务与互动平台

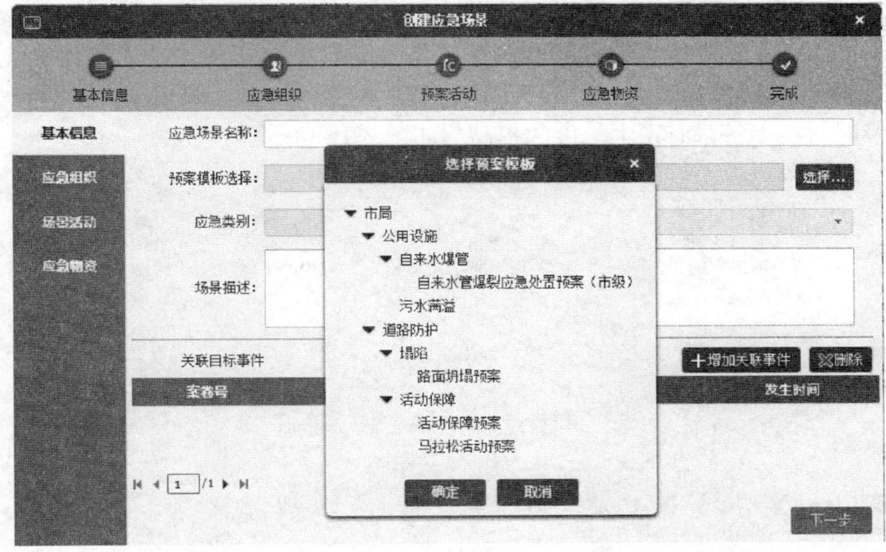

图 2-13　应急指挥平台

5. 搭建政策研究分析平台

建设集约化平台，分析城市管理信息资源，挖掘城市运行的内在规律和特征，实现提前预警，推进城市顽症治理。重点充实集约化信息展示平台功能，强化平台推广应用，完善行业分析评价和城市管理数据挖掘功能，为城市管理决策提供依据，如图 2-14 所示。

图 2-14　政策研究分析平台

三、成果实效性

（一）提高了城市管理问题发现和解决效率

杭州数字城管建立主动推进及时采集的发现机制、问题处置快速精准到位的响应机制、职责分明监督有力的综合评价机制以及管理规范、运转高效的城市管理长效机制，保证了杭州市城市运行中出现的问题能够得到第一时间发现、第一时间处置、第一时间解决。

截至 2017 年 12 月底，杭州市智慧城管共立案交办城市管理问题 1408.83 万件，解决 1404.89 万件，单件问题解决时间平均为 5.24 小时，问题及时解决率从最初的 26.7％提高到现在的 98.72％，同时，市场化采集方式与政府雇员方式相比，成本比为 1∶3.47，在提高管理水平、保障城市运行中发挥了不可替代的作用。数字城管运行 12 年来，问题发生数、及时解决率等都有了大幅度的提高，如图 2-15 所示。

	数字城管建成之初(2006年)	智慧城管启动之初(2012年)	智慧城管雏形期(2015年)	峰会保障期(2016年3月1日起)
问题发现数	35万件	119.65万件	122.17万件	180.8万件
及时解决率	85.60%	97.86%	99.03%	99.26%
覆盖类别	158	181	200	211
覆盖面积	192平方公里	237平方公里	500.1平方公里	611.4平方公里
网络单位	883	1078	1380	1685

图 2-15　智慧城管应用成效

特别是杭州 G20 峰会期间，杭州市城管委将智慧城管立结案规范提升为“美丽杭州”城市长效管理标准，落实重点区域全覆盖，每日发现问题 1 万件以上，有力地保障了峰会的有序进行。杭州在世界面前的惊艳亮相，杭州智慧城管发挥了重要作用。

（二）提升了城管公共服务水平

随着市民对参与城市管理的意愿和获取政府服务的诉求不断增长，以贴心城管 APP 为载体，打造全方位互动和交流平台，畅通参与渠道，扩大服务功能，推动城市管理向城市治理转变，如图 2-16 所示。公共服务平台自 2014 年 4 月运行以来，截至 2018 年 4 月，累计响应市民服务请求 2613.4 万次，累计收到市民上报的城市管理问题 34289 件，注册用户 77208 人。G20 峰会期间，杭州 1、2、3、4 套电视台及杭州日报等多家媒体都对贴心城管 APP 部分功能纳入微信城市服务频道进行了报道。在 2015 年的第二届互联网大会期间，央视新闻频道以“直通乌镇：云计算大数据给城市装上智慧大脑”为题对杭州智慧城管公共服务平台进行了专题报道。项目相关工作得到了新华网、人民网、中国网、凤凰网、网易、新浪等多家全国性媒体，共计 120 多次的媒体报道。

图 2-16 公共服务平台应用

（三）提升了城市管理的智慧化、科学化水平

在基础平台建设方面，按照“整合、共享、节约”的原则，建成了“纵向到底、横向到边”的智慧城管统一管理平台，并在这个大平台的基础上，集成和应用了多项信息技术，逐步实现了向市政设施、市容环卫、公用事业、停车收费等城市管理监管领域延伸，进一步夯实了城市管理信息化平台基础，建成了一个统筹城乡、市区联动的城市管理信息化统一平台。

四、成果可推广性

经过近 13 年的创新发展，杭州市智慧城管在信息共享利用、体制机制创新、重点应用、市场合作、建设运营模式等方面，形成了特有的“杭州模式”，2012 年，杭州市被浙江省政府确定为首批 13 个智慧城市试点项目之一，智慧城管公共服务平台项目被列入 2015 年住房和城乡建设部科技示范项目。

第三章

成都市数字城管实践案例

（成都市城市管理数字化监督管理中心　供稿）

专家点评

成都作为全国首批数字城管试点城市，2006年启动建设，十余年来，数字城管稳定运行，具有四个特点：一是抓住了贯彻落实中央城市工作会精神、地方立法、地方党委政府重大工作布局等机遇，提升工作摆位，推进数字城管工作重大问题解决；二是考核实行“两条腿走路”，既考核数字城管，还将数字城管数据融入业务管理考核，较好体现了用数据说话、用数据管理；三是推进全市数字城管“一盘棋”，通过常态考核等举措，促进中心城区与郊区（市）县协同发展；四是较好的处理了数字城管与综合网格体系融合的重大问题。

一、基本概况

成都市下辖20个区（市）县和成都高新区、天府新区成都直管区，面积1.46万平方公里。2017年常住人口1600余万人，流动人口600余万，城镇化率70.6%。数字城管监管大厅如图3-1所示。

成都市城市管理数字化监督管理中心的基本情况见表3-1。

二、主要工作情况

成都作为全国首批数字化城市管理试点城市，自2007年7月建成投运以来，经过10余年运行发展，形成了“两级监督、一级指挥、一级协同、三级处置、部门联动、多级参与”的监管体系，目前已实现市域县城及重点场镇全覆盖，全市数字城管覆盖面积1157.9平方公里。2015年，自市城管监管中心成立以来，发现并上报城市管理问题1700余万件，处置率98%以上。中心相继荣获全国“巾帼文明岗”、全国“青年文明号”等荣誉称号，

图 3-1　成都市数字城管监管大厅

数字城管机构基本情况　　表 3-1

<table>
<tr><td rowspan="6">基本概况</td><td>单位名称</td><td colspan="5">成都市城市管理数字化监督管理中心</td></tr>
<tr><td>单位性质</td><td>行政执法机构</td><td>单位级别</td><td>副局级</td><td>隶属关系</td><td>成都市城市管理委员会</td></tr>
<tr><td>人员编制数（总）</td><td>42</td><td>现有人员数（总）</td><td>41</td><td>建成投运时间</td><td>2007.07</td></tr>
<tr><td rowspan="3">内设机构名称（处、室、科、股等）</td><td>综合管理处</td><td colspan="3">人员编制及现有人员数</td><td>10，12</td></tr>
<tr><td>信息处</td><td colspan="3">人员编制及现有人员数</td><td>13，12</td></tr>
<tr><td>监督协调处</td><td colspan="3">人员编制及现有人员数</td><td>17，15</td></tr>
<tr><td>主要职责</td><td colspan="6">1. 组织开展委城市管理和城市管理行政执法信息系统标准化建设，负责委机关信息化系统的运行、维护和管理；指导区（市）县开展城市管理信息系统的建设、运维和管理。
2. 负责市级数字城管系统的建设、运维、管理、升级改造等工作；指导区（市）县数字城管系统的建设和升级改造。
3. 协调并督促责任单位对数字城管发现的疑难、重大城市综合管理问题进行处置。
4. 参与对区（市）县政府、市级城市管理行业主管部门落实城市综合管理工作责任的监督考核。
5. 负责城市管理服务热线、市城管委网站、市长公开电话（市长信箱）、城市管理微博微信等渠道投诉城市管理问题的交办、督办和办理情况的评价考核工作</td></tr>
</table>

被成都市委组织部列为成都市干部培训现场教学基地，共接待部、省、市领导，国内外参观考察、培训等 660 多批次，12600 余人次。

（一）抢抓历史机遇，提升工作摆位

做事须造势，造势不如借势，借势不如借时。成都市借助城市管理转型升级、地方立法等历史机遇，提升工作摆位。

1. 抢抓城市管理转型升级机遇

2015 年，为落实四川省委省政府关于推进城市建设管理转型升级的重大要求，成都市撤销市城市管理局，成立市城市管理委员会，赋予城市管理“统筹协调、监督检查、考核评价”职能。同时，组建直属副局级行政执法机构“成都市城市管理数字化监督管理中心”，为数字城管有效履行党委政府监督城市综合管理的职责奠定了平台基础。

2. 抓贯彻中央城市工作会机遇

2017年，成都市紧密跟踪对接《四川省委省政府关于深入推进城市执法体制改革改进城市管理工作的实施意见》调研起草工作，与省起草组多次沟通，提出有关数字城管的建议意见，将“建立数字城管高位监督、高位协调、高位考核的数字化城管监督考核体系”写入了省委文件。积极主动参与成都市委起草实施意见工作，进一步具体化数字城管有关意见，通过争取，将数字城管“高位监督、高位协调、高位考核”机制作为了四川省委省政府下达成都市的试点任务之一。把机构编制落实、信息采集市场化、覆盖区域及案件量处置率作为推进“三高机制”建设的主要目标，下达给各区（市）县政府，有力促进了数字城管重大问题的解决，收到了良好效果。

3. 抢抓地方立法机遇

在全国首批数字化城市管理试点之初，成都市政府出台了《关于开展数字化城市管理工作的指导意见》，为市、区两级建立数字城管信息系统及规范运行提供了政策支撑。2016年，抓住《成都市城市综合管理条例》立法机遇，将数字城管有关重大问题写入了“条例”，后来地方立法将“条例”变更为《成都市城市管理综合行政执法条例》，也在该条例中加入了数字城管内容。2018年，启动了《成都市数字城管实施办法》立法调研工作，开启了数字城管立法新篇章。

（二）坚持职能定位，创新监管机制

1. 建立“高位监督”机制

按照“管事不管人”原则，成都市大力推进市、区（市）县数字城管信息采集市场化改革。2015年，市级以购买服务方式，招标采购三家信息采集公司，建立了200余人的市级监督考评队伍，成为履行“高位监督”职责的重要抓手。2017年，全市在建立数字城管“三高”机制试点任务工作中，大力推进信息采集市场化进程。目前，成都市、区（市）县两级数字城管信息采集基本实现了市场化作业，问题发现能力大幅提升，中心城区信息采集量由原日均3000余件增至10000余件，区级平台同口径增长42%，更加全面、真实、客观反映城市管理运行状况。2014～2017年中心城区问题发现情况如图3-2所示。

图3-2 2014～2017年中心城区问题发现情况

2. 优化提升系统功能

成都市持续优化数字城管信息系统功能，建强系统载体。

（1）升级改造系统。2016 年，成都市实施数字城管信息系统升级改造工程，优化原有 9 大基础子系统 55 个功能点，提升原有 8 个拓展应用子系统 43 个功能点，新增 47 个功能点，并结合业务管理需要，开发了“门前三包”、井盖管理、广告管理、环卫管理等专项业务管理子系统。2018 年，系统全部迁移到市政务云部署。系统功能升级改造如图 3-3 所示，“门前三包”子系统如图 3-4 所示。

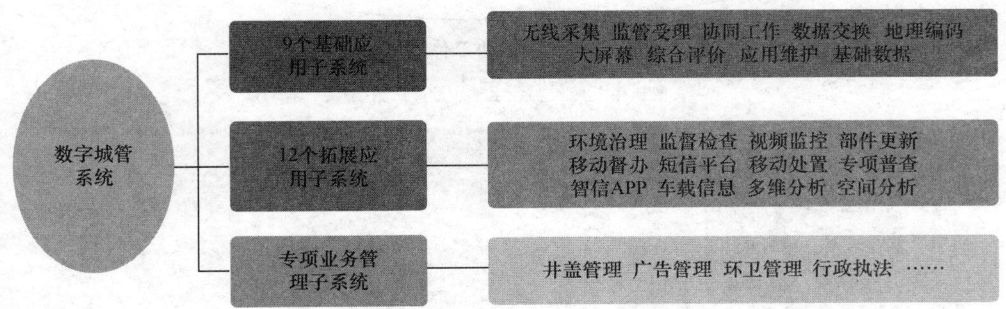

图 3-3　系统功能升级改造

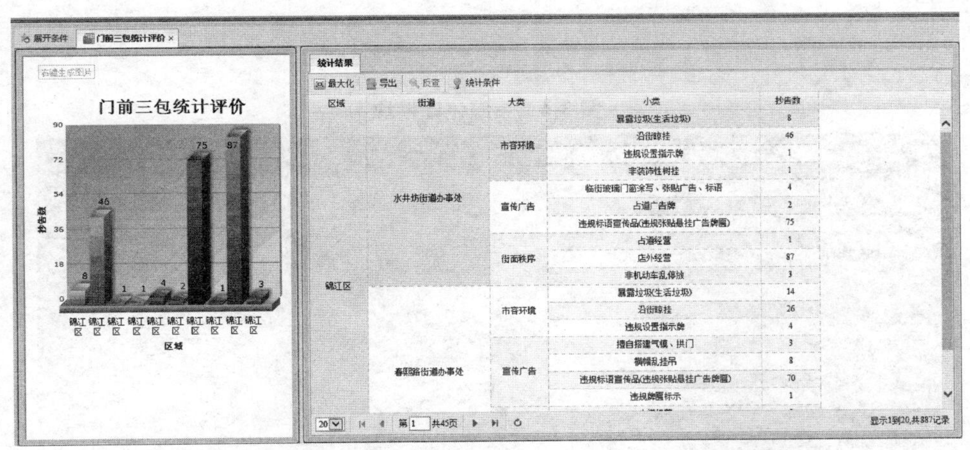

图 3-4　门前三包统计评价

（2）强化创新研发。在全国首创数字城管全移动工作模式，如图 3-5 所示，各级各岗位用户均可直接使用手机下载“智信 APP”登录系统，实现了城市管理问题全流程、全移动、快捷化办理。依托市政务云搭建数字城管“智云平台”，研发了“智管通”、“成都城管”APP，进一步提高了城管信息化水平。

（3）支撑分析应用。根据城市管理业务需求，强化系统分析功能开发，通过定期不定期收集使用部门意见，征求行业主管部门需求，新开发 31 分组、207 组统计分析模块，如图 3-6 所示，促进数据分析应用更加实用、深入、精准、快捷。成都数字城管信息系统升级项目获得 2017 年住房和城乡建设部科技项目信息化示范工程和中国地理信息产业优秀工程铜奖。状态分析如图 3-7 所示。

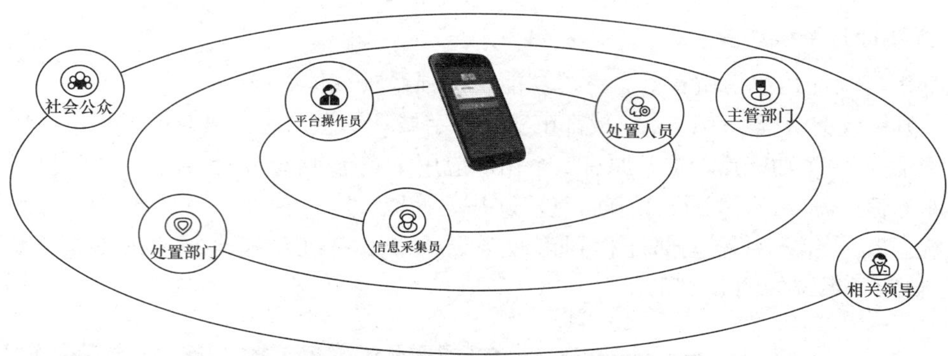

图 3-5　全移动工作模式

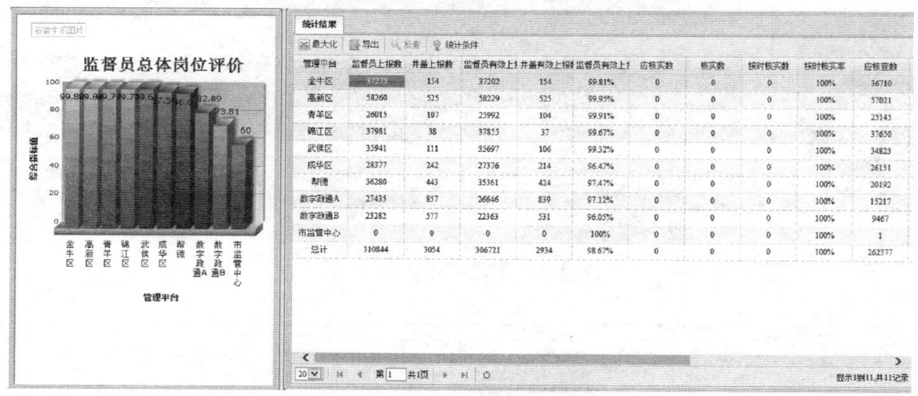

管理平台	监督员上报数	井盖上报数	监督员有效上报	井盖有效上报	监督员有效上报	应核实数	核实数	按时核实数	按时核实率	应核查数
金牛区	[illegible]	154	37202	154	99.81%	0	0	0	100%	36710
高新区	58260	525	58229	525	99.95%	0	0	0	100%	57021
青羊区	26015	107	25992	104	99.91%	0	0	0	100%	25145
锦江区	37981	38	37855	37	99.67%	0	0	0	100%	37650
武侯区	35941	111	35697	106	99.32%	0	0	0	100%	34823
成华区	28377	242	27376	214	96.47%	0	0	0	100%	26151
帮德	36280	443	35361	424	97.47%	0	0	0	100%	20192
数字政通A	27435	857	26646	839	97.12%	0	0	0	100%	15217
数字政通B	23282	577	22363	531	96.05%	0	0	0	100%	9467
市监管中心	0	0	0	0	100%	0	0	0	100%	1
总计	310844	3054	306721	2934	98.67%	0	0	0	100%	262377

图 3-6　系统统计模块

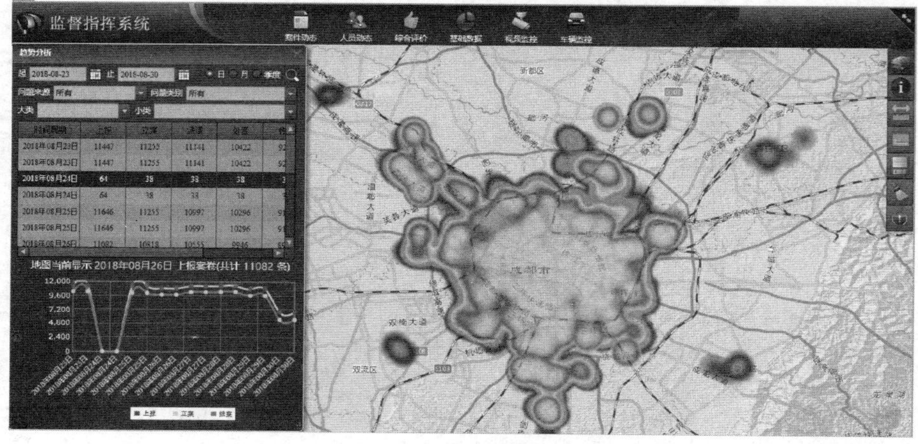

图 3-7　问题趋势分析

3. 建立常态化修标机制

成都市建立了监管案件立案、处置与结案标准常态化修订机制。2016 年，依据数字城管国家标准、行业标准，引入全国文明城市、国家卫生城市、国家环保模范城市等创建指标，将原数字城管监管标准“事件 6 大类、61 小类，部件 7 大类、85 小类”调整为“事件 6 大类、91 小类，部件 5 大类、119 小类”，创新增加了 77 项细类。2017 年，根据城市管理需要，增加了“共享单车”细类。2018 年，进一步修订数字城管监管标准，使其更加符合城市综合管理需要。立案、处置与结案标准及处置责任分解事件、部件示例分别如表 3-2、表 3-3 所示。

表 3-2

立案、处置与结案标准及处置责任分解表（事件类）

大类代码	大类名称	小类代码	小类名称	细类代码	细类名称	责任主体			主管部门	法规政策依据	信息收集立案派遣阶段				任务处理阶段		核查结案阶段		
						市级责任主体	区级责任主体	其他责任主体			管理标准	立案条件	立案时限	派遣时限	处理时限		督办时限	核实核查时限	结案条件
															三环路内侧辅道（含）以内建成区区城	三环路外侧辅道（含）以外区域			
01	市容环境	12	道路不洁	03	路沿石不洁	市政府火车站管委办、市沙河公司、市兴城公司等	锦江区城市管理和园林绿化局、锦江区市政局、青羊区城市管理局、金牛城管局、金牛区建交局、武侯区城市管理局、武侯区交通局、武侯区建设局、成华区城市管理局、成华区交通和政局、高新城管环保局、天府新区成都管委会规划建设和城市管理局、街道办事处		市城管委	市城管委“三定”职责（成办发〔2015〕3号）	路沿石无积灰、积泥、灰带、垃圾等	积灰、积泥、灰带、垃圾等明显	10分钟	10分钟	1工作日	2工作日	10分钟	1.5工作时	清除

表 3-3

立案、处置与结案标准及处置责任分解表（部件类）

小类代码	小类名称	细类代码	细类名称	责任主体			主管部门	政策法规依据	信息收集立案派遣阶段				任务处理阶段		核查结案阶段		
				市级责任主体	区级责任主体	其他责任主体			管理标准	立案条件	立案时限	派遣时限	处理时限		督办时限	核实核查时限	结案条件
													三环路内侧辅道（含）以内建成区区域	三环路外侧辅道（含）以外区域			
17	交通护栏			市交管局、市政府火车站管委办			市公安局	四川省《中华人民共和国道路交通安全法》实施办法	无缺失、无破损、移位	缺失、破损、移位	10分钟	10分钟	1紧急工作日	2紧急工作日	10分钟	1.5工作时	修复、恢复

4. 建立常态化监管机制

成都市践行城市常态化管理要求，将全市数字城管监管时段由原“朝九晚五”机关式监管模式，统一调整为“朝八晚九、不分节假日”（夏秋季延长到7：30～22：30）常态化监管模式，如图 3-8 所示，城市管理问题的高发时段得以有效覆盖。

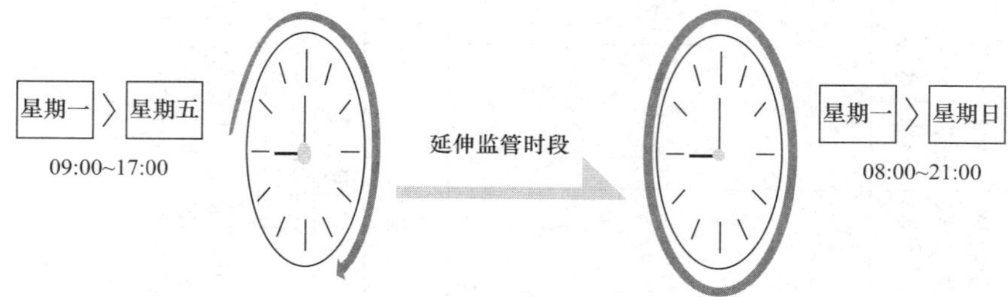

图 3-8 延长监管时段

5. 建设街道综合指挥系统

成都市政府补贴 1200 万（每个街道办事处补贴 15 万），建成了中心城区 80 个街道办事处街道综合管理指挥平台，纳入市政府目标管理。通过街道办事处自查自处，实现微循环治理，确保多数城市管理问题发现在基层、解决在一线。街道综合指挥平台如图 3-9 所示。

图 3-9 盐市口街道综合指挥平台

6. 推进平台服务市场化

2016 年 5 月，根据用工制度新要求，成都市启动了市级数字城管平台服务外包采购工作，将运行了近 10 年的市级数字城管平台用工及管理全面推向市场。2016 年 11 月，数字城管平台所有员工与中心解除劳动合同，并与服务供应商签订新的劳动合同，解约率 100%，新签约率 100%。数字城管平台服务市场化运作后，管理干部从大量的平台人员管理事务中脱身出来，将更多精力放到研究工作、协同协调、监督考核、调查研究和制定标准中，工作效能明显提升。

（三）坚持数据说话，优化绩效考核

考核是指挥棒，是推动工作的重要手段，更是部门作用发挥之关键。为充分发挥考核导向作用，成都市数字城管坚持用数据说话，以考核倒逼属地落实主体责任。

1. 坚持考核“两条腿走路”

根据城市综合管理要求，成都市持续修订数字城管工作考评办法和细则，构建了对各区（市）县政府、城管部门以及市级相关部门的考核指标体系。数字城管考核实行“两条腿”走路：一是数字城管工作本身，占城市管理考核权重6分；二是在环卫、市容、市政、广招四大业务考核中使用数字城管监管数据，分别给出其业务板块30%的评分。如图3-10所示。

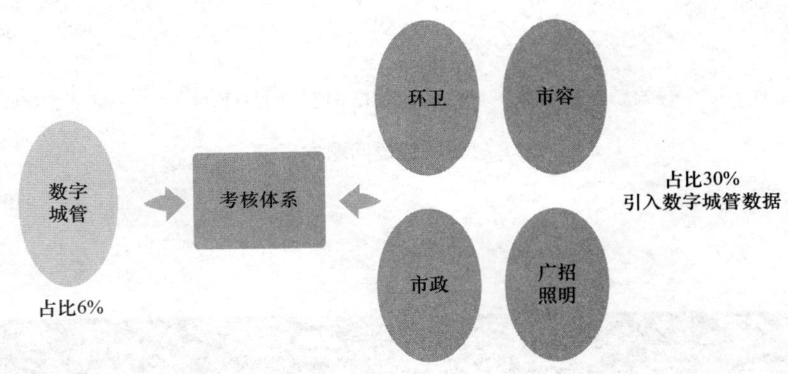

图3-10　数字城管考核占比

2. 发挥“三个作用”

一是市级监督考评队伍发现作用。通过网格化监管，落实监督员考评员的巡查责任，市级200余名监督考评人员常态巡查日均发现城市管理问题4200余件。二是视频监控发现作用。自建设投运初，市、区（市）县数字城管及街道平台，全部免费共享公安天网视频。在市级数字城管平台设立视频监控组，落实专人、明确责任，利用分布在全市的38180个（中心城区18184个）城市管理视频监控探头，对重要路段、学校、车站周边、政府机关、医院、旅游景点等重点监控区域，市、区（市）县每天分别定量查看（市级平台查看中心城区每区60个、郊区市县40个点位，区（市）县自行查看点位须为市级2倍以上），全方位开展搜巡，日均发现问题500余件。三是发挥区（市）县自身作用。通过处置率考核指标，倒逼属地政府加大问题处置力度，全市处置率达98%以上。2017年监督员、视频监控发现城市管理问题情况分别如图3-11、图3-12所示。

3. 注重考核“四性”

数字城管考核评价的科学、公正、合理，取决于监管数据来源的真实性、全面性、公平性和合理性，如图3-13所示。对此，成都市在确保数据真实性方面，采取监督员定期轮换机制、不定期抽查案件质量和诚信指标考核等措施，确保数据来源的真实。促进数据全面性方面，设置了案件总量指标、类别覆盖指标、部件占比指标和时段均衡指标等，促

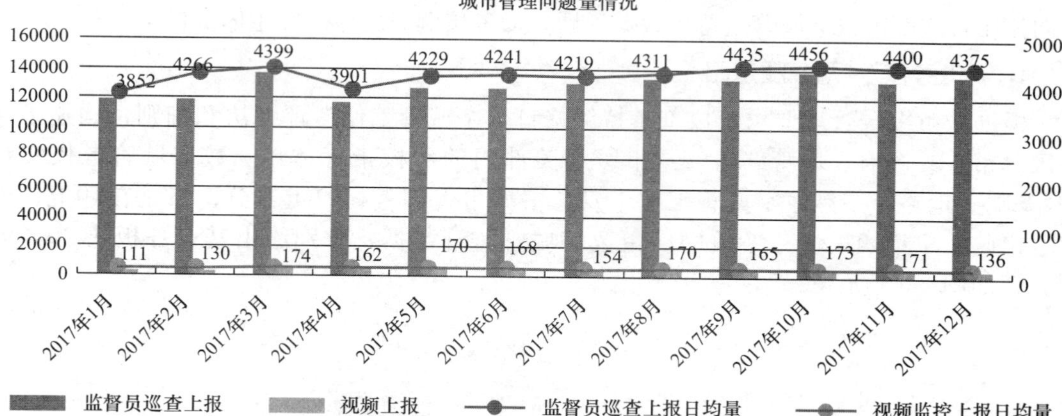

图 3-11 城市管理问题发现情况

图 3-12 公安天网视频监控

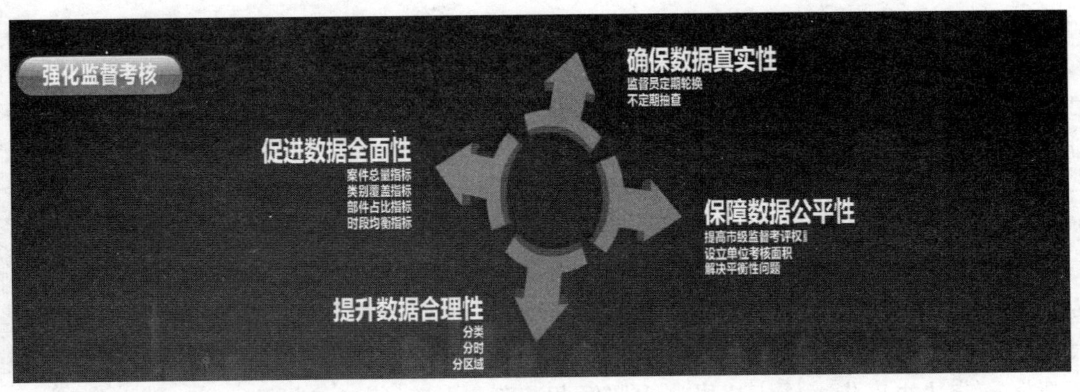

图 3-13　提升监管数据“四性”

使监管数据（问题上报）类别覆盖更加全面。在保障数据公平性方面，一是提高市级监督考评权重（占 55%）；二是鉴于区域面积差异及人口密度不同的实际，设立考核面积，按单位考核面积考核；三是为解决信息采集不同区域之间的平衡性问题，以单位面积最高月发现量下浮 15%后的数量，作为当月考核采集企业指标。在提升数据合理性方面，实行分类分时分区域考核标准，确保问题发现（监管数据来源）更加科学、合理。分类，即区分部件、事件扣分，部件类问题与事件类问题扣分比为 5∶1；分时，即对工作日 8～9 点、12～14 点、17～19 点时段和节假日全天实施加倍扣分；分区域，即考虑监督员分布情况，对不同区域设置不同考核系数。

（四）坚持全域统筹，推进县市一体

成都市数字城管注重顶层设计、组织指挥、统筹协调、引领规范、监督服务等作用发挥，有效解决全市数字城管“一盘散沙”、“各为其政”等现象。

1. 抓两头带中间

成都市在推进数字城管全域协调发展过程中，不断总结经验，通过召开现场会树立先进典型、会议通报或文件通报鞭策后进等“抓两头带中间”方式，有力推动了全行业统筹发展。

2. 用好“考核”指挥棒

紧紧抓住考核这一指挥棒，将郊区（市）县纳入常态考核，分圈层按月打分排位，形成每月通报、节日专项通报、重点工作专项通报，倒逼属地管理、行业管理责任落实，促进全市“一盘棋”。

3. 全域统一部署

成都市坚持市一级先行、全市域统一推进。市一级指导郊区（市）县完成了监管标准修订、考核及协同机制完善、监管时段同步、电子底图统一、系统数据对接、视频接入及业务培训等工作，为全市域数字城管同步推进奠定了基础。2018 年，成都市启动了数字城管信息系统区（市）县集中部署工作，必将有力促进数字城管全市域统筹发展。

（五）坚持专业专职，审慎网格整合

2017 年 3 月，成都市政府启动了网格化服务管理体系整合工作。市城管委、市城

管监管中心密集调研，主动争取，达成了“保持现有城管网格体制机制不变，采取职责叠加、平台并轨运行、数据对接的方式进行整合”共识，探索出了一条“以职责叠加方式完成城管网格整合”的新路径，保证了数字城管职责不变、队伍不变、功能不减、效能提升。

通过职责叠加方式，数字城管监督员在履行对责任网格内的部件和事件进行巡查的职责基础上，协助发现并报告社会治安综合治理、交通管理等问题共八类（涉暴恐、涉枪涉爆、邪教活动、涉黄、涉赌、交通安全、安全标志标识、其他），在确保自身人身安全前提下，通过在城管通上安装的综治 APP 上报到综治系统。同样，综治网格员通过综治系统的 APP 上报城市管理八大类问题（即市政设施、暴露垃圾、道路破损、道路遗撒、非法小广告、施工扰民、无照经营游商、占道经营）。监督员网格巡查如图 3-14 所示。

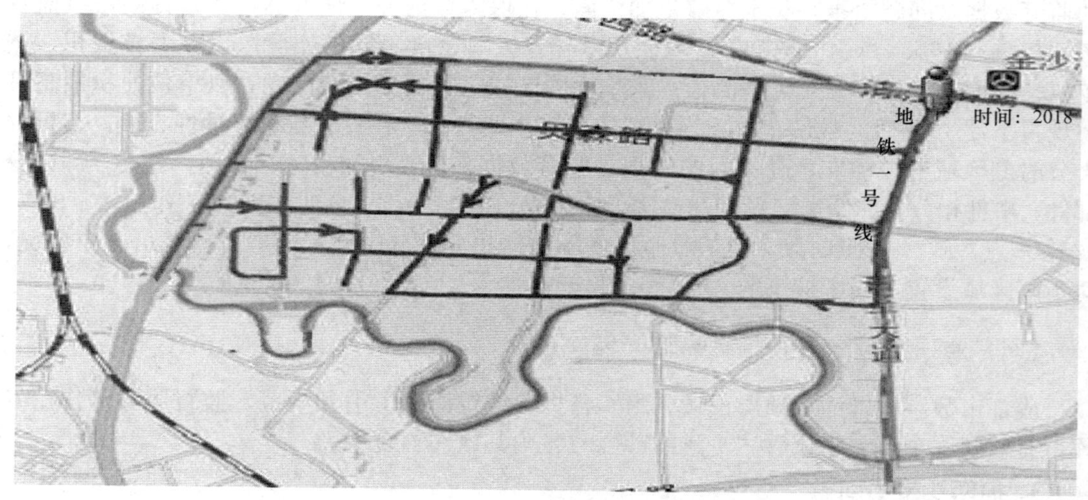

图 3-14　监督员网格巡查轨

第四章

宁波市数字城管实践案例

（宁波市智慧城管中心　供稿）

专家点评

宁波市成立全国第一家挂牌的智慧城管中心，将数字化城市管理模式与智慧城市整体建设架构有机结合，在全国数字城管建设升级模式中具有较好的先创先试意义。该市建立了较为完整的领导小组、协同网络、实施机构等运行体系，同时充分利用信息化、智能化手段，在业内首家示范应用北斗卫星定位技术，完成全市平台统一及云化改造，实现跨部门资源整合，制定全市统一的城市管理行业系统信息化技术标准，较早启用“温馨提醒”“智能管控”等特色应用。通过体制优化、机制创新及信息技术应用，为数字城管向智慧城管的跨越积累了可贵经验和模式示范。

一、基本概况

宁波市全市总面积 9816 平方公里，下辖 6 个区、2 个县、2 个县级市，共有 75 个镇、10 个乡、69 个街道办事处，2017 年常住人口达 800.5 万。2008 年建成数字城管，2011 年开始筹建升级为智慧城管，2012 年 4 月 15 日宁波市智慧城管中心正式揭牌成立。启动运行以来，坚持以服务民生为大局，以项目推进为抓手，以精细管理为主线，以科技创新为驱动，按照“覆盖全面、信息融合、运转高效、全国领先”的总体建设目标，成为国内第一家挂牌成立的智慧城管中心、城市管理领域第一家获得国家级北斗卫星应用课题资助的申报单位、全市第一家以云架构开发并纳入市政府“政务云”的政府管理部门。数字城管中心指挥大厅如图 4-1 所示。

宁波市智慧城管中心的基本情况见表 4-1。

图 4-1　宁波市智慧城管中心指挥大厅

数字城管基本情况　　表 4-1

<table>
<tr><td rowspan="8">基本概况</td><td>单位名称</td><td colspan="5">宁波市智慧城管中心</td></tr>
<tr><td>单位性质</td><td>公益一类事业单位</td><td>单位级别</td><td>副局级</td><td>隶属关系</td><td>综合行政执法局下属单位</td></tr>
<tr><td>人员编制数（总）</td><td>30</td><td>现有人员数（总）</td><td>27</td><td>建成投运时间</td><td>2012 年 4 月</td></tr>
<tr><td rowspan="5">内设机构名称（处、室、科、股等）</td><td colspan="3">办公室</td><td>人员编制及现有人员数</td><td>7</td></tr>
<tr><td colspan="3">信息技术部</td><td>人员编制及现有人员数</td><td>5</td></tr>
<tr><td colspan="3">业务运行部</td><td>人员编制及现有人员数</td><td>7</td></tr>
<tr><td colspan="3">考评监督部</td><td>人员编制及现有人员数</td><td>3</td></tr>
<tr><td colspan="3">热线受理部</td><td>人员编制及现有人员数</td><td>2</td></tr>
<tr><td>主要职责</td><td colspan="6">负责智慧城管系统平台的建设管理工作；负责城市管理部件、事件问题的立案审核、结案归档等监督考评工作；负责协调解决市中心城区综合性、跨区域、跨部门的重大城市管理部件和事件问题；负责对智慧城管协同网络单位问题处置情况进行分析和评价；负责拟订全市智慧城管信息采集工作标准，指导各区做好需求编制、项目招标以及中标单位绩效考核工作；承担全市信息采集员的相关培训及岗位资格认证工作；指导县（市）区做好智慧城管管控平台建设、运行、管理工作；承担市中心城区智慧城管协同网络单位的相关培训、指导和服务保障工作；承担城管热线电话和网络受理平台及市长电话、政务网上办公系统等相关投诉、举报的受理、交办、跟踪和评价工作；承担城市管理局（城市管理行政执法局）信息系统的建设管理工作</td></tr>
</table>

二、主要工作情况

（一）组织架构实现全市“一盘棋”定位

1. 建立“大城管”组织格局

成立由分管市长、区长、县长分别挂帅的市、区、县智慧城管工作领导小组，通过建立“一级监督、两级指挥、三级政府、四级网络”的运作体系，理顺市、区、县（市）、园区关系，强化各部门协作，改变原有“小城管”模式，确立“大城管”格局，加快智慧城管工作全面推进。成立市级智慧城管工作领导小组，由分管副市长为组长，市直部门和各区政府等 40 余家主要成员单位组成市智慧城管工作领导小组，代表市政府全面行使智慧城管指挥、监督、协调、考核、评价和奖惩等职能。

2. 搭建“大协同”网络架构

通过发布《宁波市智慧城管工作实施办法》全面推进全市智慧城管工作开展。将市、区、县（市）420余家职能部门和主要企事业单位纳入智慧城管协同网络，如图4-2所示，集中部门资源、强化联动效能，使186类城市管理问题实现“属地为主、按责处置”的有效管理，统一了工作标准，量化了工作要求。

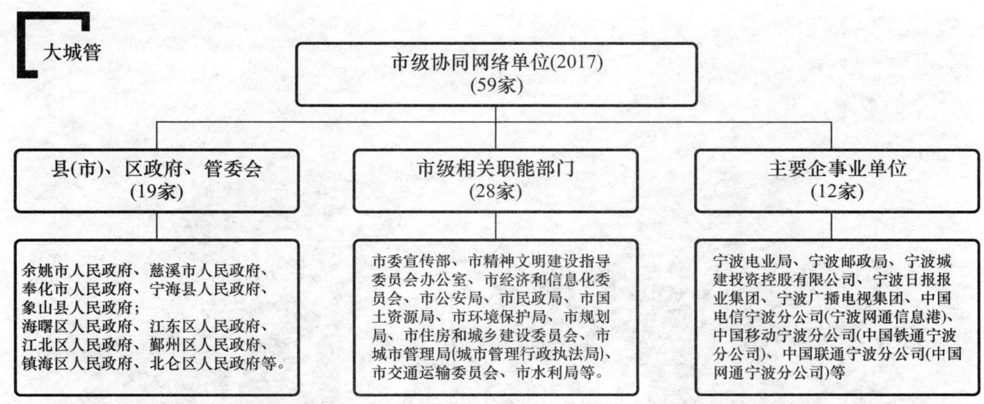

图4-2　宁波市智慧城管市级协同网络单位组成示意图

3. 完善“全覆盖”机构建设

至2017年全市已建成1家副局级市级中心，海曙、江北、鄞州、镇海、北仑、奉化6家副处级区级中心，余姚、慈溪、宁海、象山等4家副科级以上县（市）级中心，东钱湖、高新区、大榭、保税区、杭州湾新区等5家园区中心，并逐步向建制镇（街道）三级平台试点延伸，如图4-3所示，截至2017年共完成22家中心镇三级平台建设覆盖，2018年目标实现全市建制镇建设全覆盖。

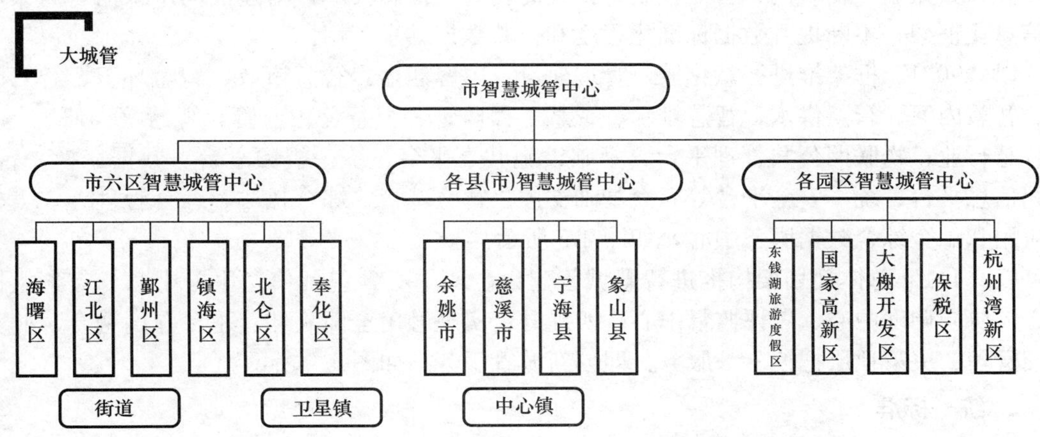

图4-3　宁波市智慧城管实施机构组成示意图

4. 推进“复合型”队伍培育

在业务岗位上突出市场化优势，以服务外包、劳务派遣等形式，组建全大市座席员、信息采集员、考评监督员三支队伍约 750 人，其中考评监督队伍 60 余人，作为市中心对属地采集监督的重要力量，有效强化前端采集监管。通过持续组织全市行业集训、技能竞赛、挂职轮岗，不断强化智慧城管行业团队精神和合作意识，增强队伍的政治素养、专业能力和奉献精神。如图 4-4 所示。

图 4-4　宁波市智慧城管职业技能竞赛颁奖现场

（二）规划统筹实现全市“一蓝图”布局

1. 统一规划

强化规划先行，由市智慧城管中心牵头编制《宁波市城市管理信息化发展专题规划（2016～2020）》、《宁波智慧城管“十三五”规划》和《宁波市城市管理信息化技术标准》，突出信息化建设的统一性，这在国内尚为数不多。以城市管理现代化为指向，充分利用以云计算、大数据、物联网、智能控制为代表的新一代信息技术，搭建面向未来的智慧大城管信息化框架，不断提升数据标准化程度和公共数据共享利用。

以“9631”框架推进智慧化城市管理建设。内容涵盖：智慧市政、智慧环卫、智慧园林、智慧内河、智慧供水、智慧排水、智慧工程监管、智慧公用监管、智慧培训研究等 9 大智慧行业；物联网公共管理平台、基础设施共享平台、统一视频平台、数据交换平台、空间信息平台、统一安全平台等 6 大基础支撑；智慧城管、综合执法、综合管理等 3 大核心应用和 1 个综合数据服务中心，如图 4-5 所示。

以“441”总体规划架构推进智慧城管建设。四中心：包括信息服务中心、应急指挥中心、协同调度中心、考评监督中心。四提升：实现触角全面延伸、平台深度融合、业务精细管理、决策顶层把控。一服务：即创新城管服务。如图 4-6 所示。

2. 统一标准

通过制定《宁波市智慧城管实施办法》等业务规范和技术标准，不断推进智慧城管行

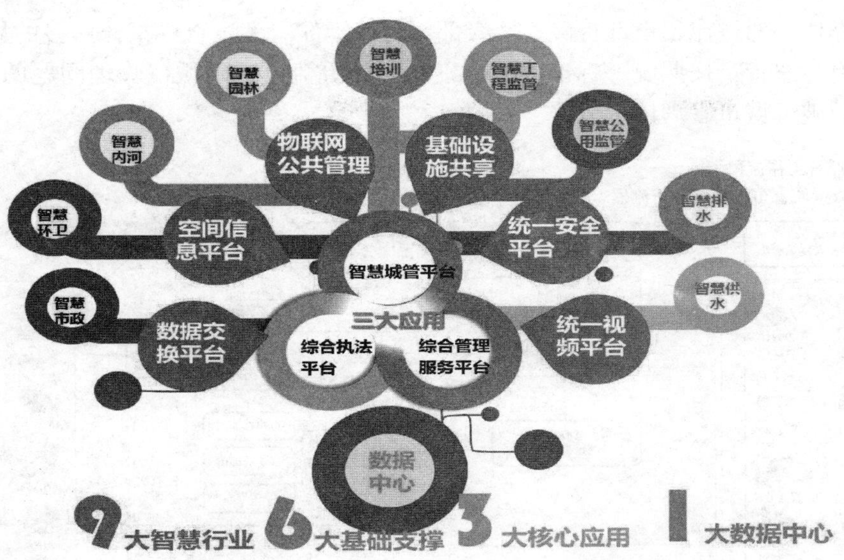

图 4-5　智慧化城市管理总体规划架构图

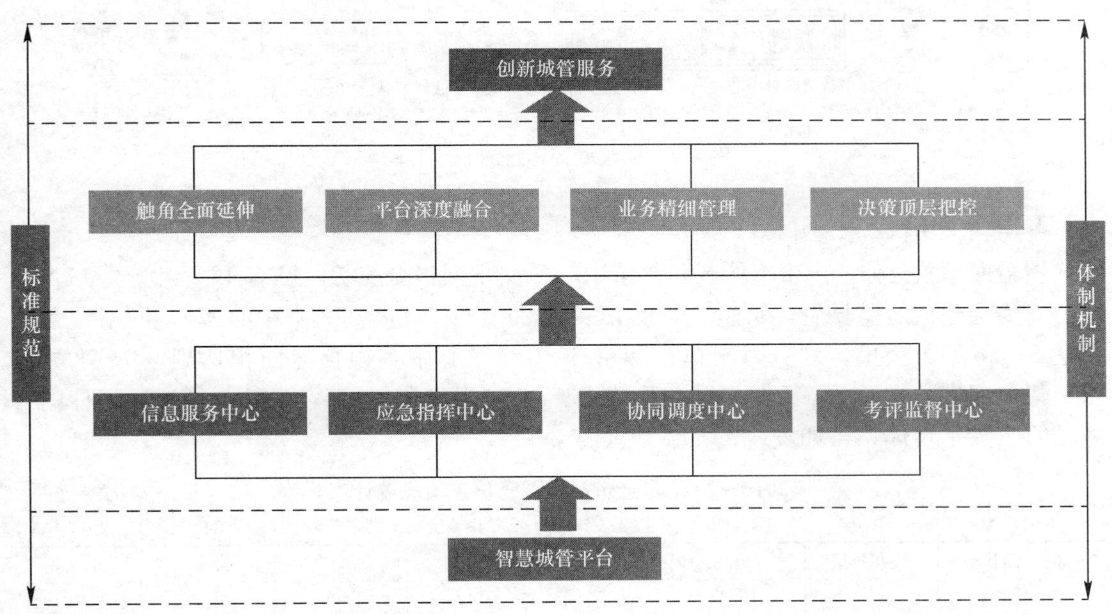

图 4-6　智慧城管总体规划架构图

业标准体系完善，为城市管理问题的快速派遣和及时处置奠定基础。中心相关人员执笔完成《浙江省智慧城管建设导则》等省级标准编制，参与编写的 3 部数字化城市管理信息系统相关国家标准已先后发布实施，充分体现了宁波先行示范作用。

以统一平台为基础，建立“采集、受理、立案、批转、处置、核查、结案”闭环流程。由属地采集人员在工作网格进行不间断巡视采集，采集问题报属地智慧城管中心，立案后直接向各协同网络单位（包括市级、本级）进行批转、处置，强化问题处置重心下沉。市中心对属地中心作废案件、结案案件统一把关，并对平台流程环节按比例进行抽检，规范操作。通过流程设计打破了区级部门与市级部门无法直接工作对接的局限。以智慧城管平台为纽带，按照统一标准、无差别的问题分流，实现城市管理问题的按职派遣、按责处置，破解城市管理体制瓶颈。如图 4-7 所示。

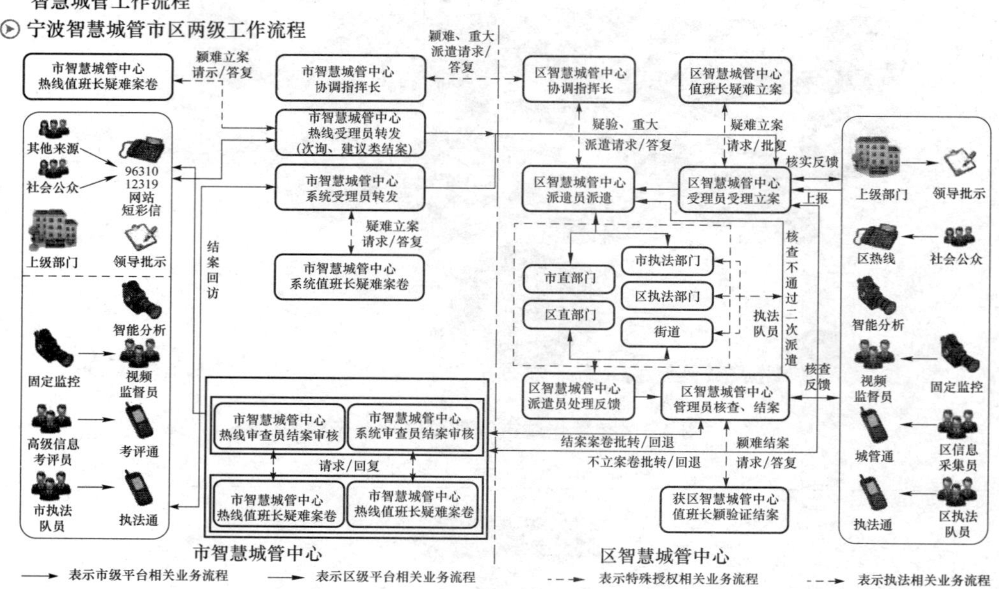

图 4-7　智慧城管运行流程示意图

3. 统一网格

覆盖面不断延伸。全市主城区和县市中心区实现网格全覆盖，已有 16 个市、县（市）、区、管委会建成智慧城管，智慧城管已拓展到 25 个乡镇（含 22 个中心镇），网格覆盖面积达 516.6 平方公里，划分万米单位网格 6010 个，其中乡镇覆盖面积达到 50.9 平方公里，集成部件数据 208.5 万件，初步形成市、县（市）区、园区，乡镇（街道）一体的智慧城管三级平台体系，如表 4-2 所示。

2012～2017 年全市智慧城管覆盖情况统计表　　表 4-2

指标名称	单位	2012 年	2013 年	2014 年	2015 年	2016 年	2017 年
覆盖面积	平方公里	137.6	299.3	326.7	335.8	414.7	516.6
单元网格	个	1953	3250	3326	3500	4950	6010
部件数据库	万件	91.4	102.5	120.5	178.5	187.5	208.5

（三）平台建设实现“一揽子”推进

1. 统一平台建设基调不动摇

强化推进统一平台建设，全市各级智慧城管中心统一在市级平台运行，由市中心统一开发、维护软件平台建设，各级中心落实硬件建设。经过智慧城管一、二期项目建设，市级平台应用功能不断强化，构建了集“统一定位、统一呼叫、统一视频、统一基础管理、统一空间信息”为一体的五大基础支撑体系，实现了实时管控、业务办理、智能管控、公共服务等四大系统应用，并逐步拓展功能应用，重点开展了精细化管理、物联网、综合执法、全时空等方面探索，如图 4-8、图 4-9 所示。2017 年 7 月 1 日，完成核心业务云化改造，实现智慧城管云平台迁移启用，成为全市首家以云架构开发并纳入市政府政务云的政府管理部门，如图 4-10 所示。

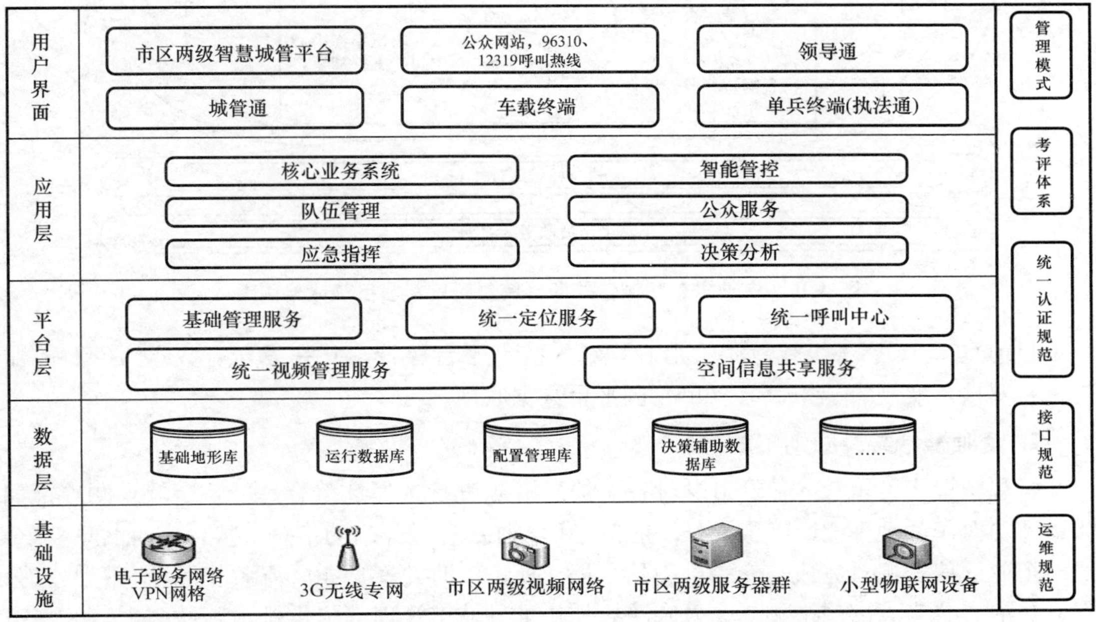

图 4-8　宁波市智慧城管一期项目总体架构图

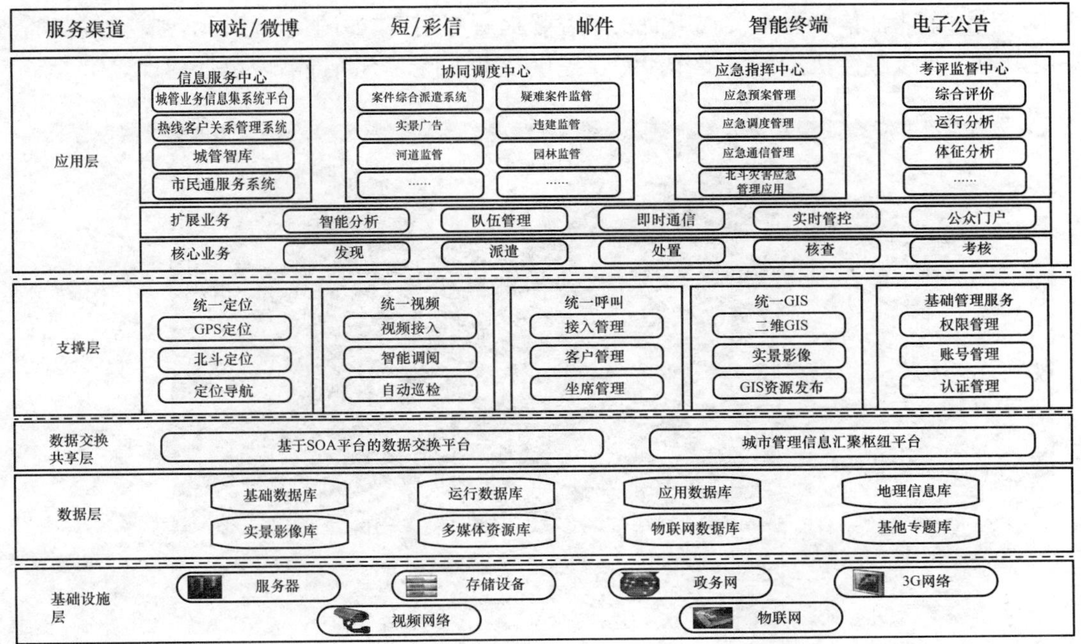

图 4-9　宁波市智慧城管二期（第一阶段）项目总体架构图

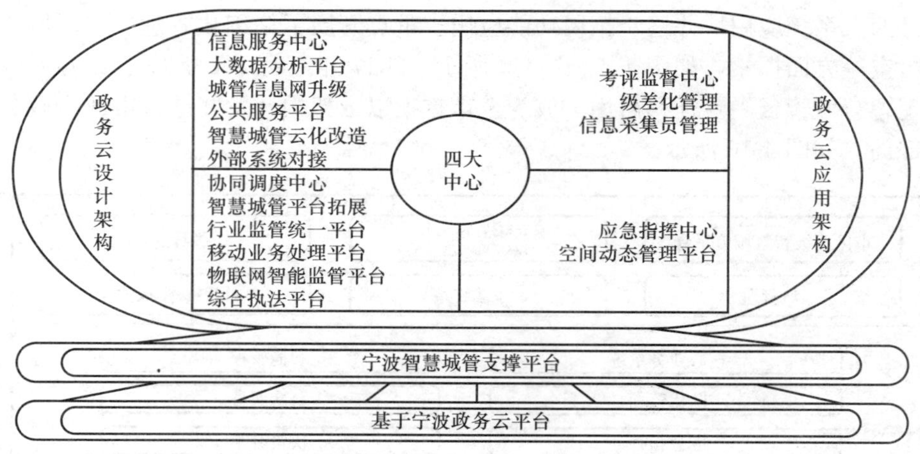

图 4-10　宁波市智慧城管二期（第二阶段）项目总体架构图

目前全市 16 家各级智慧城管中心均纳入统一平台运行，并完成与省数字（智慧）城管平台对接，实现省、市、县（市）区平台数据联动。

2. 资源整合共享原则不放松

智慧城管从实际工作需要出发对各类信息资源进行选择性整合，已整合规划测绘部门 9816 平方公里的地理测绘信息资源；完成与市场监督管理部门的信息交换，实时共享 60 余万条企业征信资源；完成与交警部门的数据交换，实时共享近 400 万条车辆信息；共享公安、综治、公交等部门视频 5.2 万余路，加快推进城市管理部门供排水、城区内河、环卫户外广告、停车数据等信息，实现内部业务系统之间的数据交换与信息融合。通过二次开发，真正盘活各项信息数据，如利用车辆管理信息研发"违章停车提醒应用"，如图 4-11 所示，利用企业征信数据研发"店面秩序温馨提醒应用"，如图 4-12 所示，有效提高管理应用，为"非接触性执法"等工作探索，提供技术支持，不断提高城市管理现代化水平。

图 4-11　宁波市智慧城管违章停车提醒应用

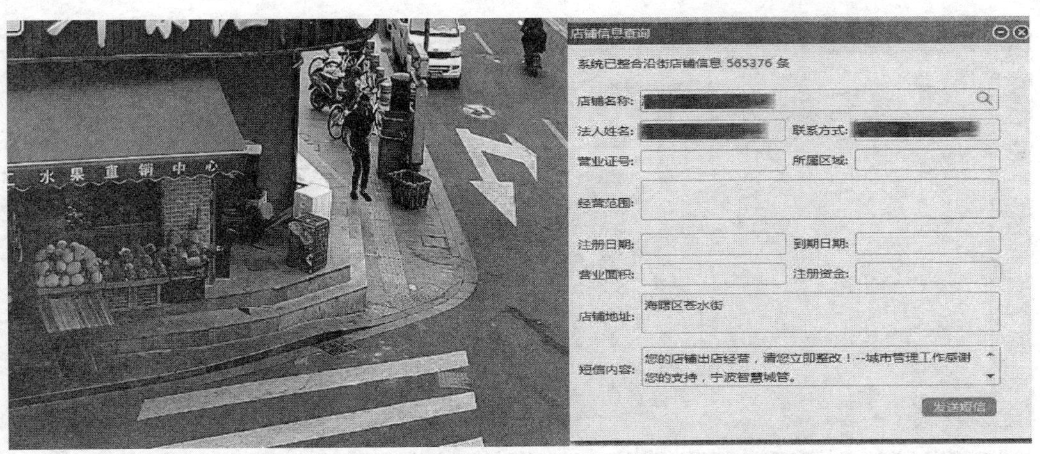

图 4-12　宁波市智慧城管店面秩序温馨提醒应用

3. 特色应用持续创新不懈怠

（1）实现平台“云化”升级

宁波市智慧城管中心于 2015 年启动核心平台的云化改造升级项目，整个平台基于宁波市政务云平台提供的 Hadoop 的分布式系统基础架构进行升级和改造，以云计算为核心，实现智慧城管系统的虚拟化、自动化、服务化，充分利用云资源，解决传统服务架构的性能问题、存储问题、安全问题、稳定服务问题。如图 4-13～图 4-15 所示。

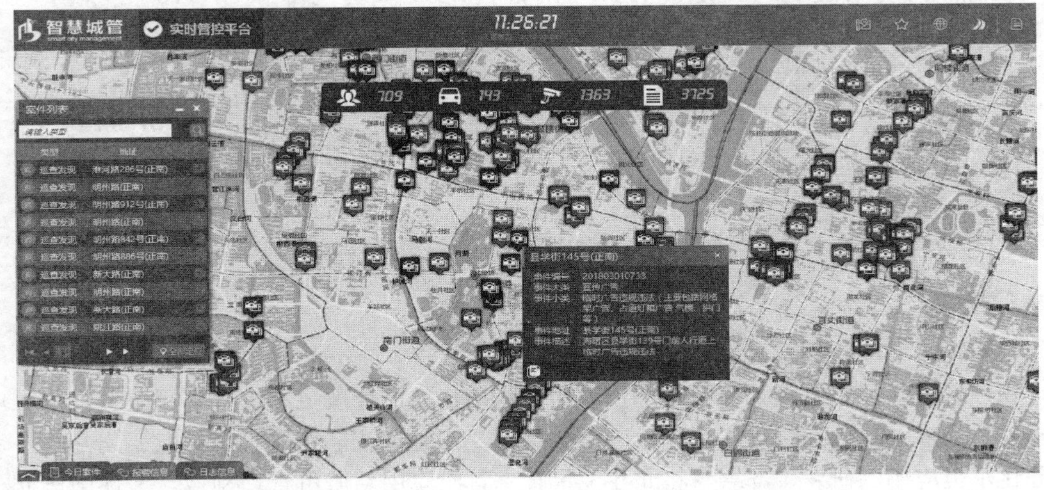

图 4-13　智慧城管实时管控平台

（2）应用动态智能管控

利用 RFID、视频智能分析等物联传感技术，通过视频分析技术，计算机一旦监测出来规则区域内有长时间停留的物体，进而对占道经营，无证摊贩、乱抛撒等几种违章现象进行智能报警。此外联合行业管理单位在城区易积水点位、城市井盖、重点桥梁、古树名木等城市重要设施，运用 RFID 等物联网技术，实现城市部件的实时动态监管。如图 4-16 所示。

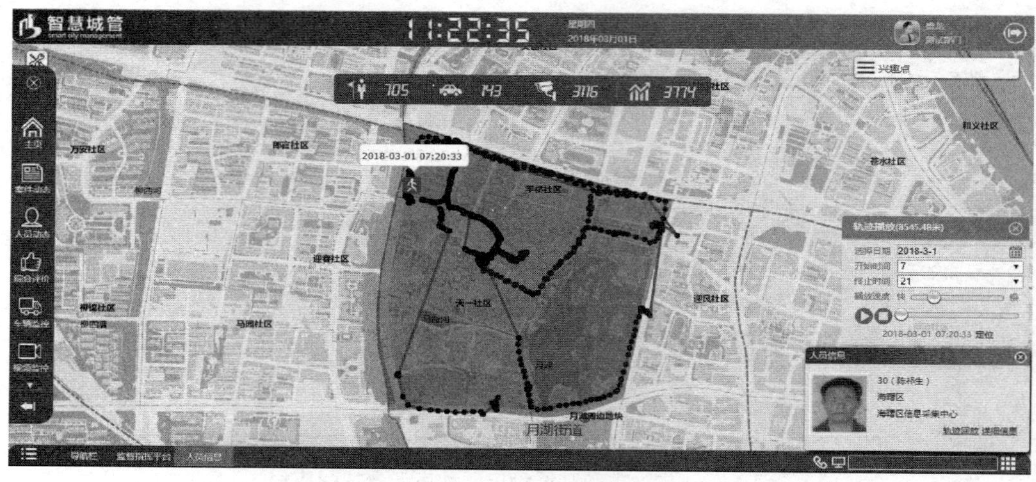

图 4-14　智慧城管人员轨迹管控

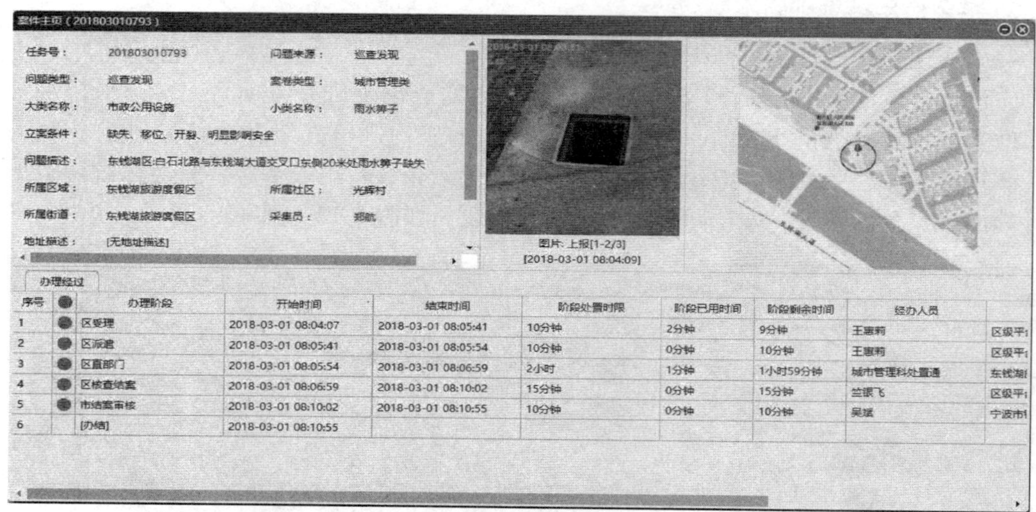

图 4-15　智慧城管案件单

（3）探索北斗应用示范

积极推进由国家发改委、财政部资助的“网格化城市管理卫星综合应用服务示范”项目建设，完成“户外广告、违法建设、园林绿化、工地渣土、河道监管、灾后分析”6 个业务化示范应用的研发、部署，将北斗卫星技术首次应用到城市管理领域，实现国产北斗卫星遥感、导航定位技术在城市管理领域的首次示范应用。同时联合市规划部门实施城市建设遥感辅助监测，利用卫星比对方法，提升违章建筑防控科技水平。如图 4-17、图 4-18 所示。

（四）运行处置突出“一竿子”到底

1. 加强问题采集前端监督

问题采集实现级差化，按照常态化、精细化、多样化要求，2017 年在市五区实施信

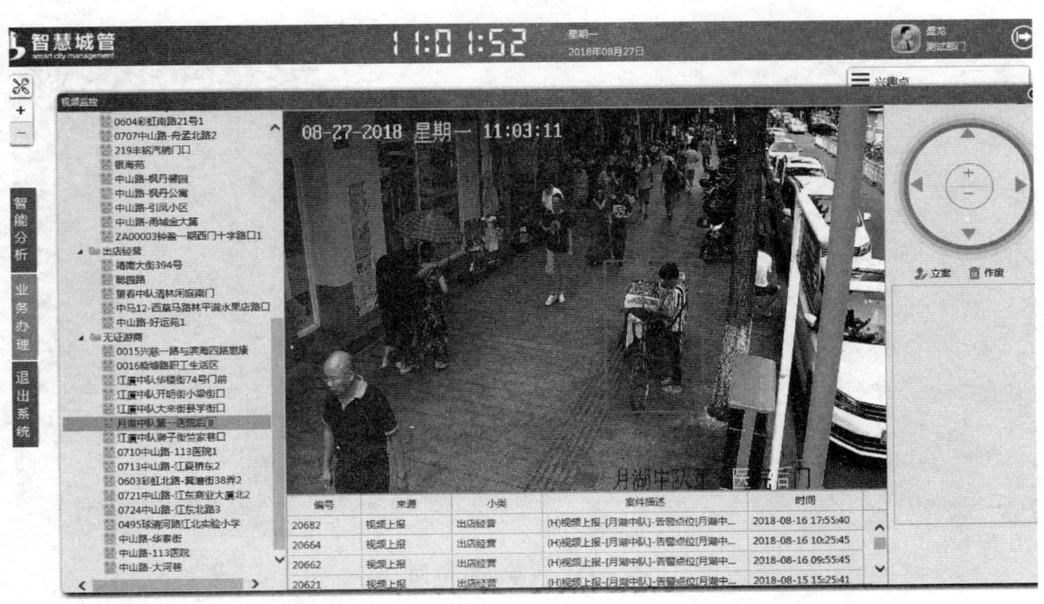

图 4-16　智慧城管智能管控系统演示

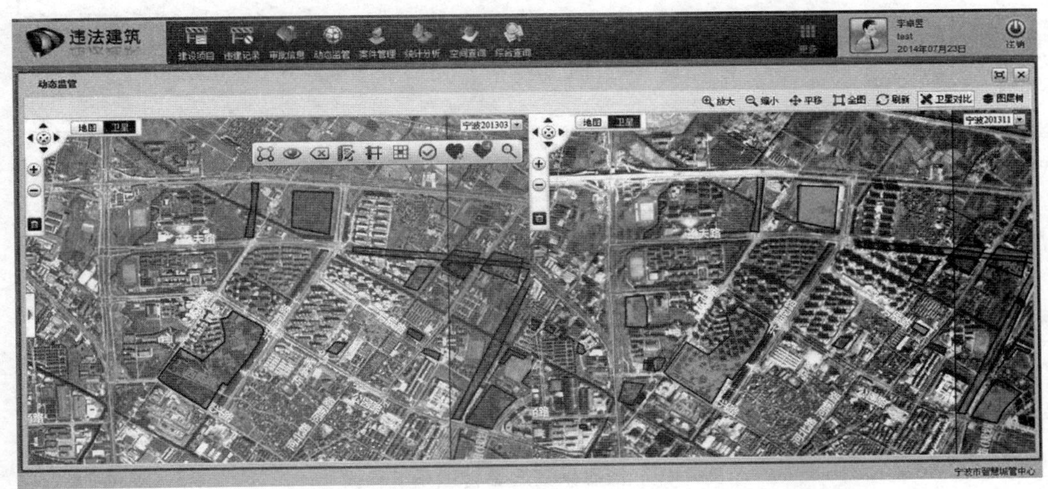

图 4-17　违法建筑系统界面

息采集道路分类管理模式，由按照区块为主转变为以按照道路为主进行采集，根据人流密度、商业网点、交通功能、配套设施、行政规划等因素，参照道路保洁、街面保序、示范路检查等考核标准，将全大市道路划分为一至四类，实行级差化管理。以徒步形式巡查，一类道路每天覆盖不少于 4 次，二类道路每天覆盖不少于 2 次，三类道路每天覆盖不少于 1 次，四类道路每三天至少覆盖 1 次。打造相应的管理系统，将道路分类和处置标准有效集成到系统运行各环节中，同时强化采集管理信息化，实现采集人员管理、巡更管理、采集工作分析等功能，全面提升信息采集的工作质量和效率。此外，强化市级采集监督，设立市级考评监督队伍以实地采集的形式对各地采集情况进行监督，补充上报遗漏采集问题，纳入考核，强化考评监督。巡更管理如图 4-19 所示。

图 4-18　实景系统界面

图 4-19　信息采集巡更管理系统界面

2. 加强问题协同处置机制建设

（1）行业专家智库机制

组建智慧城管专家智库团队，针对群众关注度较高、问题存在共性的城市管理疑难问题进行专家会诊、现场确权，并以明确相关协同单位须无条件履行专家智库出具的确权结果。

（2）创新管线“包片管理”机制

将宁波市主城区以自然线性边界（宁波的甬江、姚江、奉化江和杭甬高速）分割为四个区域，分别由电信、移动、联通和华数四家单位进行应急处置分片包干，如图 4-20 所示。在日常工作中，各单位按工作职责负责地下综合井盖和管线的巡查维护工作，保证所属责任区井盖管线的完好无损。在出现丢失、破损，一时无法确定责任权属的情况下，第一时间由包片区域指定的单位进行应急处置。

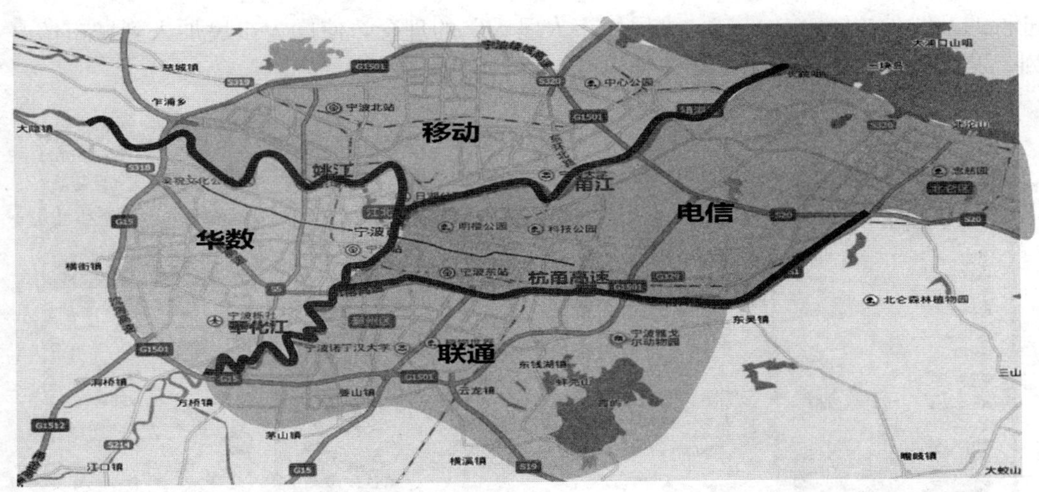

图 4-20　管线类疑难问题分区一体化管理区域示意图

（3）落实废弃线杆专项整治

协同电力、路灯、市政前期办、电信、移动、联通、公安交警、市政、热力及属地城管、街道等多部门和单位，在六区开展废弃线杆整治工作，共完成各类废弃线杆清理近 800 杆，其中六区中心协调完成废弃线杆整治 269 杆（包含各区代整治 69 杆），有效破解废弃线杆安全隐患问题。

（4）推进跨江桥梁管线综合整治

协同各部门启动中心城区跨江桥梁管线综合整治工作。对涉及多家产权、存在管线问题集中的主要桥梁进行现场集中整治。共完成兴宁桥等中心城区 17 座主要跨江桥梁专项普查，普查各类线缆 28060 米，完成规整、纳管线缆共计 9000 余米，其中清除各类无主、废弃线缆约 3000 米。

（五）民生服务加快“一窗口”整合

1. 快速处置市民诉求

统一呼叫接听模式，搭建市级统一呼叫受理平台，96310（12319）热线在国内城管领域首次导入 4PS 标准认证。2016 年 9 月 20 日起，该热线与 12345 热线正式合并。近期结合“行走甬城”专项活动，与 12345 热线开通“百姓事马上办”专线，通过三方通话，即时受理办理群众诉求。对“民生 E 点通”、“阳光热线”、“110 联动”等多个不同渠道的问政平台进行联动，抓实问题整改，确保民生问题第一时间受理、处置、解决。

2. 方便市民参与治理

全力打造“甬城智慧城管”政务微博、“甬城管家”政务微信自媒体平台，定期推送市民关心的民生信息（比如灵桥记忆、灯光秀、城管典型人物等），拉近与市民之间的距离。此外，研发“甬城管＋”APP 手机软件，市民通过手机下载这款应用，不光可以查找附近的公厕信息、查询城管审批情况、园林科普知识、服务窗口电话、停车诱导等服务，还可以将身边的城市管理问题，用手机进行拍照和文字描述，通过 APP 上报城市管理部门进行的及时处置。有效推广“人民城市人民管”的理念，使广大市民加入到城市监督员行列，共同助力城市管理。如图 4-21 所示。

图 4-21　智慧城管微博、微信、APP

3. 获得社会各界认可

持续开展公众开放日、主题体验活动等方式，引导公众参与城市管理。作为全国首家挂牌成立的智慧城管中心，自启动以来共接待国内外参观调研单位 300 余家，累计 3700 余人次，不断传播智慧城管新理念，传播城市管理好声音，为全国数字城管同行提供借鉴。

（六）建设运行成效

宁波市智慧城管平台已上报问题超过 760 万件，月均案件量接近 12 万件。问题解决（处置）率从最初的 94%增加到目前的 99% 以上，按期解决（处置）率从最初的 41%增加到目前的 98%以上，其中市级协同网络单位按期处置率稳定在 95%以上。先后获得了“中国地理信息产业优秀工程金奖”、“住房城乡建设领域年度信息化突出贡献奖”、“中国信息化成果数字城市创新应用奖”以及“全国青年文明号”等多项荣誉，在推动城市功能品质进一步优化，城市人居环境进一步改善，城市管理水平进一步提升，取得了显著的社会效益。

第五章

石家庄数字城管实践案例

（石家庄市监督指挥中心　供稿）

专家点评

石家庄市作为全国第二批数字城管试点城市，系统于 2009 年 5 月建成运行以来，强化高位监督考核，不断强基固本，持续创新举措，切实提升系统运行成效。覆盖区域从首期 106 平方公里，扩大到 343.4 平方公里；在功能提升上实现了视频资源共享、实景三维影像采集入库、研发避免重复案卷上报的处置通系统、探索系统扁平化应用等；在采集模式上采取直接管理与服务外包相结合的方式；在考评工作中市委市政府两次联合下发《市容环境考评奖惩办法》，数字城管考评成绩占城区市容考评总分的 60%，在市委领导干部千分考核体系中占 20 分；在队伍建设上，全面强化教育培训，形成数字城管文化体系。

一、基本概况

石家庄市作为全国第二批数字城管试点城市，投资 2900 多万元，于 2009 年完成系统平台建设，并通过住建部专家组验收。系统运行以来，不断强基固本，探索创新，持续推进了区域拓展、功能提升、模式创新、考评增力、创建夯基等一系列工作举措。区域拓展，从首期覆盖二环内 106 平方公里，扩大到目前的八区一县建成区 343.4 平方公里，划分单元网格从 1525 个上升到 2990 个，普查部件从 40 多万个增加到 64 万多个；在功能提升上，实现了城管委系统视频资源共享、创建了移动视频监督考评系统、实施了实景三维影像的采集入库、研发了专业部门使用的处置通系统、研发了避免重复案卷上报管理功能、进行了软件跨版本升级，推进全移动办公平台运行、尝试探索系统扁平化应用、积极融入智慧城市建设体系等；在模式创新上，采取了高位监督的运行管理模式、直接管理与服务外包相结合的信息采集队伍管理模式和一体化、依托式、独立式相结合的建设模式；在考评工作中，得到了市委市政府高度重视，两次印发《石家庄市市容环境考评奖惩办法》。并通过系统运行不同阶段调整考评指标、数字城管监督考评解决具体问题和通过市人大、市政协、热心市民参与考评等措施，提升了各区及相关部门的重视程度，城管问题投诉大幅减少，城区容貌显著改观；在队伍建设上，全面强化教育培训、探索制度化与人性化有机结合、开展主题实践活动，形成数字城管文化体系。推动数字城管系统运行效率不断提升，目前日处理案件4000多件，结案率长期保持在95%以上。

二、区域拓展

在完善强化二环内数字城管运行基础上，2013年数字城管系统将主城区二环外所辖11个乡镇（办事处）纳入了监管范围。2014年城区区划调整后，相继完成了高新区数字城管系统与市监督指挥中心联网运行和鹿泉区、正定县、栾城区、藁城区的数字城管系统平台建设，2015年实现了管辖区域八区一县（主城四区、新城三区、高新区和正定县）数字城管全覆盖，区域面积343.4平方公里，划分网格2990个，普查部件64万多个。2015年中央城市工作会议召开后，加大了市辖其他县（市、区）数字城管平台建设力度。实现了全辖区22个县（市、区）数字城管系统全覆盖如图5-1所示。

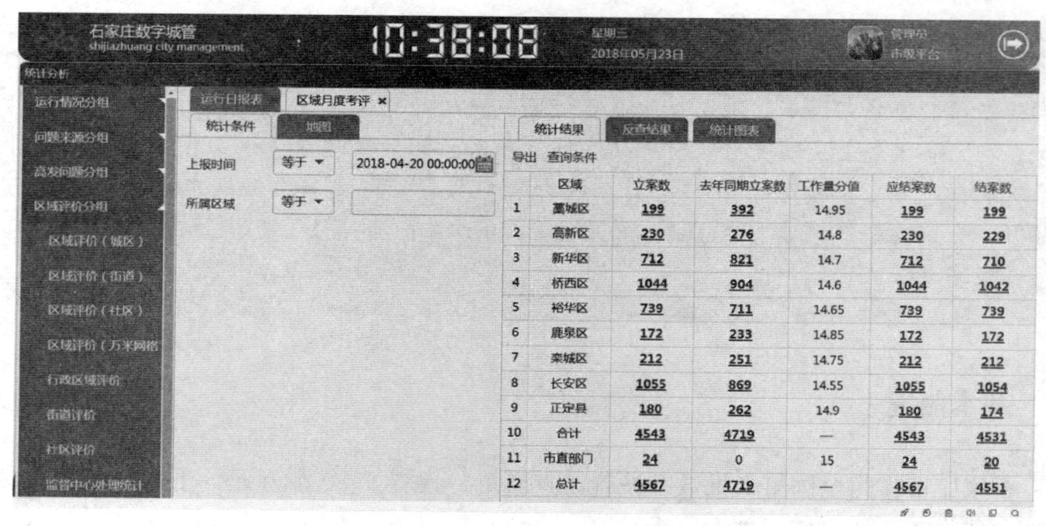

	区域	立案数	去年同期立案数	工作量分值	应结案数	结案数
1	藁城区	199	392	14.95	199	199
2	高新区	230	276	14.8	230	229
3	新华区	712	821	14.7	712	710
4	桥西区	1044	904	14.6	1044	1042
5	裕华区	739	711	14.65	739	739
6	鹿泉区	172	233	14.85	172	172
7	栾城区	212	251	14.75	212	212
8	长安区	1055	869	14.55	1055	1054
9	正定县	180	262	14.9	180	174
10	合计	4543	4719	—	4543	4531
11	市直部门	24	0	15	24	20
12	总计	4567	4719	—	4567	4551

图5-1　2018年4月20日八区一县案卷量截图

三、功能提升

为更好发挥作用，数字城管系统在运行中采取遇到什么问题解决什么问题、需要什么功能开发什么功能的办法，在住建部规定的九个子系统基础上，结合补助200万元经费的河北省科技厅《石家庄市数字城管功能研究》课题项目的实施，持续推进系统功能提升。

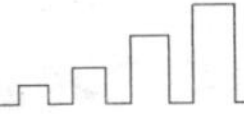

（一）实现了城管委系统视频资源共享

2011 年市数字城管监督中心、市级指挥中心进行了搬迁整合、扩容改造和网络链接，实现了城管委内部道桥、排水、夜景、防汛及公安交管固定视频的系统共享，如图 5-2 所示。

图 5-2　数字城管监督指挥中心监控画面

（二）创建了数字城管移动视频监督考评系统

市内五区 34 部城管执法车和市考评中心 3 部监督考评车加装了无线视频监控设备，如图 5-3 所示。2011 年 9 月与数字城管监督指挥中心联网运行，这套系统不仅实现了城管执法、监督考评全过程的跟踪监控，还方便了应急事件的调度指挥。

图 5-3　监督考评移动视频车

（三）实施了实景三维影像的采集入库

主城区“四横八纵”、“二环路”、人民广场、新客站等 38 条主次干道和重点部位城市部件进行了实景三维影像采集，如图 5-4 所示，实施了影像数据建库和专项软件配套开发。

图 5-4　城市部件实景三维影像采集

（四）研发了专业部门使用的处置通系统

2013 年，该系统在裕华区和市排水管理处先行试点。一线管理人员可直接接受来自数字城管监督中心的案件信息，直接处置。减少了二级指挥中心传输环节和电话转述中的差误。问题处置后及时向监督中心反馈核查信息，减少了“下达核查指令”和“专人进行核查”环节。现管辖的八区一县中除正定县外，已全部使用了处置通，如图 5-5 所示，共 707 部。

图 5-5　数字城管处置通系统界面

（五）研发了避免重复案卷上报管理功能

一方面在城管通终端软件中研发增设了案卷反查功能，使监督员在信息采集环节避免重复上报；同时在案卷受理端口系统研发部署了相似案卷自动提示功能，使坐席员在受理环节避免重复立案。通过重复案卷限制上报、派遣功能，有效减少了人工作业量和重复劳动。该功能使用后，2017 年 5～12 月避免重复上报、重复立案问题 4429 件。目前，重复案件已很少发现，如图 5-6 所示。

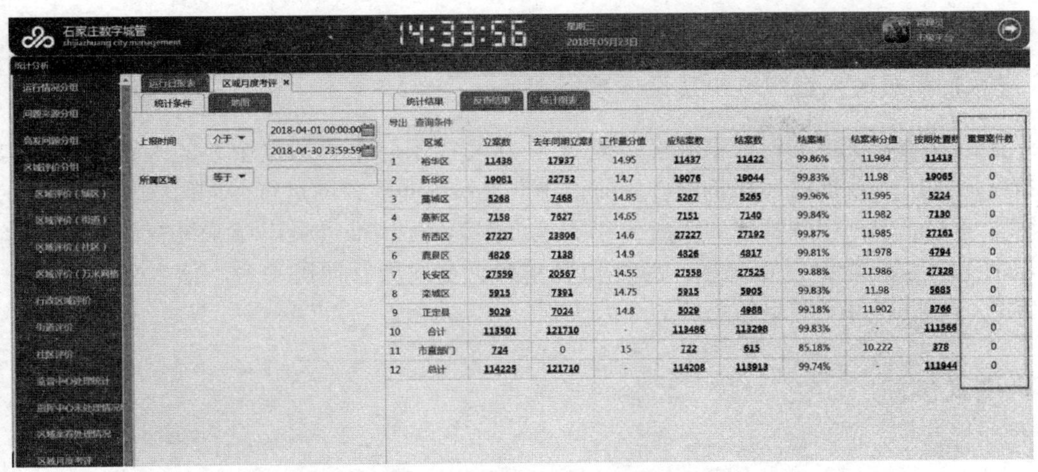

	区域	立案数	去年同期立案	工作量分值	应结案数	结案数	结案率	结案率分值	按期处置	重复案件数
1	裕华区	11438	17937	14.95	11437	11422	99.86%	11.984	11413	0
2	新华区	19081	22752	14.7	19076	19044	99.83%	11.98	19065	0
3	藁城区	5268	7468	14.85	5267	5265	99.96%	11.995	5224	0
4	高新区	7158	7627	14.65	7151	7140	99.84%	11.982	7130	0
5	桥西区	27227	23806	14.6	27227	27192	99.87%	11.985	27161	0
6	鹿泉区	4826	7138	14.9	4826	4817	99.81%	11.978	4794	0
7	长安区	27559	20567	14.55	27558	27525	99.88%	11.986	27328	0
8	栾城区	5915	7391	14.75	5915	5905	99.83%	11.98	5685	0
9	正定县	5029	7024	14.8	5029	4988	99.18%	11.902	3766	0
10	合计	113501	121710	-	113486	113298	99.83%	-	111566	0
11	市直部门	724	0	15	722	615	85.18%	10.222	378	0
12	总计	114225	121710	-	114208	113913	99.74%	-	111944	0

图 5-6　功能使用后重复案卷数量

(六) 进行软件跨版本升级，推进全移动办公平台运行

2017 年将原“数字城管 V11 系统”直接升级为“数字城管 V14 系统”（智云平台）。软件升级后，一是增加了地理信息动态更新子系统；二是增加了大屏幕高发问题热力图（图 5-7）、巡查人员分布热力图、案卷聚类分析、基于部件的问题上报历史管理等功能；三是新版本系统预留了后续功能开发空间。同时为裕华区 45 部终端设备安装了全移动办公软件，将栾城区原有的 10 部城管通升级为全移动办公模式，并新增 50 台终端设备。

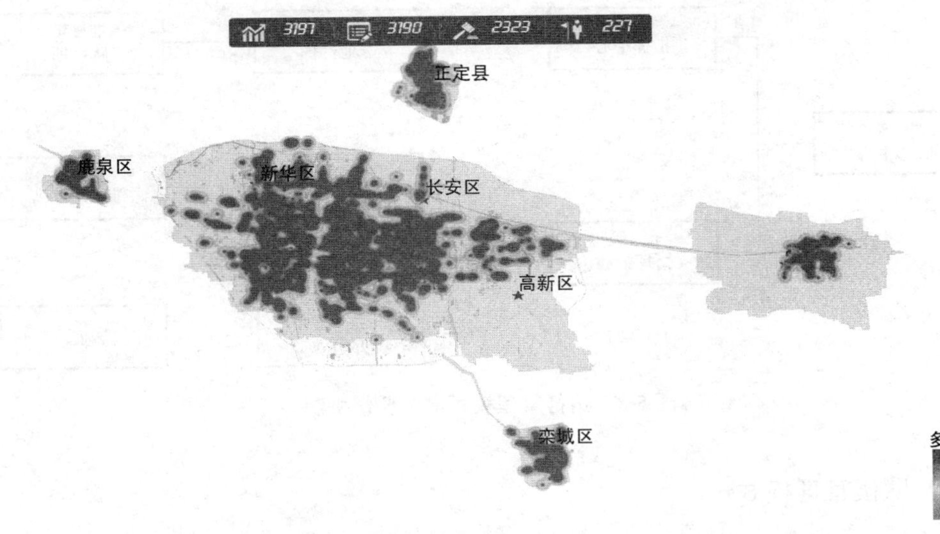

图 5-7　高发问题热力分布截图

(七) 尝试探索系统扁平化应用

为减少系统运行环节，在进一步明确责任区域和责任人基础上，今年 3 月以裕华区为试点进行扁平化工作尝试。即由区二级指挥中心直接把案件派遣给各部门的具体承办人。

目前研发设计已完成，正在组织实施。

（八）积极融入智慧城市建设体系

在市发改委支持下，数字城管系统2017年完成了与市大数据中心的线路链接，实现了数字城管历史数据的远程备份，目前正在推进系统同步并网运行。同时按照《石家庄市市容管理考评中心智慧管理和服务三年实施方案》，逐步推进全市域系统视频资源共享自动识别系统、22个县（市、区）考评监督平台、全民城管便民平台、信息采集全时空巡查体系、审批许可实时更新系统等9大工程。

四、模式创新

（一）运行管理模式

数字城管系统建立初期，依托正县级参公单位市容管理考评办公室建立了市级监督中心，依托正科级事业单位城管便民服务中心建立了市级指挥中心（后合并到市级监督中心），在各区（县）建立了区级指挥中心，形成了一级监督、两级指挥、三级管理、四级网络的高位监督机制，如图5-8所示。各区（县）也参照市级模式建立了高位监督考评机构，鹿泉区成立了由主管市长任办公室主任的市容管理考评办公室，正定县以政府督察办为依托成立了正科级市容管理考评办公室，栾城区由纪委牵头成立了栾城区市容管理考评办公室等等，这些举措对市容市貌的提升起到了极大的推动作用。

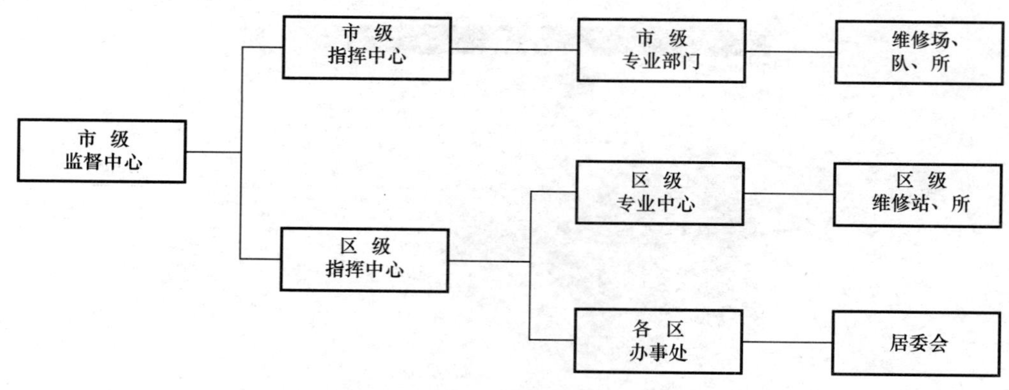

图5-8 运行管理模式高位监督机制

（二）队伍管理模式

在系统运行初期，信息采集队伍的管理，实行的是直接管理的单一模式。随着系统覆盖区域的拓展，不断创新管理模式，目前采取的是主城区二环内区域信息采集队伍直接管理，二环外区域信息采集和新城区、高新区、正定县信息采集服务统一外包派驻，其他13个县（市、区）兼职管理和服务外包的综合管理模式。

（三）系统建设模式

由初期主城区的一体化建设单一模式，发展为现在的主城区一体化建设、新城区依托式建设和其他 13 个县（市、区）独立建设联网考核的模式。

五、考评增力

（一）市委市政府高度重视

数字城管系统运行以来，一直把考评结果的运用作为推动工作的动力源，由初期的考评结果向社会公示，如图 5-9 所示，到与参评单位班子考核挂钩，再到与经费挂钩，与奖惩挂钩，与个人职务挂钩，不断加大城市管理考评结果运用的权重。市委、市政府两办联合下发的《市容环境考评奖惩办法》中，明确规定了数字城管考评成绩占城区市容考评总分的 60%，如表 5-1 所示。在市委领导干部千分考核体系中占 20 分。并建立市容管理考评制度奖金为 500 万元/年，实施“以克论净”（进行街道单位面积收集尘土称重评比）奖励环卫职工 1200 万元/年等奖励机制。

石家莊日報

习近平主持召开十九届中央军民融合发展委员会第一次全体会议强调

真抓实干坚定实施军民融合发展战略 开创新时代军民融合深度发展新局面

大力提升绿化美化亮化水平 打造生态宜居环境 造福广大人民群众

以好效果检验好作风

2月份市容管理考评结果公布

突出规范性 把好运营关

以先进标准引领质量提升

首季全市生产总值同比增长7%

工业设计释放制造业更大活力

3月份市容管理考评结果公布

4月份市容管理考评结果公布

图 5-9　媒体公示

2017 年 12 月市容考评成绩　　表 5-1

项目＼区域	数字城管（60 分）	12319 热线（10 分）	环境卫生（18 分）	门前三包（5 分）	市容市貌管理（7 分）	倒扣分（围挡广告）	增减分项（5 分）	总分	名次
藁城区	56.13（1）	9.9（1）	17.63（1）	4.64（6）	5.63（9）	0		93.93	1
鹿泉区	55.42（6）	9.8（2）	17.47（2）	4.73（3）	5.81（8）	0		93.23	2
栾城区	55.94（4）	9.2（8）	16.89（6）	4.95（2）	5.97（6）	0		92.95	3
长安区	55.40（7）	9.7（3）	17.40（4）	4.64（6）	6.10（3）	−0.4		92.84	4
裕华区	56.02（3）	9.6（4）	16.53（8）	4.70（4）	6.15（2）	−0.2		92.80	5

续表

项目＼区域	数字城管（60分）	12319热线（10分）	环境卫生（18分）	门前三包（5分）	市容市貌管理（7分）	倒扣分（围挡广告）	增减分项（5分）	总分	名次
高新区	56.03（2）	9.4（6）	17.45（3）	4.08（7）	6.02（4）	−0.2		92.78	6
正定县	54.77（9）	9.5（5）	17.26（5）	5（1）	5.94（7）	0		92.47	7
桥西区	55.35（8）	9.3（7）	16.75（7）	4.08（7）	6.50（1）	0		91.98	8
新华区	55.93（5）	9.1（9）	16.37（9）	4.65（5）	6.00（5）	−0.2		91.85	9

（二）根据系统运行不同阶段调整考评指标体系

系统在运行中，结合不同时期的热点、难点，采用不同的考评指标和评分权重。一是在运行初期，采用工作量指标，规定信息采集的基本上报量，做到应报尽报，确保系统正常发挥监督作用。立案量对比，如图 5-10 所示。

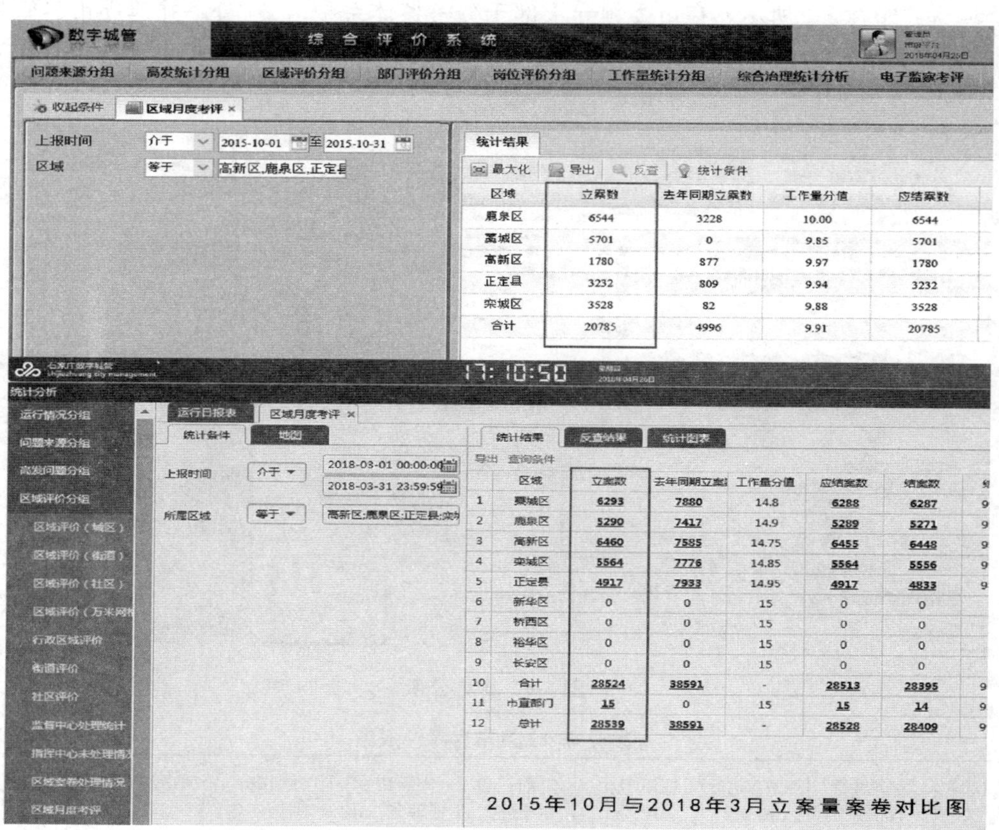

图 5-10　立案量对比图

二是为减少超时和返工案件的发生，最初采取按件数计分模式，随着处理部门单位重视程度的提高和超时、返工案件的减少，又调整为等差分值考核。超期案卷、返工案卷对比，如图 5-11 所示。

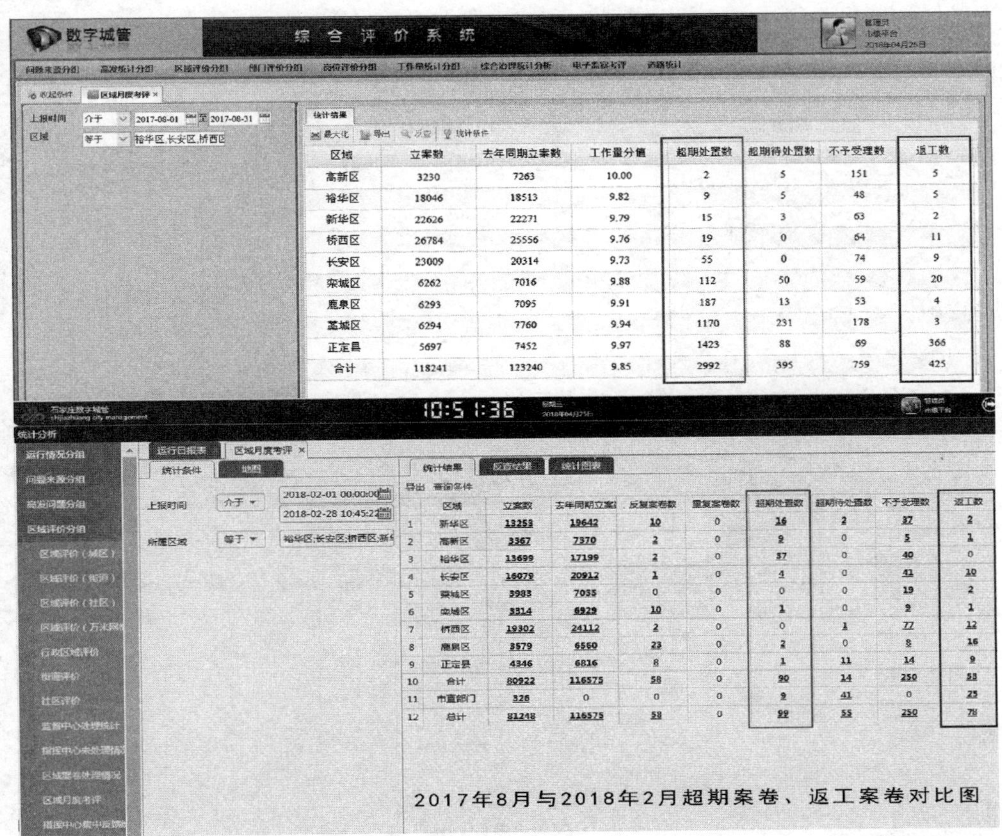

区域	立案数	去年同期立案数	工作量分值	超期处置数	超期待处置数	不予受理数	返工数
高新区	3230	7263	10.00	2	5	151	5
裕华区	18046	18513	9.82	9	5	48	5
新华区	22626	22271	9.79	15	3	63	2
桥西区	26784	25556	9.76	19	0	64	11
长安区	23009	20314	9.73	55	0	74	9
栾城区	6262	7016	9.88	112	50	59	20
鹿泉区	6293	7095	9.91	187	13	53	4
藁城区	6294	7760	9.94	1170	231	178	3
正定县	5697	7452	9.97	1423	88	69	366
合计	118241	123240	9.85	2992	395	759	425

	区域	立案数	去年同期立案	反复案卷数	重复案卷数	超期处置数	超期待处置数	不予受理数	返工数
1	新华区	13253	19642	10	0	16	2	37	2
2	高新区	3367	7370	2	0	9	0	5	1
3	裕华区	13699	17199	2	0	57	0	40	0
4	长安区	16079	20912	1	0	4	0	41	10
5	栾城区	3983	7035	0	0	0	0	19	2
6	藁城区	3314	6929	10	0	1	0	9	1
7	桥西区	19302	24112	2	0	0	1	77	12
8	鹿泉区	3579	6560	23	0	2	0	8	16
9	正定县	4346	6816	8	0	1	11	14	9
10	合计	80922	116575	58	0	90	14	250	53
11	市直部门	326	0	0	0	9	41	0	25
12	总计	81248	116575	58	0	99	55	250	78

图 5-11　超期案卷、返工案卷对比图

三是随着数字城管工作的推进，部分商户和处置单位以“游击战”的方式躲避监督，出现了同类案卷的反复发生和反复结案，导致案件量“虚高”。为解决这一问题，采用了“反复案件”指标考核，将评分由原来的 0.05 分加大到 0.15 分，使这一问题得到了较好解决。2017 年 1 月至 7 月反复案件量为 4460 处，2017 年 8 月至 2018 年 2 月降为 1804 处，下降率为 59.55％。反复案件对比，如图 5-12 所示。

（三）通过数字城管监督考评解决具体问题

一是针对小街巷脏乱问题，进行主城区小街巷的摸底建库，对城区 522 条小街巷进行单项监督考评和单列数据分析评价，反馈责任单位强化处置；二是针对产权不明确和管理主体复杂，致使井盖缺失、破损成为影响市民出行安全的问题，进行深入研究，建立了城区井盖问题应急处置与长效管理相结合的工作机制。对不能及时确权的问题，通过《要情专报》、备用井盖和成立井盖所应急兜底等措施，及时排除安全隐患；三是针对监督员在信息采集过程中受不法商贩阻挠、威胁，而造成城管问题难以采集的事件，作为疑难案件与相关部门取得联系，并利用移动视频监控手段进行专项督查，对责任部门进行考评。确保监督员人身安全和数字城管顺畅运行。2017 年对八区一县 104 件疑难案件进行了督查考评，取得了较好效果。

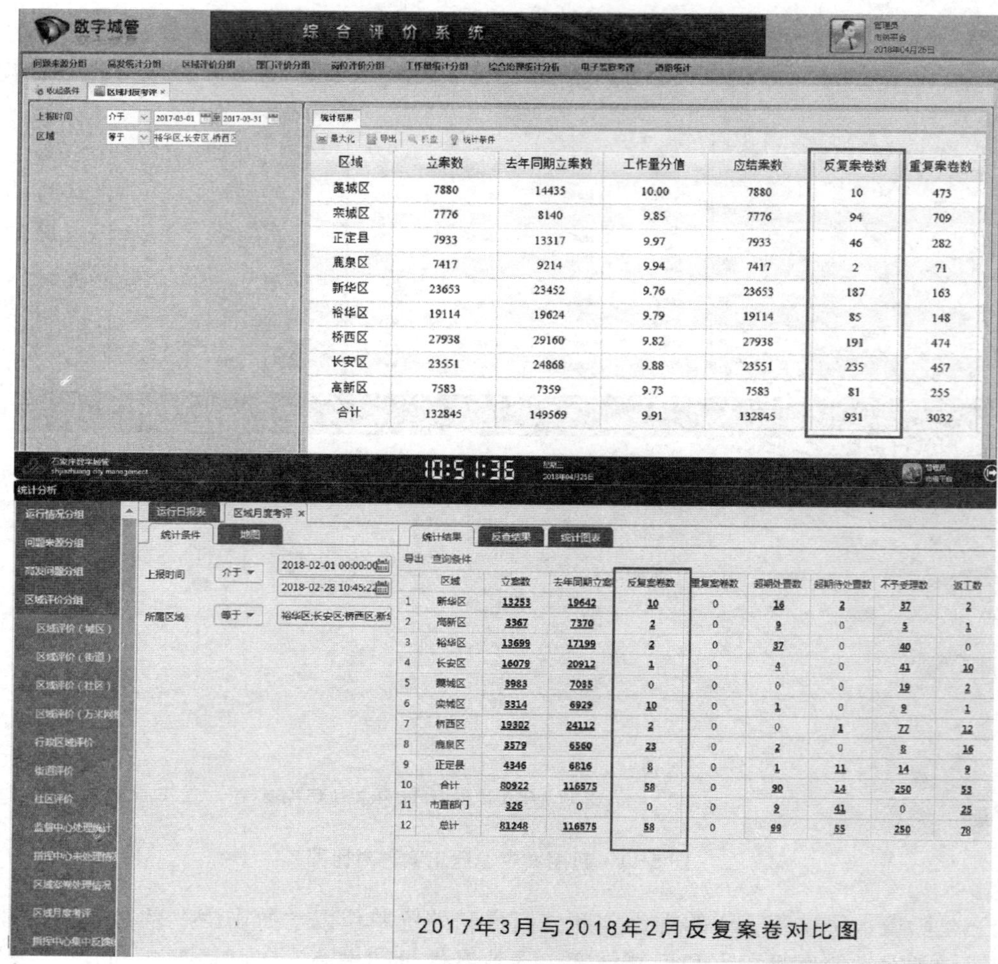

区域	立案数	去年同期立案数	工作量分值	应结案数	反复案卷数	重复案卷数
藁城区	7880	14435	10.00	7880	10	473
栾城区	7776	8140	9.85	7776	94	709
正定县	7933	13317	9.97	7933	46	282
鹿泉区	7417	9214	9.94	7417	2	71
新华区	23653	23452	9.76	23653	187	163
裕华区	19114	19624	9.79	19114	85	148
桥西区	27938	29160	9.82	27938	191	474
长安区	23551	24868	9.88	23551	235	457
高新区	7583	7359	9.73	7583	81	255
合计	132845	149569	9.91	132845	931	3032

	区域	立案数	去年同期立案	反复案卷数	重复案卷数	超期处置数	超期待处置数	不予受理数	返工数
1	新华区	13253	19642	10	0	16	2	37	2
2	高新区	3367	7370	2	0	9	0	5	1
3	裕华区	13699	17199	2	0	37	0	40	0
4	长安区	16079	20912	1	0	4	0	41	10
5	藁城区	3983	7035	0	0	0	0	19	2
6	栾城区	3314	6929	10	0	1	0	9	1
7	桥西区	19302	24112	2	0	0	1	77	12
8	鹿泉区	3579	6560	23	0	2	0	8	16
9	正定县	4346	6816	8	0	1	11	14	9
10	合计	80922	116575	58	0	90	14	250	53
11	市直部门	326	0	0	0	9	41	0	25
12	总计	81248	116575	58	0	99	55	250	78

图 5-12　反复案卷对比图

（四）阳光考评取得良好效果

数字城管监督数据的自动生成，助推了城市管理监督考评的公平、公正。监督指挥中心每年不定期邀请人大代表、政协委员、中小学生和热心市民通过参观、座谈、实地讲评和操作等形式参与数字城管工作，如图 5-13 所示，实现了“阳光考评”。系统运行以来，各区及相关部门高度重视，机构设施不断完善，管理投入成倍增长，职工待遇显著提高，城管问题结案率长期保持较高水平。城管问题投诉大幅减少，市容环境明显改善，门头牌匾进一步规范，市政设施污损率明显降低，绿地绿化带垃圾基本消失，店外经营摆放、井盖坏损缺失、乱贴小广告等一大批热点、难点问题得到了有效解决。

六、创建夯基

（一）充分发挥数字城管作用，推动全国文明城市建设

我单位 2017 年石家庄市创建全国文明城期间，一是在数字城管运行中，通过调配人

图 5-13　石家庄市实验小学学生参观数字城管

员、专题调度、延长工时等措施强化监督巡查；二是完成了公益活动、领导视察等 17 项社会活动的监督保障任务；三是开展了 11 项市容管理问题的巡查督导、普查统计工作，如图 5-14 所示，共计 220337 处（件）。创城期间，共受理案卷 1343697 件，结案率达到 98%以上。监督员在完成日常巡查任务的同时，整理摆齐随意停放的共享单车、清理小广告、擦拭果皮箱、捡拾零散垃圾、扶正倾斜井盖、条幅等 12224 件次。充分体现了数字城管的监督服务功能。我单位被评为全市创建全国文明城市工作突出贡献集体，如图 5-15 所示。

图 5-14　数字城管普查统计专报

（二）全面强化教育培训，推动队伍素质建设

结合市级文明单位创建工作，组织进行了全员学习培训，一是深入学习贯彻习近平总

图 5-15　建设大街与裕华路交口指挥交通

书记系列重要讲话、十八大、十九大精神，开展“青春践行十九大，不忘初心跟党走”演讲比赛；二是组织党团员、青年到革命圣地西柏坡、华北烈士陵园等教育基地，“祭奠革命先烈，重温红色记忆”，接受党史教育，如图 5-16 所示；三是开展以互助、诚信、敬业、孝敬为内容的美德故事人人讲评选活动，引导干部职工加强社会主义核心价值观建设。四是组织全员技能培训、新录用人员培训、系统升级培训等。2017 年组织各种培训 17 场 1455 人次。通过以上活动提升了队伍整体素质。

图 5-16　西柏坡参观学习

（三）探索制度化与人性化有机结合，推动数字城管文化建设

一是通过完善制度规程，用制度管人管事，规范运行管理。系统运行以来，制定了《监督员管理手册》、修订了《数字城管指挥手册》，制定了多项队伍管理保障规定。2017 年制定修订了《党总支部委员会议事规则》等 12 项权利运行制度及《数字城管系统安全操作规程》等 11 项管理制度。并始终坚持“班日志、周例会、月考核、季培训、半年轮

岗”等运行规范；二是通过发展党员、授予荣誉称号、年底对工作成绩优异人员进行表彰等正面激励机制，激发工作干劲，鼓舞爱岗敬业精神。2010～2016 年考评年鉴如图 5-17 所示。

图 5-17　2010～2016 年考评年鉴

（四）开展主题实践活动，推动系统形象建设

组织数字城管队伍开展青年文明号、巾帼文明岗、红旗团支部等主题实践活动。以“争先进、比贡献、创一流”为主题，组织开展“练技能、比贡献”岗位大练兵、“业务知识竞赛”等活动，内强素质，外树形象。近年来，通过一系列的创先争优活动，提升了数字城管系统整体形象。先后获得“全国地理信息应用金奖”、“全国五一巾帼标兵岗”、“全国青年文明号”、“全国巾帼文明岗”、“全国五四红旗团支部”等 5 个国家级荣誉称号。多次获得省、市级荣誉表彰，连续三届获得市级文明单位，连年被评为市城管委系统优秀单位。

第六章

昆山市数字城管实践案例

（昆山市数字化城市管理监督指挥中心　供稿）

专家点评

江苏省昆山市数字城管在高位的机构、完善的机制、有素的队伍、严格的考核支撑下，建立两级监督两级指挥模式，运行体系覆盖全市各级城市管理职能部门，监管面积覆盖建成区和各区镇核心区域，实现了数字城管市、区镇一体化运行。十年来，昆山市数字城管不断完善系统建设、拓展应用功能、调整优化流程、开展数据分析，扎扎实实夯实基础。同时树立创新意识和服务意识，持之以恒的坚持高标准、高效率运行，充分发挥了数字城管的监督和协调作用。

一、基本概况

昆山市是江苏省直管县级市，辖区面积 931 平方公里，建成区面积 115.85 平方公里，常住人口数 255 万，辖国家级昆山经济技术开发区、昆山高新技术产业开发区；省级昆山花桥经济开发区、昆山旅游度假区及 8 个镇。2007 年 4 月，昆山市被住房和城乡建设部列为全国数字城管建设第三批试点城市。数字城管建设受到昆山市委市政府高度重视，被列入政府重点实事工程。2008 年 8 月投入运行，2008 年 12 月，我市数字化城市管理系统通过住房和城乡建设部验收，率先在全国县级市中实现数字城管。中心呼叫大厅如图 6-1 所示。

2010 年，为实现数字城管扩面增效，提升数字城管监管效能，信息采集工作实施市场化运作。2010 年～2012 年，全市 11 个区镇指挥中心全覆盖。2016 年，数字城管应用系统完成升级，10 月份开始试运行，2017 年 1 月 1 日开始正式投入运行。2017 年，根据全市“双城同创”工作部署，开发建设了测评通系统。昆山数字城管目前有市场化监督员 60 人，考评员 43 人，区镇监督员 45 人，接入协同处置单位 58 个，2017 年共下派案件 210387 件，结案率 99.32％。

图 6-1　中心呼叫大厅

随着快速发展的城市化进程，运用现代化管理理念和数字化技术，提升整个城市管理水平和居民生活质量，已成为昆山城市发展的有力支撑。

二、建设内容

（一）管理对象数字化

在不突破行政管理区域、以道路为界的前提下，将首期实施区域划分了 10595 个单元网格。部件分为 6 大类 87 小类，普查获取了 506287 个部件资料；事件分为 5 大类 65 小类。

各类部件制作成图层覆盖在 1∶1000 的底图上，所有部件图例都是真实照片。每个部件都有一个属性表，详细描述了部件的属性，相当于它的身份证。如图 6-2、图 6-3 所示。

图 6-2　各类部件图

（二）管理过程数字化

案件从上报到处置结案，主要流程包括信息收集、立案派遣、任务处置、处置反馈、核实结案、综合评价等环节，如图 6-4 所示。整个处置管理过程以事实为唯一标准形成闭环；以案卷为主线，找出流转闭环中的每一个节点，分析各个节点相互之间的关系；以公正和流畅为原则，制定各节点操作时限和质量标准，落实全过程控制措施。

图 6-3　实景影像图

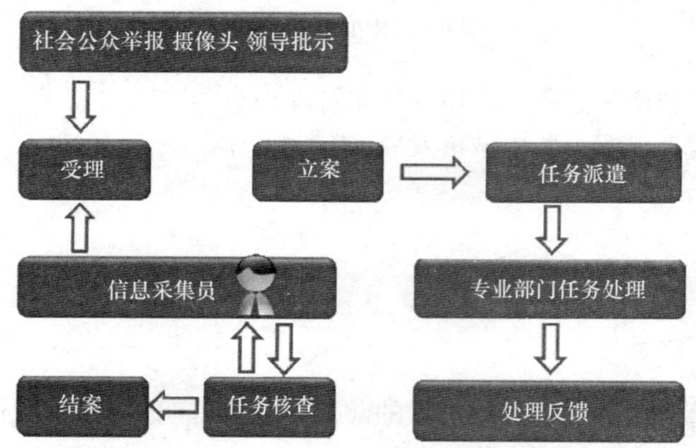

图 6-4　案件处置流程

（三）监控手段数字化

1. 车载 GPS 监管

显示车辆移动轨迹，实现了对车辆的科学调度和实时监管。对环卫车辆设置电子围栏，有效控制垃圾运输车辆运行线路。如图 6-5 所示。

2. 视频监控

在共享公安部门相关视频的基础上，自建了 144 个高质量监控点，对城市主要路段和重点区域的实时监控。如图 6-6 所示。

3. 监督员管理

对监督员每天巡查路线跟踪记录，为监督员管理工作提供技术支撑。如图 6-7、图 6-8 所示。

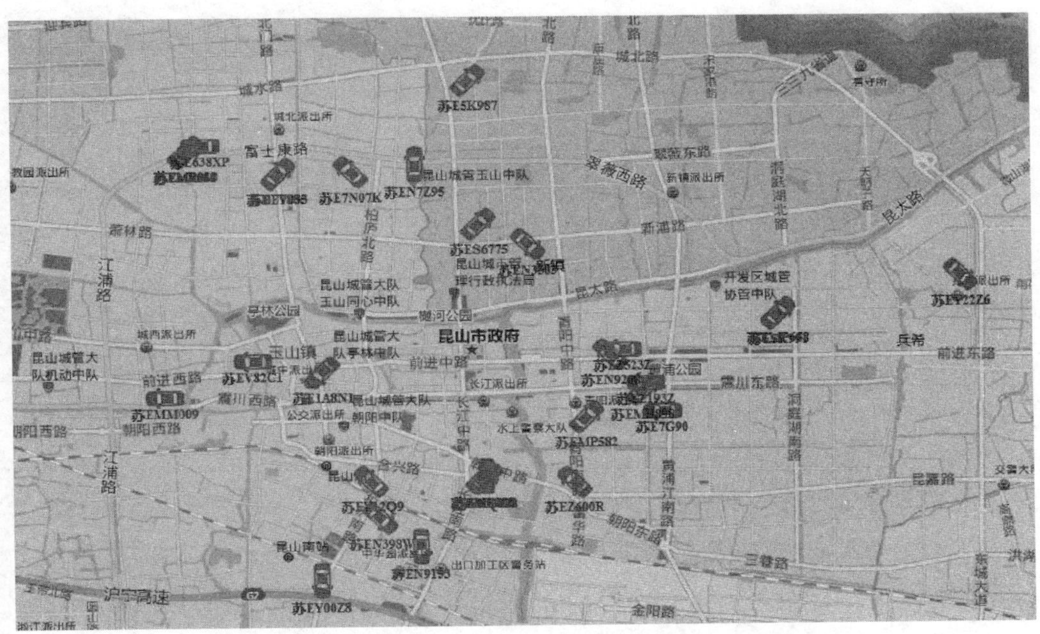

图 6-5　车载 GPS 监管

图 6-6　视频监控

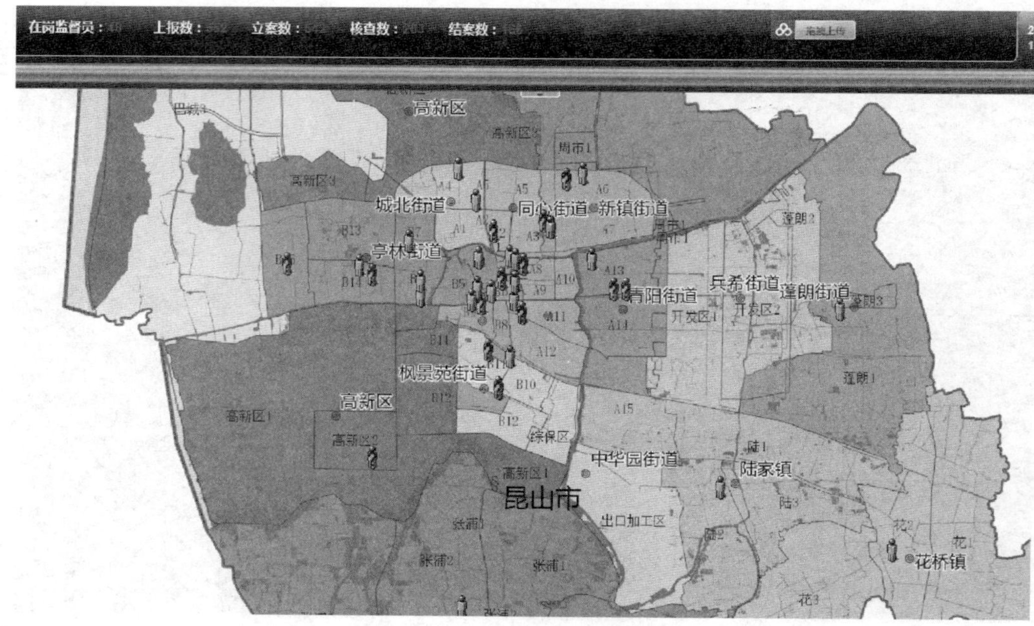

图 6-7　监督员实时位置

图 6-8　监督员巡查路线

（四）绩效评价数字化

强调公开、公正、公平，建立数字城管综合评价体系，如表 6-1 所示。对管理部门管理效率的主要指标，包括案件减少率、处置率、按期处置率、一次完成率，实现量化评价。评价指标充分体现了长效管理水平、处置问题效率及解决问题质量。所有评价数据系统自动生成，既体现了公正性又提高了竞争性。

所有部门绩效考核表　　**表 6-1**

专业部门类型	专业部门	应处置数	处置数	超时未处置	外置率	按期处置数	按期处置	超时处置	返工数	返工率	综合指标值	评价等级
一类部门	水利局	102	102	0	100%	102	100%	0	4	3.92%	99.412	A
	交通运输局	4310	4310	0	100%	4310	100%	0	39	0.9%	99.865	A
	市场监管局	19	19	0	100%	19	100%	0	3	15.79%	97.6315	A
	教育局	35	35	0	100%	33	94.29%	2	0	0%	96.574	A
	城管局	88081	87604	477	99.46%	81983	93.08%	5621	1869	2.12%	95.449	A
	住建局	9105	9105	0	100%	9081	99.74%	24	99	1.09%	99.6805	A
	公安局	2632	2631	1	99.96%	2584	98.18%	47	71	2.7%	98.497	A
二类部门	昆山开发区	4129	4127	2	99.95%	4115	99.66%	12	21	0.51%	99.712	A
	张浦镇	4964	4964	0	100%	4959	99.9%	5	17	0.34%	99.889	A
	高新区	5360	5360	0	100%	5350	99.81%	10	46	0.86%	99.757	A
	花桥镇	3991	3991	0	100%	3989	99.95%	2	5	0.13%	99.9505	A
	陆家镇	4808	4808	0	100%	4797	99.77%	11	8	0.17%	99.8365	A
	千灯镇	5103	5103	0	100%	5090	99.75%	13	8	0.16%	99.826	A
	巴城镇	6383	6383	0	100%	6353	99.53%	30	12	0.19%	99.6895	A
二类部门	锦溪镇	3399	3399	0	100%	3391	99.76%	8	4	0.12%	99.838	A
	周市镇	2745	2745	0	100%	2740	99.82%	5	12	0.44%	99.826	A
	周庄镇	3394	3394	0	100%	3386	99.76%	8	7	0.21%	99.8245	A
	淀山湖镇	3540	3540	0	100%	3534	99.83%	6	3	0.08%	99.886	A
三类部门	柏庐街道	249	249	0	100%	149	59.84%	100	13	5.22%	75.121	B
	长江街道	474	474	0	100%	450	94.94%	24	4	0.84%	96.838	A
	朝阳街道	346	346	0	100%	335	96.82%	11	11	3.18%	97.615	A
	城北街道	254	254	0	100%	254	100%	0	5	1.97%	99.7045	A
	枫景苑街道	259	259	0	100%	259	100%	0	12	4.63%	99.3055	A
	青阳街道	272	272	0	100%	237	87.13%	35	11	4.04%	91.672	A
	亭林街道	258	258	0	100%	254	98.45%	4	4	1.55%	98.8375	A
	同心街道	227	227	0	100%	225	99.12%	2	1	0.44%	99.406	A
	中华园街道	238	238	0	100%	234	98.32%	4	14	5.88%	98.11	A
	兵希街道	450	450	0	100%	437	97.11%	13	9	2%	97.966	A
四类部门	联通公司	492	492	0	100%	490	99.59%	2	10	2.03%	99.4495	A
	昆山供电公司	991	991	0	100%	965	97.38%	26	20	2.02%	98.125	A
	移动公司	1140	1140	0	100%	1131	99.21%	9	26	2.28%	99.184	A
	电信公司	1393	1386	7	99.5%	1371	98.42%	15	60	4.31%	98.3305	A
	邮政局	19	19	0	100%	19	100%	0	0	0%	100	A

续表

专业部门类型	专业部门	应处置数	处置数	超时未处置	外置率	按期处置数	按期处置	超时处置	返工数	返工率	综合指标值	评价等级
五类部门	柏庐片区	2154	2149	5	99.77%	2094	97.21%	55	42	1.95%	97.999	A
	青阳片区	2828	2825	3	99.89%	2701	95.51%	124	84	2.97%	96.844	A
	震川片区	1860	1859	1	99.95%	1784	95.91%	75	80	4.3%	96.8935	A
	亭林片区	2839	2839	0	100%	2797	98.52%	42	49	1.73%	98.8525	A
其他	铁通公司	93	92	1	98.92%	50	53.76%	42	5	5.38%	71.287	C
	消防中队	52	52	0	100%	47	90.38%	5	8	15.38%	91.921	A
	市水务集团	5139	5139	0	100%	5134	99.9%	5	33	0.64%	99.844	A
	代办部门	1395	1239	156	88.82%	1054	75.56%	185	129	9.25%	82.2715	B
	城投公司	355	355	0	100%	354	99.72%	1	8	2.25%	99.4945	A
	科教园	39	39	0	100%	37	94.87%	2	2	5.13%	96.1525	A
	创业控股	257	257	0	100%	255	99.22%	2	1	0.39%	99.4735	A
	交发公司	906	906	0	100%	905	99.89%	1	4	0.44%	99.868	A
	江苏有线	489	489	0	100%	476	97.34%	13	6	1.23%	98.2195	A

三、运行成效

（一）提升了发现问题的能力

数字城管的首要环节是发现问题。因城市管理的职能分散于各个部门，以往没有一个专门的部门来统一发现和受理城市管理问题。数字城管的实施，构建了这样一个统一的平台，组建了一支专门的巡查队伍，使城市管理问题发现的能力大大提高，时间大大缩短。如以前容易被忽视的绿地裸露、窨井盖缺失、小区管理等问题进入了我们城市管理的视野，目前每日上报各类城市管理问题信息 800 件左右。如图 6-9 所示为 2008 年与 2017 年案件量对比图。

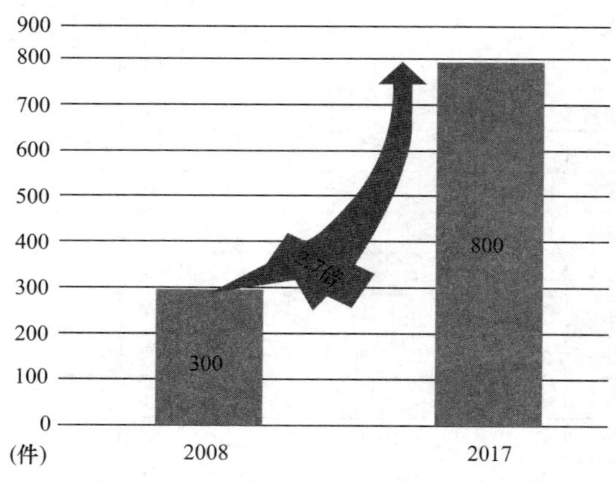

图 6-9　2008 年与 2017 年案件量对比图

（二）提升了处置问题的效能

城市管理问题处置情况如何、是否及时，在实施数字城管前，没有哪个部门来监督，各个职能部门（单位）既是运动员又是裁判员。数字城管实施后，根据政府下发的《昆山市数字化城市管理事部件立案处置结案标准》，城市管理事部件问题在具体的处置要求和时限上有了明确的标准。如事件类问题，我们的要求是在 4 小时内必须完成，一般部件类问题 1 个工作日必须修复。数字城管的实施，在一定程度上对各个专业部门的工作标准提出了新的要求，城市管理效能大幅提升。如事件高发排名第一的机动车乱停放，处置速度提高了3.2倍；部件高发排名第一的绿地问题，处置速度提高了3.3倍，如图6-10所示。

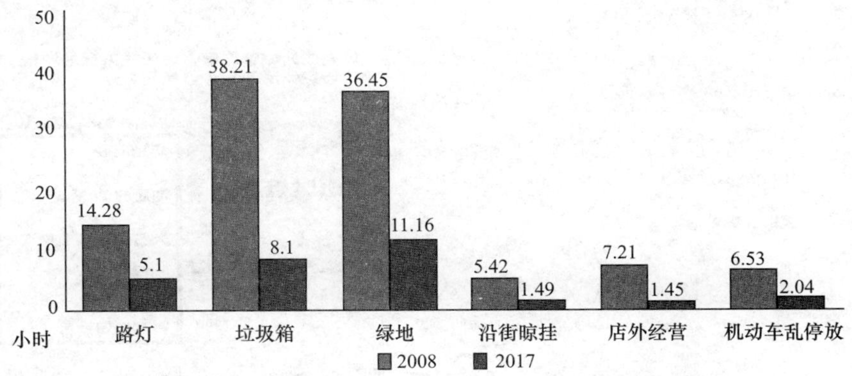

图6-10　2008年与2017年高发问题处置时间对比

（三）提升了城市长效管理水平

因城市管理问题的动态性、随机性、复杂性，传统的管理模式属于粗放型和突击型，我们城市管理人长期都在孜孜不倦地寻找一种模式，来解决城市管理“抓反复、反复抓”的困境。数字城管这种管理模式，改变了以往突击式、运动式管理，实现了城市管理由粗放型向精细化转变、传统管理模式向现代管理模式转变、突击管理向长效管理转变。现在每天都有信息采集员穿梭在城市的大街小巷，城市管理问题及时发现、及时派遣、及时处置。

（四）提升了公众参与管理力度

为更好地察民情、听民意，方便更多的市民向我们反映各类城市管理问题，加强公众参与力度，数字城管积极拓展了公众参与城市管理的渠道，在原有热线12319、手机APP投诉平台基础上，开发建设了市民随手拍微信公众服务平台，如图6-11、图6-12所示。为规范此类问题投诉，中心成立了百姓随手拍领导小组，制定了《百姓随手拍处置规范》，通过市民关注城管微信公众号的方式，可以随时在线反映周边存在的街面秩序、市容环境、暴露垃圾、市政设施、园林设施等各类城市管理突出问题。2017年，市民通过微信平台共上报中环内四个办事处问题2667条，中心受理1981条，案件主要类别有各类井盖缺失、破损、店外经营，机动车乱停放，暴露垃圾，违章搭建等。

四、主要做法

（一）组织独立高位协调

昆山数字城管由市编委下达三定方案，为全额拨款事业单位，四个正股级内置科室，

图 6-11　手机 APP 投诉平台

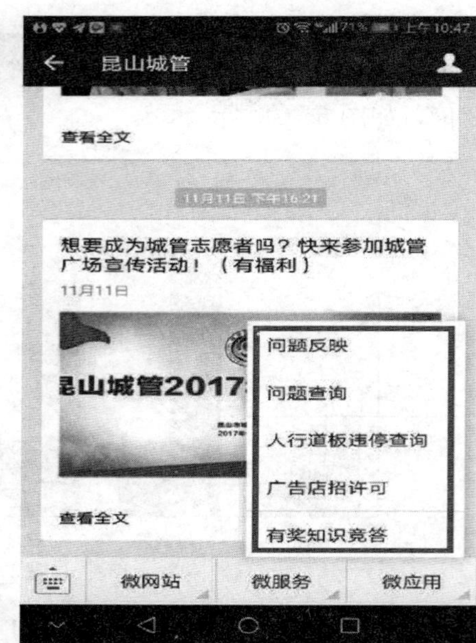

图 6-12　微信随手拍平台

正式编制 20 人，辅助性编制 25 人，中心职级未定，依托城管局，由分管副市长任中心主任，公安局长、城管局长及一名分管领导任副主任，分管领导为中心法人并主持工作，中心人事、财务、业务独立运作，依托城管委高位组织协调职能，加大了对各执行部门的监督指挥。中心内设办公室（技保科）、监督科、呼叫中心、协调科四个科室，在运行机制上，三个业务科室各司其职，形成相互制约的工作机制，确保了中心工作的公正性和公平性。业务科室工作机制如图 6-13 所示。

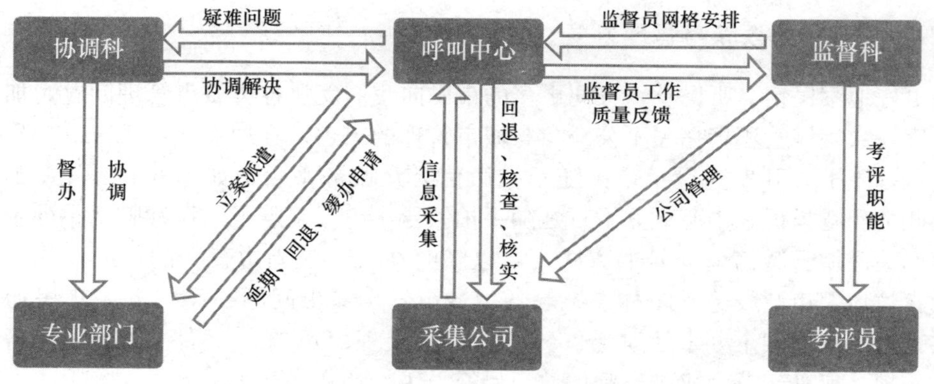

图 6-13　业务科室工作机制

（二）系统建设服务外包

昆山数字城管系统平台严格按照数字城管系列标准建设，包含 9 大基本子系统，拓展了 9 个子系统及多个系统端口，如图 6-14 所示。系统平台建设模式采取服务外包，2007

年政府将当年所有重大信息化项目建设打包进行招标，交给企业来建设，政府实行分期付款。实行服务外包后整合了资源，减少了重复投入，节约了30%的投资，降低了政府的投入风险。同时在设备的维护上也有了专业的队伍，确保了系统的稳定性和安全性。

九大基础子系统提档升级	新增子系统	系统接口
无线数据采集子系统	业务短信子系统	短信接口
监督员受理子系统	视频监控子系统	实景影像接口
协同工作子系统	处置通子系统	视频监控接口
地理编码子系统	二级平台功能调整	民生城管接口
大屏幕监督指挥子系统	监督员巡更管理子系统	微信接口
综合评价子系统	微信公众服务管理平台	12319呼叫接口
应用维护管理子系统	长效考评子系统	省平台接口
基础数据资源管理子系统	测评通子系统	联动中心接口
数据共享与交换子系统	智信子系统	综治接口

图 6-14　平台各项子系统与接口

（三）构建城乡一体管理格局

数字城管建设初期，把 11 个区镇作为一级执行部门纳入到数字城管，中心对各区镇同步实施考核评估，如图 6-15 所示。2010 年，为加快推进城市管理的城乡一体化管理水平，我市启动区镇数字城管建设工作试点，本着高点定位、分步实施、强势推进的原则，至 2012 年底所有区镇完成了数字城管指挥中心建设，在管理上实现了向“一级监督、两级指挥”管理模式的转变。各区镇指挥中心均设立专职机构、配备专职人员、落实专项经费，建立专项考核，保障了区镇指挥中心的高效运行。

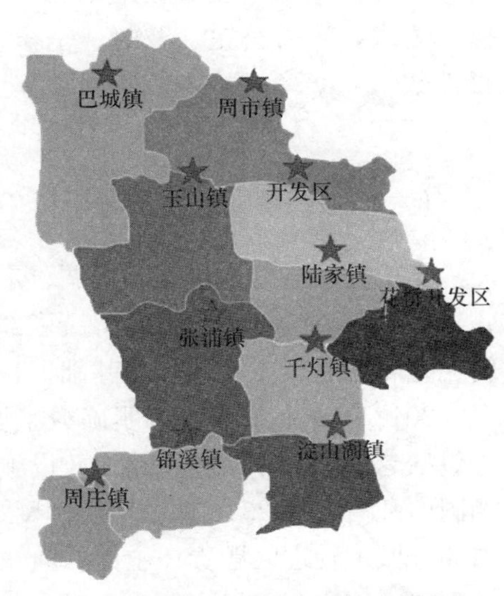

图 6-15　数字城管各区镇全覆盖

（四）考核纳入政府评估体系

数字城管建立了完整的量化评估体系，考核则利用市政府现有的考核机制，纳入考核的主要指标为处置率、按期处置率和一次完成率。我们把凡涉及城市管理职能的部门及条线垂直单位全部纳入数字城管，并根据具体情况分成四类考核，政府部门纳入市级机关效能评估、区镇纳入社会经济目标责任制考核。城市管理办事处纳入城管委考核，垂直单位则向其上级部门通报，如图 6-16 所示。每月中心编制简报，抄报市委市政府主要领导。

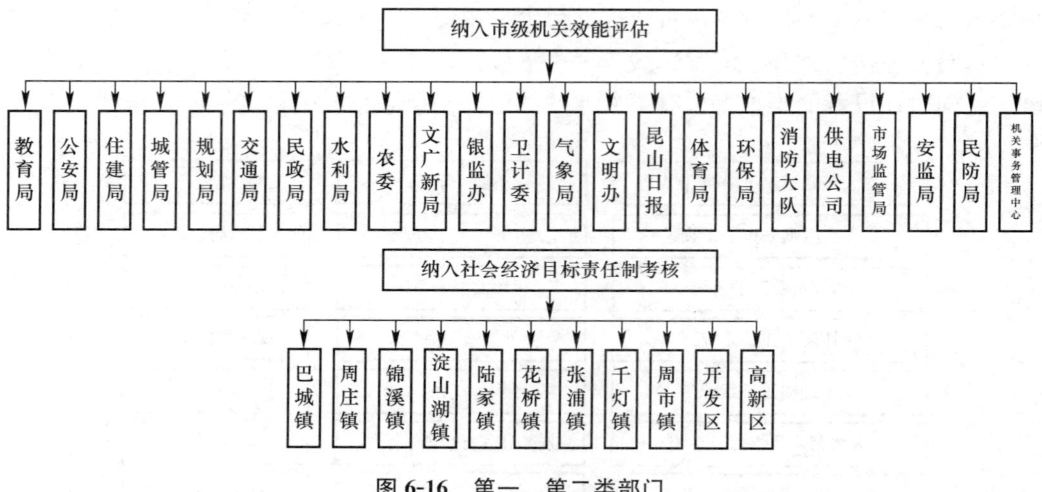

图 6-16　第一、第二类部门

（五）信息采集市场化

2010 年，根据市政府要求，本着信息采集“群专结合”和“政府花钱买服务”的原则，将数字城管信息采集工作通过公开招标，实现了市场化运作。中心制定了采集公司管理办法、采集员考核细则和督察制度，确保采集员按照城市事部件管理标准和巡查监管要求，进行公正、及时、全覆盖的巡查监管和信息采集。中心每月考核采集公司漏报件数、立案率、核查核实回复率、核查核实及时率等关键指标，考核结果与公司经费拨付挂钩。

（六）协调明晰权责界限

昆山数字城管通过现场协调、走访督办、召开专题会议、高位协调等多层次的协调方式，有效理清了管理职责，解决了部分疑难问题。中心在“部件问题先属主后属地，事件问题先属地后属主”原则的基础上，根据城市发展中出现的新问题，积极探索新的解决方案。2012 年出台了《关于明确数字城管部分积压案件责任主体的通知》文件，协调解决了包括老小区与非市政道路市政设施破损、拆迁储备用地积存垃圾、废弃杆体基座、桥梁涵洞内乱搭建等 2348 件城市管理疑难问题责任归属认定。2016 年出台了《关于明确中环内部分城市管理问题责任主体的通知》的文件，明确了中环内多项问题的管理主体。依托城管委高位协调明确了废弃车辆、公益广告等老大难问题的管理主体。2017 年明确了中环内的无主杆、线、井、箱问题实行分区而治的工作机制，规范作业，强化考核，处置效率明显提升。

（七）组建专职考评队伍

2017 年，我们创新考核机制，通过建立一个考核体系、一个考核标准、一支考核队伍、一个考核结果、一个结果运用的“五个一”原则，实行“1＋X”考核模式，着力形成“用数据说话、用数据决策、用数据管理、用数据创新”的城市管理新格局。每月由城管委组织召开工作例会，各区镇、部门分管领导参加，对于问题比较突出的区镇和部门，会上进行表态发言，明确整改措施与整改期限。

中心建立了一支专职考评员队伍，负责 X 项考核任务。各牵头的部门只需制定每月考核需求，明确考核区域与考核事项，具体考核工作由中心监督科负责组织实施。中环以外，整合我局车辆资源，统筹使用；中环以内，每人配备摩托车。考评人员根据任务清单，统一按照立结案标准予以上报、核查，在“百日攻坚”、“931”、“双城同创”等专项考评中发挥了重要作用。

五、资源融合数据应用

（一）实现两级监督两级指挥

2016 年中心更新了数字城管系统平台，在保障原有业务功能顺利运行的基础上，拓展了多项功能。中心在原数字城管平台“一级监督、两级指挥”的管理模式基础上，拓展了“两级监督、两级指挥”平台功能。各区镇和市级两级平台均能够自成体系，构建从受理、立案、派遣、处置、核查、结案、考核的闭环流程。如图 6-17 所示。

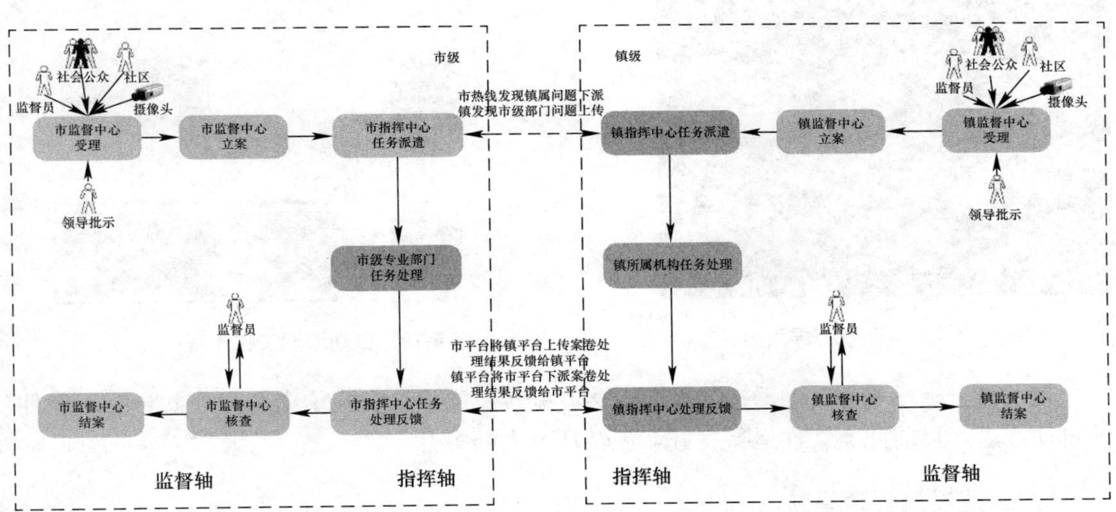

图 6-17　两级监督、两级指挥运行模式

（二）建设处置通终端软件

该系统为专业部门处置人员提供手持移动办公应用平台，使专业部门人员无需再坐在电脑前等待问题的派遣，提高问题处置效率，如图 6-18 所示。通过该系统，相关人员可以及时接收指挥派遣来的城市管理问题，并在现场问题处置完毕后，可以通过系统将处置结果反馈到监督指挥中心，如图 6-19 所示。同时，通过系统，能够查看问题的基本信息、派遣意见以及案件的图片等多媒体信息；也可以查询案件办理的过程。专业部门能够将问题处理的过程通过填写表单和拍照等方式记录下来，并将结果反馈到协同工作子系统。这样既提高了处置反馈效率，又能辅助中心判定是否可结案。

（三）实现案件自动派遣功能

现昆山中环内有 9 大环卫标段。每天标段内都有大量的涉及环卫方面的上报案件。为减轻城管局派遣员的工作压力，提高案件及时到达的派遣效率。中心建设实施了基于环卫标段图层的自动派遣，实现了案件立案以后，能够直接到达环卫处置部门，中间跳过了市派遣、城管局派遣环节。环卫部门处置反馈以后，案件能够直接进入坐席员发核查环节，中间跳过了城管局督查与市督查环节，大大提高了环境卫生类案件的流转效率。

图 6-18　处置通系统界面图

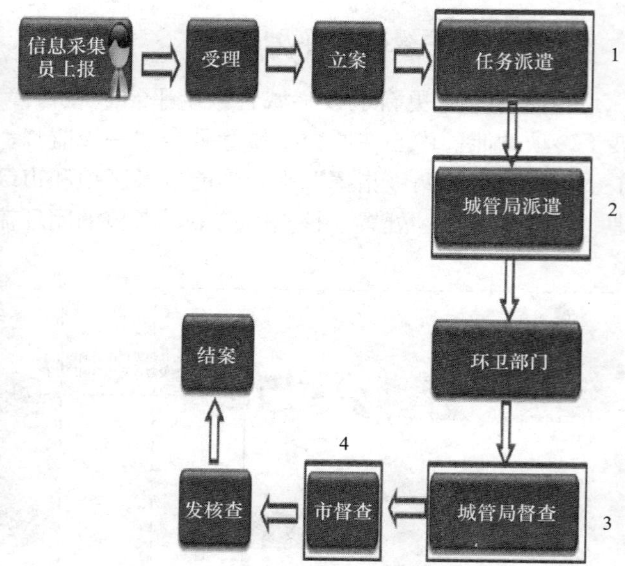

图 6-19　自动派遣工作流程

有了环卫标段案件自动派遣的经验，中心紧接着又建设实施了中环内公共自行车案件的自动派遣，目前此类案件运行良好，流转环节大幅提升。

（四）建设测评通系统

2017 年，根据全市“双城同创”工作部署，安排 6 个专业督办组在全市范围内开展督查工作。此次督查工作流程采用数字化城管闭环的工作模式。督查人员巡查统一利用配发的“城管通”开展督查上报等工作，案件从上报、立案、派遣、反馈、核查、结案、考核全过程实现信息化，提升工作效率。结合数字城管平台运行要求，我们对文明城市创建标准重新进行了编排，罗列了 10 大类 47 小类，明确了立案、处置、结案标准，如表 6-2 所示。该平台能精确统计相关工作指标，并能实时掌控各个专业部门问题处置进程，做到及时跟踪、督促。

创建全国文明城市测评立案处置结案标准 **表 6-2**

序号	类别	事件名称	立案标准	责任单位	处置时间	结案标准	行业类型
1	Ⅱ-4培育和践行社会主义核心价值观	市区核心价值观	主次干道、广场、建筑围挡、社区、公园景区、中小学校：未能运用多种形式广泛传播社会主义核心价值观 12 个主题词	市城管局、市住建局（市园林局）、市旅游局、市教育局、各区镇、各城市管理办事处	新建 7 工作日 覆盖 7 工作日 修复 7 工作日	新建 覆盖 修复	公共环境
2		社区核心价值观	社区：未能运用多种形式广泛传播社会主义核心价值观 12 个主题词				社区建设
3		学校核心价值观	中小学校：未能运用多种形式广泛传播社会主义核心价值观 12 个主题词				文化环境（未成年人工作）
4		乡镇核心价值观	乡镇（街道）综合文化站、村（社区）综合文化服务中心、爱国主义教育基地、青少年课外活动中心等区域未能运用多种形式宣传展示核心价值观	市文化新局、市委党史研究室、市教育局、团市委、市妇联、各区镇			社区建设
5		市民公约	城市社区未能在显著位置展示市民公约	各城市管理办事处			社区建设
6		村规民约	村综合文化服务中心未能在显著位置展示村规民约	各区镇			社区建设
7		学生守则	中小学校未能在显著位置展示学生守则	市教育局、各区镇			文化环境（未成年人工作）
8		窗口单位	未能在显著位置展示行业规范；制度不健全并未能上墙，无投诉本和流程，公开收费事项、着装统一等	各窗口单位	新建 7 工作日 统一着装 3 工作日	新建 统一	窗口服务
9		文明用餐	宾馆饭店：未能运用多种形式进行“节俭养德”、“文明餐桌”温馨提示	市场监管局（市食药监管局）、市商务局、市旅游局、市文商旅集团、各区镇	新建 3 工作日	新建	公共环境

（五）建立城管执法监督指挥体系

利用数字城管平台，完善城管执法勤务管理模式，建立健全相关制度，由城管局安排相关领导坐镇数字城管监督指挥中心，充分利用视频监控平台，加强对路面秩序的指挥调度与督查考核，主要指标设定为辖区视频上报问题数量、派遣及处置时间、处置情况等。实现了“探头站岗，鼠标放哨，微信派单，在线反馈”的执法管理闭环系统，全面提升了城市管理执法效能。

数字化城管是一项全民参与的系统工程，每一点改善，每一个进步，都将推进昆山的城市文明建设。虽然昆山市数字化城市管理运行体系日趋成熟，运行成效不断提升，但是永不停步的数字城管人仍将以百折不挠的锐气与开拓创新的勇气，以贴近群众、服务群众为目标，拓展协调沟通渠道，丰富系统平台功能，保障昆山数字化城市管理体系便捷高效的运行，为建设创新昆山、幸福昆山、美丽昆山、活力昆山而不懈奋斗。

第七章

建德市数字城管实践案例

（建德市数字城管监督指挥中心　供稿）

专家点评

在杭州市、区（市）县数字城管信息系统一体化、标准一体化、考核一体化的体制背景下，建德市数字城管自2010年建成投运以来，一是持续稳定有效运行，覆盖区域逐步扩展，作用发挥不断提升；二是考核、协同机制高位有效，促进了综合管理格局形成；三是运行管理精细，信息采集、立结案等高标准、有深度；四是数字城管中心作为市执法局下属单位，在城市日常管理中，尤其是在创建国家卫生城市、园林城市等重要工作中，小平台发挥了大作用。城市整洁、清爽、宜人。

一、基本概况

建德市地处浙江省西部，钱塘江上游，东与浦江县接壤，南与兰溪市和龙游县毗邻，西南与衢州市衢江区相交，西北与淳安县为邻，东北与桐庐县交界。

建德市隶属于浙江省杭州市，总面积2314.66平方千米，城市总面积260平方千米。全市辖3个街道，12个镇、1个乡、229个村、27个社区、15个居民区。截至2016年底，人口50.96万，其中，城市总人口15.62万。

建德市数字城管监督指挥中心是建德市城市管理局下设机构，设主任1名，副主任2名，劳务派遣14名。承担着建德市数字城管日常运行工作及其他与数字城管相关的工作。中心基本情况见表7-1。监督指挥大厅如图7-1所示。

数字城管机构基本情况表　　表7-1

<table>
<tr><td rowspan="2">基本概况</td><td>单位名称</td><td colspan="5">建德市数字城管监督指挥中心</td></tr>
<tr><td>单位性质</td><td>参公</td><td>单位级别</td><td>股级</td><td>隶属关系</td><td>建德市城市管理局下设机构</td></tr>
</table>

续表

<table>
<tr><td rowspan="3">基本概况</td><td>人员编制数（总）</td><td>参公3人，劳务派遣14人</td><td>现有人员数（总）</td><td>17人</td><td>建成投运时间</td><td>2010年3月</td></tr>
<tr><td rowspan="2">内设机构名称（处、室、科、股等）</td><td colspan="3">无</td><td>人员编制及现有人员数</td><td>无</td></tr>
<tr><td colspan="3">无</td><td>人员编制及现有人员数</td><td>无</td></tr>
<tr><td>主要职责</td><td colspan="6">1. 城市化管理区域范围内数字城管的采集、立案、派遣、核查、结案等工作；
2. 协调处置疑难问题；
3. 指导中心镇数字城管的建设和运行；
4. 对于无主问题进行代整治；
5. 履行数字城管领导小组办公室的职能；
6. 城管局相关信息化工作</td></tr>
</table>

图7-1　监督指挥大厅

二、主要工作情况

建德市数字城管于2009年5月立项，2009年下半年着手建设，2010年3月8日正式启动运行，一期覆盖新安江街道十个社区近10平方公里。2012年开始，逐步向乾潭、寿昌、梅城、大同四个中心镇延伸触角，覆盖面积近13平方公里。本着“适度把握、逐步推开”的原则，2016年将更楼街道、洋溪街道（含高速入城口）、洋安新城城市化管理区域范围纳入数字城管采集范围，实现了主城区三个街道和四个中心镇城市化管理区域范围的数字城管全覆盖，共计26.5平方公里。

建德市数字城管自启动以来，本着“群众利益无小事”，“第一时间发现问题、第一时间处置问题、第一时间解决问题”的工作宗旨，至2018年6月已成功处理城市管理问题50万余件，问题解决率达到100%，问题及时解决率保持在99.63%，为促进城市精细化管理，为老百姓解决实际问题提供了坚实的基础。其中，2016年上报并解决问题85750件，解决率100%，及时解决率99.935%；2017年上报并解决问题114044件，解决率100%，及时解决率99.36%。建德市数字城管致力于探索既符合数字城管共性又极富本地特色的“建德模式”，实现“杭州模式”在建德的本地化应用，目前月案卷量上万件。建德市数字城管运行情况良好，始终位于杭州各区、县（市）前列。各年度案卷量、问题解决率、问题及时解决率分别如图 7-2～图 7-4 所示。

图 7-2　各年度案卷量

图 7-3　各年度问题解决率

图 7-4　各年度问题及时解决率

建德市数字城管于 2010 年至 2012 年连续三年获得了杭州市人民政府“数字城管工作先进集体”，2014 年获杭州市人民政府“数字城管工作考核优秀单位”和“数字城管工作考核优秀单位最佳配合单位”，2014～2016 年连续 3 年获浙江省住房和城乡建设厅“全省数字城管工作先进集体”，此外还获得了杭州市“巾帼文明岗”、“青年文明号”称号。

建德市成立了以市长为组长、分管副市长为副组长、相关部门负责人为组员的数字城管领导小组。领导小组下设办公室（设在市城管局），由局长同志兼任办公室主任，市府办副主任、城管局分管副局长任副主任。由建德市数字城管监督指挥中心具体实施数字城管所有事项。本着“问题解决在平时”的理念，建德市数字城管在运行过程中遇到的疑难点问题，通过沟通走访、现场协调、代为整治等各项措施解决。每年召开领导小组会议，总结当年度工作，计划下年度工作，对部门之间难以协调解决的问题，由市领导进行明确分工。

建德市信息采集由杭州越秀科技有限公司进行第三方的信息采集服务，通过政府公开采购，目前共有采集人员 35 人，承担着我市所有数字城管覆盖范围的信息采集及核查任务。通过一线采集问题为导向，解决城市管理存在问题，分析城市管理各项规律，为领导决策提供科学依据。

建德市共有市级数字城管网络成员单位 25 家，中心镇 4 个，共有二级处置部门 145 家。各部门各司其职，形成合力，共同处置解决城市中的各类管理问题。

（一）狠抓信息采集源头，助推城市管理精细化

杭州市是“市域城辖”模式的引领者，我市在杭州系统框架内运行，确保了采集、立案、结案等各个环节的高标准、严要求以及统一性。采集作为“闭合回路”的首要环节，直接决定着城市管理精细化程度及问题发现及时性。

1. 优化“三区采集”

将道路和小区依照重要程度划分为红、黄、蓝三类区块，对采集频率实行分级管理。在“红黄蓝三区采集”的基础上，提高巡查频次和问题采集密度，将采集范围延伸到老百姓家门口，重点关注与老百姓生活息息相关的热点难点问题，极大程度的发挥了信息采集“城市监督眼”的作用。

2. 推进提速拓面

采集区域不断扩大，由原来新安江主城区 10 个社区近 10 平方公里扩展至全市三个街道四个中心镇 26.5 平方公里；采集类别不断增加，由原来的 165 类扩展至 212 类；采集时间向两端延长，由原来仅工作日 8 小时采集延伸至夜间、周末、节假日持续采集，力求采集区域全面覆盖，采集类别横向到边、采集时间纵向到底，确保城市管理问题“零遗漏”。

3. 落实“一季度一普查一整治”行动

充分发挥“数字城管”专项普查功能，结合季节特色，三改一拆（全面开展对城市规划区内旧住宅区、旧厂区和城中村的改造，拆除全省范围内违反土地管理和城乡规划等法律法规的违法建筑，以下简称“三改一拆”）、五水共治（是指“治污水、防洪水、排涝水、保供水、抓节水”这五项，以下简称“五水共治”）、国卫复评等本市重点工作，年初制定普查计划，深入开展“一季度一普查一整治”行动。每季度对主要区域内的公共设施、立面破损、高空安全隐患等问题开展普查，普查出的问题纸质交办网络成员单位，根据难度要求其在 1～3 个月时间内处置或说明理由，并将处置结果纳入年终考核，尽量消除城市管理安全隐患。截至目前，已累计开展“一季度一普查一整治”专项整治行动 185 次，整改、解决各类安全问题 24895 件，切实保障市民生活环境安全。根据城市发展规

律，提前有预见性地将相关问题交办网络成员单位，此举不仅便于网络成员单位结合自身工作计划合理安排整治工作，也从一定程度上整合了人力、物力、财力，尤其针对特定性问题的解决，提供了较好的解决方式。如高空安全隐患普查，人行横道线缺失普查。随着整治的深入，城市问题各个击破后逐年减少，但是仍有新型城市管理问题浮出水面。此时需要结合实际情况增改删相关普查任务，才能最大化发挥普查实效。各年度普查任务及普查问题数分别如图 7-5、图 7-6 所示。

图 7-5　各年度普查任务数

图 7-6　各年度普查问题数

4. 人员互查控漏报

为了横扫采集人员长期巡查固定路线造成的视野盲点，在固定网格化巡查的基础上，采取定期人员互换、设立采集督查岗等方式，有效减少了采集易疏忽点。

5. 举手之劳显文明

将采集员不需要工具可代为处置的举手之劳小类纳入采集公司新合同，要求采集员对情节轻微且力所能及的问题实施简易处置。包括随手可撕的小广告；垃圾箱（桶）门打开或盖子打开、移位；垃圾箱（桶）外的小袋装垃圾；井盖、箅子移位；交通护栏轻微移位、脱节、侧倒；交接箱门打开。此举不仅整合了人力成本、降低了不必要的耗资，也大大提高了政府办事效能，提高了百姓赞誉度，为保持城市整洁出了一份力。据不完全统计，采集公司现场处置的“举手之劳”问题已达 55493 件，如图 7-7 所示，为政府部门节约了大量经费。

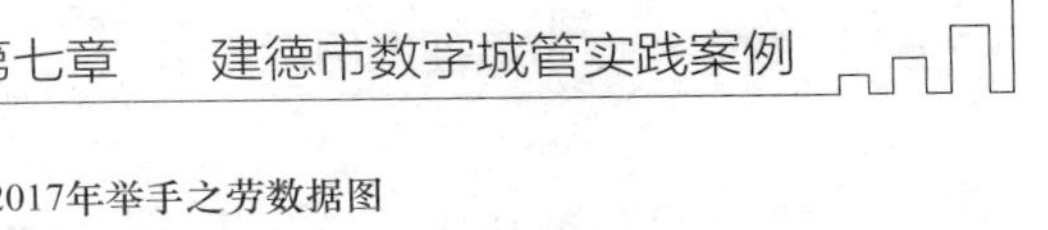

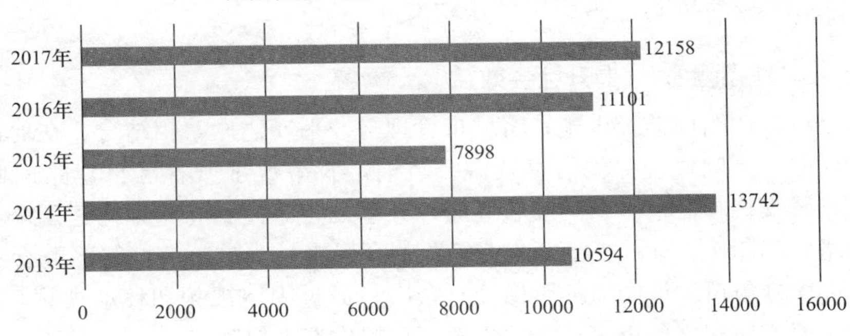

图 7-7 各年度举手之劳数据

(二) 以内外管理促效能，实现城市管理实效性

1. 强化采集公司管理

对采集公司定期查漏报、定期服务回访、定期案例分析；坚持重实际业务与学习培训相结合、量化工作与全面考核相结合、定期检查与突击巡查相结合、有序推进与创新工作相结合，确保信息采集工作的及时性、有效性和准确性。

2. 规范受理和派遣工作

在杭州立结案规范的基础上，制定受理手册和派遣手册，积极探索符合本地运转的数字城管模式。

3. 强化指挥和协调职能

数字城管运行到一定程度，城市管理职能不断细化，职能交叉及盲区逐步减少。但是受历史原因、移交不清等因素影响，存在需要沟通协调解决的事务在所难免。针对这类疑难点问题，加大指挥和协调力度，力争将每一件数字城管案卷在规定时间内根据结案标准解决。如图 7-8 所示，市城管工作人员会同相关职能部门和属地街道查看现场并协调。

图 7-8 会同相关职能部门和属地街道查看现场并协调

（三）建立服务新机制，实现平台联动发展

1. 与综合治理相融合，提升社会效益

依托数字城管的路面监控设施，将城市管理与“平安建设”相结合，在促进城市管理水平提升的同时，高度整合各类信息资源。目前，我市数字城管已自建路面监控 67 路，同时实现了与公安视频监控平台的互联互通，共享视频监控 993 路，构建了全天候、全方位的防范网络，如图 7-9 所示。路面监控资源整合以来，我市数字城管已配合派出所、交警、运管等部门（单位）调阅监控影像 200 余次，通过固定视频和移动视频解决问题 955 件，为案件快速侦破和“城市家具”的高效管理提供有力保障。

图 7-9　视频监控

2. 与应急联动相配套，保障应急处置

在做好城市常态管理的基础上，一旦遇到抗雪防冻、台风雨涝等突发应急事件，立即启动应急采集模式，全面、及时采集和处置山体滑坡坍塌、道路积水、带电杆线掉落等影响人身安全的民生问题，如图 7-10 所示。已协助处置 110 社会应急联动警情 270 余件，确保应急处置高效、到位。同时，对涉及职能交叉或责任主体不明确的案件和“无主”问题，创新推行“代整治”制度，根据“处置问题在先，追究责任在后”的原则，由“数字城管”指挥中心委托施工单位代为紧急处置，防止因推诿而造成的事态扩大。自制度实施以来，已代为整治无主井盖更换、通道清障等事件 1562 件，有效减少了城市管理盲区。如图 7-11、图 7-12 所示。

3. 与考评机制相挂钩，打造共管格局

利用考核指挥棒，将数字城管网络成员单位运行情况纳入我市年度综合目标管理考核，充分提高了网络成员单位的工作积极性和工作责任心。年初在参照杭州考核办法的基础上，结合我市重点工作，细化成为一套较为成熟公正的考评办法。根据系统导出的每月运行情况，通过对各类数据的校核申诉及人工甄别，将每月各网络成员单位的运行成绩固

图 7-10　紧急处置

图 7-11　各年度代整治数量

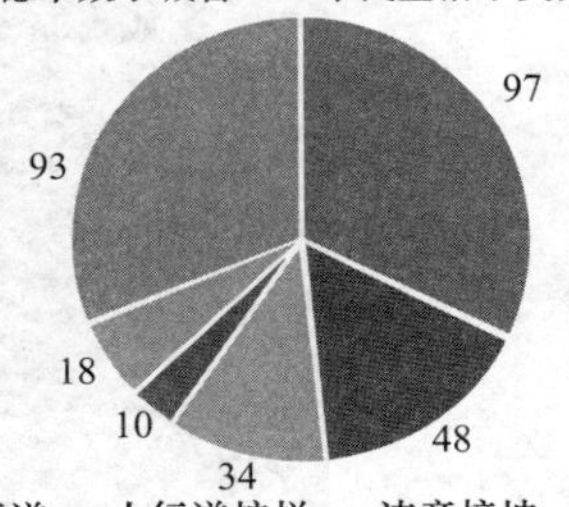

图 7-12　2017 代整治小类分析

化，并通过发文、登报等形式进行通报。年底通过算术平均值的换算，折算成网络成员单位的最终考核成绩。此举不仅要求每个部门解决问题在平时，打消了年底突击的想法，更是将考核的公平公正公开体现得淋漓尽致。

二、特色篇

第八章

常州市数字城管实践案例

（常州市城市管理监督指挥中心　供稿）

专家点评

常州市在数字城管运行中，以问题为导向，建立“双随机、双重考核”的评价制度。对城市部件以及与群众生活密切相关的143类事件问题进行随机抽查、考核扣分；对需处置整改的问题再立案派遣，市一级以较少的人员和投入撬动区、街及部门巡查处置的力量，实现市、区、街、村（居）直至个人的“横向到边，纵向到底”的立体巡、防、处体系。常州市采用不同方式，强化高位监督，保证考核评价制度落实到底。如市长点评会、领导暗访制、末位淘汰制、保证金等，并将考核成绩通过新闻媒体公布，纳入政府目标管理，以考核为杠杆，创新和构建了数字化城市长效综合管理机制。

一、基本概况

常州市位于江苏省南部，是长江三角洲城市群的重要成员，下辖1市5区，建成区面积346平方公里，常住人口471万，城镇化率达到71.8%，人均生产总值2.1万美元。2006年，常州市在全省率先启动了“数字城管”建设，进一步理顺了城市管理体制，强化了运行高效、科学规范的绩效评价体系建设。常州市区域如图8-1所示。

作为全国数字城管第二批试点城市，常州市于2008年启动了“数字城管”系统建设，同年底通过住房和城乡建设部专家组验收并上线投入使用。在建设运行过程中，坚持以国家和行业标准为依据，将考核评价作为强化数字城管运行效能的重要手段和主要特色，建立了门类齐全、联动高效、手段科学、保障有力的绩效评价体系，实现了系统运行的高效有序。

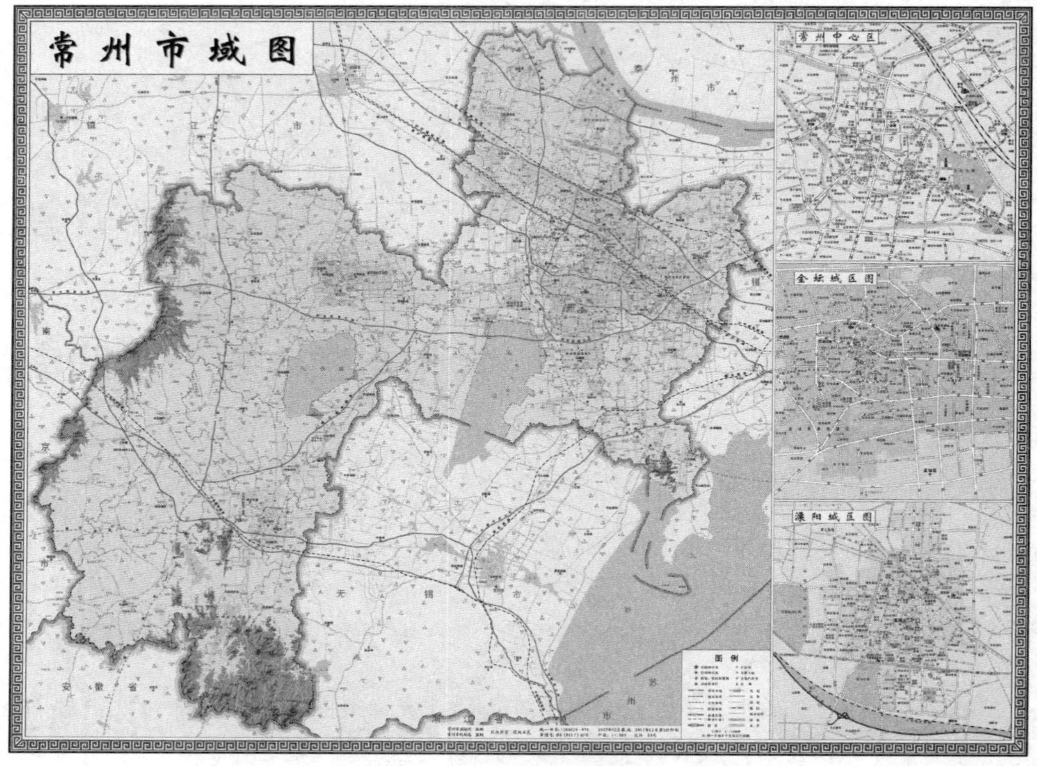

图 8-1　常州市区域图

（一）组织机构建设

1. 突出高位监管考核

为推进城市长效综合管理工作的有序开展，常州市在全省率先成立了以市长为主任，分管市长为副主任，辖市区和 22 个市职能部门主要负责同志为成员的常州市城市管理委员会，如图 8-2 所示，同时成立由市政府秘书长担任主任的城市长效综合管理考评委员会，专门负责城市管理重大问题的组织协调和考核评价工作。

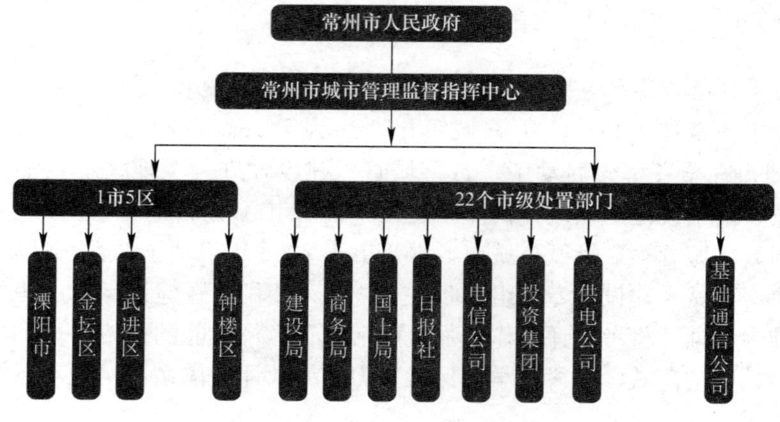

图 8-2　数字城管处置部门架构图

2. 强化组织机构设置

2007年，在数字城管启动之际，市政府专门成立了常州市城市管理监督指挥中心，为市政府负责城市管理监督、考核、指挥、评价的正处级行政机构，专门开展城市管理问题的受理、巡查、指挥，重点对各区和职能部门的城市长效管理工作进行绩效评价。定期召开由市长和分管市长参加的城市长效综合管理点评会，通报评价结果、部署重点工作。各区也按照市政府的要求成立了相应的机构和评价运行机制。通过层层传导压力，逐步形成全市上下高度重视城市长效管理工作的良好氛围。

（二）系统平台建设

1. 考评内容

以国标、市标和市民关注的热点问题为基础，综合创建国家卫生城市、国家文明城市的标准要求，明确了日常保洁、道路容貌、菜市场管理、工地管理等13大类126项城市长效管理考评标准，涵盖了市民日常生活中与城市管理相关的方方面面，见表8-1。对全市建成区346.71平方公里实施了基础数据普查，在万米单元网格的基础上，又以30万平方米大小为单位，叠加了832个考评责任网格，构建了单元网格与考评责任网格两网融合的网格化管理体系，落实了城市管理的精细化。指挥中心受理坐席如图8-3所示。

常州市城市长效综合管理考评标准及扣分细则（辖市、区政府）　　**表8-1**

项目	分类	序号	考评标准	扣分依据	整改时限	每处（个）扣
道路容貌（8分）	标识标牌	1	各类标志标牌设置应当规范，形式、图案和内容应与街景协调，文字、用语准确，并保持完好	未经批准擅自设置各类指示标志牌的	5天	0.1
		2		各类标志牌、路名牌、地名牌、门牌等标志设置不规范或错误，有明显弯曲、卷边、倾斜、不整洁、破损的	5天	0.1
	店招广告	1	店招店牌、广告牌，应严格按照城市街景规划（设计）和管理部门批准的要求进行设置。户外广告、店招店牌、夜景亮化设施及各类栏（亭）等所使用的文字（字母）、计量单位等必须符合国家规定，无缺字、错别字等现象	未经批准违章设置户外广告（含灯箱广告）、店招、门楼牌匾、大型张贴、LED显示屏的	5天	0.1
		2		未经批准违章设置气球、气模、条幅广告（包括附属于路灯及其他立杆上的帆旗、灯箱等）的	1天	0.1
		3		户外广告、店招店牌有破损、缺字、错别字现象的	7天	0.1
	街景亮化	1		街景亮化设施破损（含灯具、管线、支架、电柜等不亮、破损、缺失、亮灯效果不符、设施锈蚀松动或脱落、电柜箱门敞开，存在安全隐患）的	2天	0.1
	摊点管理	1	未经批准，不得在道路两侧和广场绿地等公共场所摆摊设点；经批准设立的早（夜）市、车辆修理、擦鞋等便民摊点，应在规定地点设置醒目标志，按规定时间规范经营	早餐车超时经营、擅自移位、占用盲道、乱拉乱挂、未设置垃圾收集容器、周边有垃圾、乱堆放的	2小时	0.1
		2		便民服务点未按规定地点设置或未设标志、超范围经营、乱堆乱放、周边环境脏乱的	4小时	0.1

续表

项目	分类	序号	考评标准	扣分依据	整改时限	每处（个）扣
道路容貌（8分）	摊点管理	3	未经批准，不得在道路两侧和广场绿地等公共场所摆摊设点；经批准设立的早（夜）市、车辆修理、擦鞋等便民摊点，应在规定地点设置醒目标志，按规定时间规范经营	经批准设置的临时摊点超时段、超区域、超经营范围、周边环境脏乱的	2小时	0.2
	报刊亭	1	设置在城市道路上的邮政箱（筒）、报刊亭等应保持整洁完好	亭体破损、擅自设置广告或经批准设置的广告、灯箱等有破损的	1天	0.1
		2		亭体外有违章（规）张贴、涂写、吊挂、乱拉电线的	2小时	0.1
		3		亭体外出摊、乱堆放；超范围经营；擅自移位、占用盲道的	1天	0.1
		4		擅自改变亭身结构等现象的	5天	0.1
		5		亭体及周边脏乱的	2小时	0.1

注：1. 街景亮化包括霓虹灯、发光字、LED屏幕等所有发光设施；街景亮化设施缺损、擅自亮灯不作现场扣分；
2. 便民服务点由各辖市区统一设定明显标志，划定服务点范围，并按样本点上报。

图 8-3　城市管理监督指挥中心受理坐席

2. 联动网络

在城市管理监督指挥中心负责城市管理问题统一受理指挥的基础上，在各辖区和市公安局、建设局、交通局、水利局等12个市职能部门，邮政公司、投资集团、供电公司等10个责任单位建立了二级平台。在65个街道、乡镇和区职能部门建立了三级平台，在285个村委、社区设置了处置终端，为数千名基层处置人员配备了“智信”移动办公系统，全市负责城市管理监督考核、巡查处置的所有单位和人员全部接入“数字城管”平台，实现了城市管理问题的高效联动和及时处置。

3. 技术保障

与中国电信常州分公司、数字政通等企业建立了长期协作关系，充分依托专业企业在技术资源、技术人才和行业标准上的优势，实现了“数字城管”系统建设和运行的统筹规划和有序建设。将机房整体迁入电信云中心，高效利用电信运营商硬件资源，为系统功能提升和高效运行奠定了硬件基础。在菜市场、建设工地等城市管理重点区域建设了 240 个视频监控探头，监控抓拍的照片可以直接形成案卷进入“数字城管”平台流转，如图 8-4 所示，监督处置结果，极大地提高了视频监控的使用效率。启动了建筑垃圾运输处置监管指挥系统和户外广告巡检监管系统建设，尝试通过物联感知、告警等技术，实现对渣土车的运输过程和户外广告设施运行状态的精准巡查、动态监管和自动报警，实现了在该领域的智能化管理。

图 8-4　与“数字城管”对接的视频监控系统

（三）考评体系建设

1. 巡查考评方式

依托内评价、外评价两种方式，发挥内评价在系统性和针对性上的优势，通过市、辖市（区）、街道（镇）、社区（村委）各级部门组织监督考评员和巡查处置人员，按照不同层级在全市范围进行日常巡查、专项检查、现场考评、重点问题考评和整改核查，重点在城市环境综合提升上提供服务；另一方面，通过 12319 热线和网络举报等方式，着重解决市民生活中的各类诉求。开设了城市管理微信“随手拍”功能，增加了照片上传、地图定位等功能，为市民精确、详细的举报身边问题提供了更加便捷的渠道，实现了巡查专业性和全覆盖的统一。

2. 考核评价标准

制定了《常州市城市长效综合管理操作手册》，明确了各项管理内容的考评标准、扣分依据、责任主体、整改时限等内容，确保了各类问题的快速定位、精准定责和全覆盖处置。近年来，针对城市建设的不断发展，常州市每年都将市委、市政府的重点工作和市民诉求纳入考评范围，及时关注和解决城市建设和发展中的热难点问题。特别是针对地铁建设期间的城市治理难题，专设了轨道交通考核项目，明确了施工场所周边的设施维护和市容管理要求，轨道交通施工现场被住房和城乡建设部评为全国先进的轨道交通施工现场。

3. 考评数据管理

对住宅小区、道路、河道、工地等 143 类考评数据开展测绘普查，建立了基于电子数据形态的管理数据库，并与考评对象和扣分标准进行绑定，形成了考评元数据库，各类考评计划和任务严格依照考评数据库制定、抽取并进行层级式审批，如图 8-5 所示，确保了考评工作的科学、公正和精细化。在公众举报评价方面，侧重市民举报问题的整改效率和常态化管理，确保了各类问题的高效处置。开发了多维度城市管理数据统计分析系统，按照时间、区域、问题类型等对各类问题进行实时统计的多角度对比分析，进一步提高了考评检查和处置巡查的针对性，如图 8-6 所示。

图 8-5 考评数据库

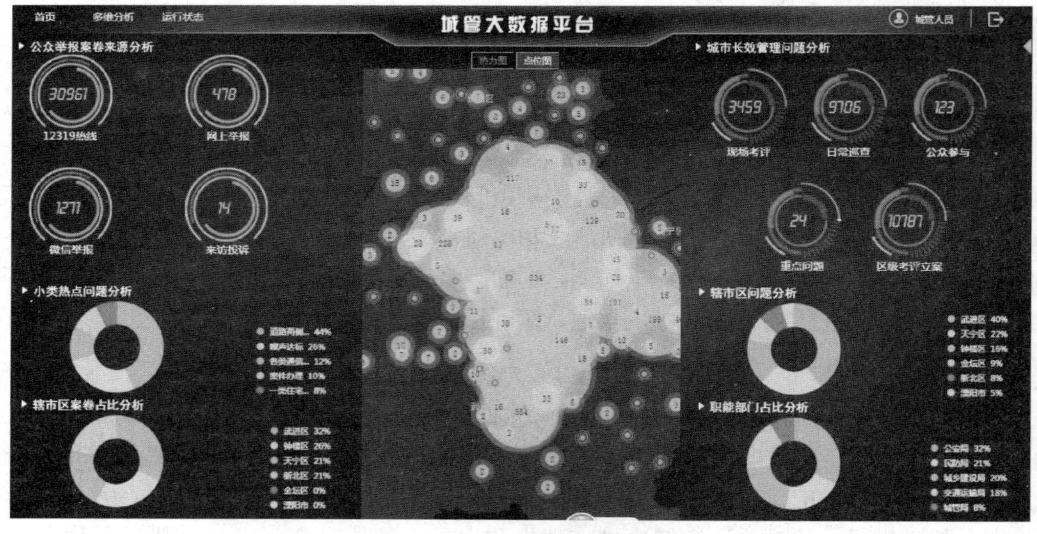

图 8-6 大数据统计分析平台

4. 评价结果运用

一是在日常考评、月度通报、季度点评的基础上，定期召开由市政府主要领导参加的点评会，并将对各区、各部门年度考评成绩纳入市委、市政府的综合考核，全面增强各级政府和部门城市管理工作的积极性和主动性；二是尝试将对企业的诚信考核引入长效管理评价体系，以建筑垃圾运输处置专项考评为试点，对建筑垃圾运输企业开展以诚信惩戒为核心的考核工作，长效管理中发现的各类问题在对有关部门进行绩效考核的同时，对运输企业同步进行考核扣分，对于季度排名靠后的企业和车辆，及时进行停运等惩戒措施，多角度促进建筑垃圾运输行业的规范管理。

二、主要特色

常州市在建设“数字城管”系统之初，就把理顺城市管理体制作为重中之重，把数字城管平台功能定位在管理绩效评价和服务百姓生活上，为“数字城管”的有效运行奠定了体制机制基础。2015 年以来，常州应用迅速发展的信息工程技术，不断提升“数字城管”科学化水平，系统运行效率不断提升。

1. 形成了“责权利”相匹配的“大城管”格局

从 2006 年以来，常州市就在积极探索建立“两级政府、三级管理、四级网络”、“重心下移、属地管理、以区为主”的城市管理新体制。明确提出城区工作要紧紧围绕“社会和谐是目标，经济发展是根本，城市管理是重点，社区建设是基础，服务市民是宗旨”的总体要求。中心城区以城市管理和居民服务为重点，加快城市管理体制的转轨，工作重点由项目建设到城市管理的转移，标志着该市城区工作指导思想的转变。市政府下发《关于进一步明确区级政府城市管理职权的若干意见》，从 22 个方面将市相关职能部门部分城市管理职能进一步下放到区，并配套相关经费和人员，同时明确由市负责业务规划、指导、监督并从源头制定管理标准，由区全面负责落实具体的城市管理工作。市与区职能的重新划分，促进了市相关职能部门城市管理方面职能的转换，从根本上解决了市职能部门与区之间职责不清，以及长期以来“有利的大家争、无利的大家推”、“看得见的管不着、管得着的看不见”等问题。

2. 建立了高位监管绩效评价方式

在长效管理评价方面，除监督考评员日常巡查上报问题外，常州市以城市长效综合管理考核标准为基础建设了考评数据库，明确了年度、季度和周考评计划，考评方式更加科学，如图 8-7 所示。增加了现场考评、重点问题专项考评、公众参与考评三种方式，各项考评任务每天随机发送到各考评小组，确保了考评工作的公平公正。同时强化结果运用，建立了市长点评会制度，市政府每季度召开一次城市长效综合管理点评会，市长亲自点评，排名末位的辖市区、部门的主要领导在会上作表态发言；明确了分管市长督查制度，分管市长每月对日常管理中百姓反映强烈的热难点问题进行现场检查，督促相关单位及时处置。

3. 突出了绩效评价结果的运用

强化了整治督察力度，针对城市长效综合管理中历史遗留的、制约长效管理提升的疑难问题，以市政府办公室文件形式，制定了“常州市城市长效综合管理重难点问题整治三年行动方案”，列入年度城市管理重难点问题整治计划，各单位制订相应整治方案，市城管监督指挥中心按整治时间节点进行考核，市委市政府督察室定期组织督察；实行考评成

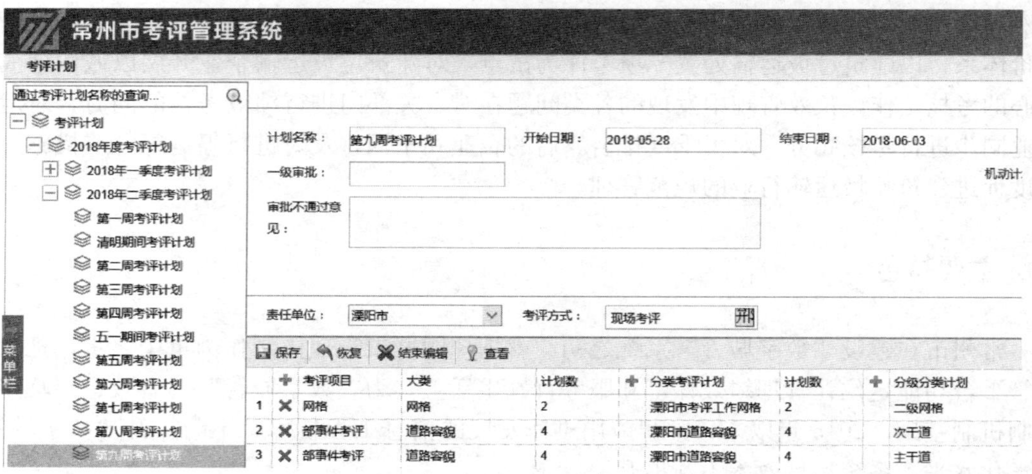

图 8-7 现场考评实行计划管理

绩媒体公示，每季度将考评成绩在《常州日报》、常州电视台、中吴网及户外电子屏等媒体进行公布，如图 8-8 所示。将年度城市长效综合管理考评成绩纳入市委、市政府对各辖市、区及相关部门、单位的综合考核。

常州日报

上半年城市长效管理考评成绩出炉

本报讯 昨天，我市上半年城市长效综合管理工作考评成绩公布。钟楼区列各区考评第一，商务局列相关职能部门和责任单位(事、部件类)考核首位。

今年 4 月 1 日起新办法正式开始实施，市城市管理监督指挥中心严格对照十三项城市长效综合管理事件、部件考核内容，采取网格检(抽)查、专项检查、样本点抽查、日常督查、重点问题督查、媒体曝光问题督查等方式进行考核。12319 平台上半年共接听市民咨询、投诉及报修电话 24028 个，除当场解答的问题外，共立项派遣各类城市管理问题 24049 件，其中热线受理 14002 件，市级监督考核员上报 8709 件，监控视频 1338 件，目前 95%以上的问题已结办。

综合考评成绩如下——

辖区：武进区 93.05 分、高新区 95.43 分、天宁区 95.43 分、钟楼区 96.24 分、戚墅堰区 94.48 分。

相关职能部门和责任单位(事、部件类)：商务局96.86分、民防局96.35分、环保局96.07分、民政局95.67分、工商局95.52分、城管局和城乡建设局均为94.84分、公安局94.13分、水利局93.94分、园林局93.16分、邮政局92.17分、国土资源局91.93分、常州日报社91.70分、交通运输局89.17分。

相关职能部门和责任单位(部件类)：人口计生委、投资集团、移动公司、铁通公司均为 100.00 分，供电公司、广电信息网络公司均为 99.17 分，电信公司 97.50 分，联通公司 91.67 分。 (徐蔚 涂贤平)

图 8-8 考评成绩公布

4. 创新了运行高效的巡查联动机制

为充分调动和提升区级政府在城市管理中的积极性和主体责任，常州市建立了“二级监督、二级指挥、三级考评、四级联动”的巡查考评新体系。在由市城市管理监督指挥中心对各辖市、区进行考核评价的基础上，各辖市、区政府对街道（镇）、区相关职能部门；各街道（镇）对社区（村委）开展城市长效管理精细化考核，并将考核结果与各单位的年度目标考核进行挂钩，社区（村委）对所属工作人员进行城市长效管理绩效考核，层层传递压力、层层落实责任。各区自行组建了监督考评员队伍，负责在辖区内开展日常巡查考评工作；各街道、乡镇从事城市管理、环境保护、物业管理、水利管理的工作人员和社区工作人员，在责任网格内开展全覆盖的巡查处置工作，及时发现和处理各类问题。目前，全市 39 个街道（镇）及所属社区（村委）共有 2702 名人员负责 832 个责任网格的考评巡查，每平方公里平均 7～8 人，年均上报和处置各类问题 75 万件，实现了管理人员的高效整合、管理责任的精准落实和管理质量的长效有序。在此基础上，市级城市管理监督指挥中心只需招录 50 名监督考评员，对全市网格进行随机抽查，并采取直接扣分和整改扣分相结合的方式，进一步促进了各级政府和部门开展巡查处置工作的积极性和主动性，取得了较好的效果。公众对城市管理工作满意度调查，见表 8-2。

公众对城市管理工作满意度调查　　**表 8-2**

	合计		天宁		钟楼		新北		武进		金坛		溧阳	
	人次	比重	人次	比重	人次	比重	人次	比重	人次	比重	人次	比重	人次	比重
满意	581	96.8%	98	98.0%	95	95.0%	97	97.0%	98	98.0%	94	94.0%	99	99.0%
不满意	19	3.2%	2	2.0%	5	5.0%	3	3.0%	2	2.0%	6	6.0%	1	1.0%
合计	600	100%	100	100%	100	100%	100	100%	100	100%	100	100%	100	100%
满意率	96.8%		98.0%		95.0%		97.0%		98.0%		94.0%		99.0%	

5. 树立了全民参与的公众服务理念

常州市将 12319 热线作为发现和受理城市管理问题的重要渠道，充分发挥全社会参与城市管理、监督部门履职的积极性，更加广泛的发现各类问题。平台始终坚持“做事诚心、办事精心、服务热心、市民舒心、有责任心”的“五心”服务标准，不断扩展受理范围、不断提升服务水平、不断扩大社会影响，24 小时全天候不间断运行，年均受理市民来电十万个，解决了大量百姓生活中的城市管理难题。2017 年以来，为了进一步规范处置部门有关公众举报问题的处置行为，又开展了公众服务评价工作，如图 8-9 所示，重点对各处置部门有关市民举报问题的处置效率开展精细化考评，将按期处置率、返工率等作为重要指标，并且结合工作实际对“反复性问题”进行常态化考评，真正对市民关注的重点难点问题落实了长效管理。在开展热线受理优质服务的同时，连续多年开展了“12319 平台进社区”、“12319 平台进校园”等公益志愿活动，通过微信、网络等方式进一步扩展服务渠道，品牌知名度和服务满意率逐年提升。

进入“十三五”的新常州，正按照中央和江苏省关于加强城市管理工作的部署和要求，以建设“强富美高新常州”，打造美丽宜居的城市环境为主要目标，巩固长效管理成果，创新长效管理理念，在移动互联、元数据理念、数据资源整合、民生智慧应用等方面进一步探索创新，全力加快数字化城市管理向智慧化升级。

图 8-9　市民通过微信进行问题上报和互动

第九章

烟台市数字城管实践案例

（烟台市数字化城市管理监督中心　供稿）

专家点评

烟台市是全国第一批数字城管试点城市，十年来坚持“高位监管”原则实施数字城管，其主要特点，一是，依法高位设置市、区两级数字城管监督、指挥中心，分别直属市政府和区政府，暂由城管局代管，代表市、区两级政府行使数字城管的监督考评和指挥处置权。二是，构建“监督”、“指挥”高位垂直的组织模式，市级只设监督中心，区级只设指挥中心，真正实现“监管分离”。三是，统一监管信息采集公司，由市监督中心统管资金、统一招标，统一考核、统一支付采集费用，使信息采集漏报率控制在0.25%以内。

一、基本概况

烟台，位于山东半岛东北部，下辖12个市区县，1个国家级经济技术开发区和1个国家级高新技术产业区，总面积1.37万平方公里，全市总人口700多万。

2000年成立市城市管理局，2003年作为国家实行相对集中城市管理执法权试点城市，成立了市城市管理行政执法局与市城管局合署办公，从而基本建成了涵盖“水、暖、气、路、洁、美、亮、绿、法”等行业管理和执法职能的“大城管”城市综合管理体制。2005年被建设部确定为全国第一批数字化城市管理模式试点城市，2008年10月，通过住房和城乡建设部验收，成为率先在山东省实行数字化城市管理模式的践行者和排头兵。

目前，烟台市数字城管模式实现6区8市（县）全覆盖，其中市区6区覆盖面积达330多平方公里，信息采集面积达194.53平方公里，每年仅6个市区，就通过数字城管问题发现机制，发现和解决市区市容环境、市政设施等各类问题达50多万件，平均每天1500多件。自数字城管模式运行以来，数字城管案件结案率平均达到95%以上。

随着数字城管模式在全市全面推广应用，建成了城市综合管理体系，形成了“两级政府、三级管理、四级网络”的城市管理长效机制，实现了城市管理的规范化、智能化和常态化，推动城市管理水平全面提高，为全市经济社会发展做出了积极贡献。十年来，烟台市始终坚持数字城管“高位监督”基本原则，严格遵循“监管分离”基本原理，牢牢把握“考核评价”这个根本手段，逐步建立起监督、处置、考核“三位一体”的数字化城市管理制度体系，从而有力保障了数字城管健康可持续发展。

二、高位监督的实施机构与组织模式

数字城管新模式的根本是城市管理体制和机制的改革创新，其精髓是搭建城市综合管理体系，并在“高位监督”原则指导下，激发“块块”和“条条”多个城市管理责任主体的核心动力机制，推动城市管理水平全面提高。

（一）高位设置的实施机构

基于对数字城管模式基本理念的高度认识，烟台市委、市政府将市数字化城市管理监督中心定位为市政府直属全额拨款正县级事业单位，暂由市城市管理局代管。政府赋予监督中心的主要职能为：负责拟定全市数字化城市管理发展规划、标准规范和考评办法；负责全市数字化城市管理系统的建设和运行；负责对各县市区、相关部门承担的数字化城市管理工作的监督考核，协调解决有关问题等。各区设立数字化城市管理指挥中心，为区政府直属全额拨款正科级事业单位，暂由区城市管理局代管。负责对辖区内数字城管案件进行指挥 、处理和考评。这种“高位监督”的机构设置，固化了数字城管实施机构的法律地位，增强了数字城管监督、处置、考核的执行力和权威性，为数字城管模式的“长治久安”奠定了坚实基础。

（二）高位监管的管理组织模式

烟台市充分发挥“大城管”的城管体制优势，在国内率先采用“市级监督、区级指挥”的数字城管组织模式，其架构形态为，市级设立数字城管监督中心，不设指挥中心；区级设立数字城管指挥中心，不设监督中心，形成“监督指挥、两轴垂直”新组织架构。即：在市级层面上，市监督中心为数字城管运行机制的“监督轴”，其监督职能主要体现在业务流程的两个重要端口，一是运用问题发现机制，发现城管问题予以案件立案；二是运用考核评价机制，对各区数字城管案件的处置状况进行考核与评价。而各区指挥中心为数字城管运行机制的“执行轴”，其执行职能主要体现在按照市监督中心的授权进行任务派遣，协调指挥专业部门处理案件，并及时向市监督中心进行反馈。其实质是按照“属地管理”原则，将区政府及其指挥中心作为数字城管案件的处置指挥中枢，赋予其对辖区范围内城管部件、事件权属专业部门和单位履行处置职能的“绝对指挥权”。辖区内各级城管专业部门都由区指挥中心统一调度指挥，自觉接受任务派遣和督导，按时完成处置任务，并及时向区指挥中心反馈。同时，各区指挥中心还拥有对辖区内各级城管专业部门的“考评权”，对于区指挥中心提供的按市监督中心制定的考评办法得出的考评结果，市监督中心予以认可，并直接纳入市级数字城管考核指标体系，从而，真正建成了卓有成效的“两轴垂直、高位监管”的管理机制，推动数字城管步入规范化、制度化健康运行轨道。办理流程如图 9-1 所示。

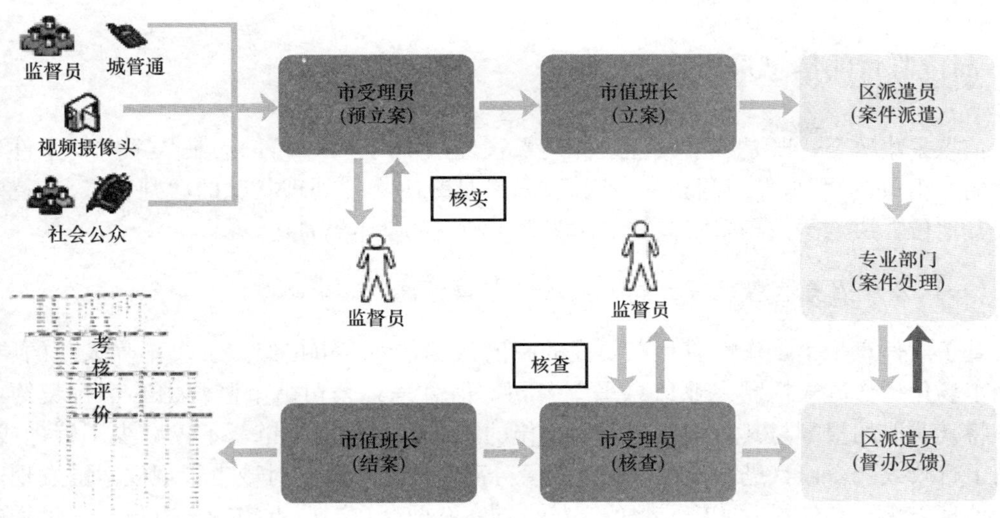

图 9-1　办理流程

(三) 高度定位的法规性文件

烟台市数字化城管综合管理体系中涵盖了市区的 6 个区和 28 个市级专业部门及单位。实行数字城管模式面临的首要任务是，框定市与区城市管理职能边界；理清市、区两级专业部门和单位的事权分工；落实各级专业部门和单位的管理责任。为做好这项纷繁复杂却又事关全局的基础性工作，市监督中心依据行业标准《市政综合监管信息系统 管理部件和事件分类、编码及数据要求》和住建部《数字化城市管理模式建设导则（试行）》，对相关区域和部门单位进行了深入细致的调查研究，在基本摸清数字城管 6 大类部件产权归属，理清数字城管 7 大类事件事权责任分工的基础上，起草了《烟台市数字城管部件、事件立案、处置、结案规范》报请市政府审定。市政府领导给予高度重视，主持召开有各区和相关部门单位领导参加的专题会议，对数字城管部件、事件的管理责任予以确认，随即经过各相关部门及单位会签，市政府颁发了法规性文件《关于印发城市管理部件事件立案、处置、结案规范的通知》(烟政办发[2011] 105 号)，明确了数字城管部件事件的立案、处置和结案标准及时限，确定了部件事件的管理责任。从而，奠定了数字城管的法律地位，获取了数字城管监督指挥的法规依据。在此基础上，市监督中心编制了《烟台市数字城管指挥手册》，指挥派遣各责任主体部门和单位履行城市管理义务，使数字城管实现了法制化、制度化和常态化。指挥手册及培训教材如图 9-2 所示。

图 9-2　烟台市数字城管指挥手册及培训教材

三、高位监督的信息采集监管机制

信息采集监督，既是数字城管案件进入管理系统的“入口”，又是数字城管案件处置结案的“出口”；既是发现问题的“眼睛”，又是裁决案件处理状况的“判官”，其特殊职能及其地位，决定了信息采集监督主体客观、独立的基本特性。

（一）公开招募信息采集公司，实现“监管分离”

基于对信息采集工作性质和重要性的高度认识，烟台市按照“管事不养人”的原则，采用市场化运作方式招聘专业信息采集公司。信息采集公司由市监督中心实行契约式管理，将其获取的报酬与其所采集与监督工作的质与量结成利益链，不仅减少了管理成本，提高了行政效能，而且进一步优化了“监管分离”原理，通过对城市管理立案前发现问题的“信息采集”和处置后实施监督的“核查结案”两个重要节点实行全方位、全过程的监控，保证了数字城管关键数据的客观公正和真实可靠。

（二）统一管理考核，实现信息采集客观公正

市监督中心对6区采集公司实行“统一管理、统一考核”：一是，由市监督中心负责掌控各区信息采集费用，按照招标规定及实际需要，通过政府公开招标6区信息采集公司。6区的信息采集费用由市财政先期支付，年终通过市、区财政体制结算办法由各区自行负担相关费用。年初市财政将信息采集费用拨付至市监督中心，由市监督中心按季度汇总监察考核结果并据实扣款后发放采集服务费用。二是，由市监督中心与各信息采集公司签订服务合同，明确双方的责任、权限和义务。合同规定，季度信息采集漏报率控制在1.5‰以内，超过1.5‰以上部分扣罚服务费用，超过2.5‰则取消下期本项目的投标资格。三是市监督中心负责监察考核工作。中心机关干部组成信息采集监察考核组，实行月度定期和不定期赴各区进行信息采集常规监察、部件和突发重大事件专项监察、人员配置及在岗情况抽查等。其工作流程是，由监督检查科随机抽取监察人员和监察区域后形成《监察表》，报中心分管领导审批后即赴现场进行监察。对监察中发现的问题漏报和监督员脱岗、缺员等问题，作为对信息采集公司的考核依据。高位监督的信息采集机制，强化了市级平台“高位监督”功能，保证了数字城管“源”数据的质量与效率。

（三）统一调度指挥，实现信息采集精准全面

为了充分运用“问题发现机制”，及时发现和确定阶段性城市管理工作重点，在每年创建全国文明城市中，市监督中心和各区指挥中心、信息采集公司及处置部门单位“四方联动”，按照市城管局确定的重点整治内容和标准，全面动员，相互配合，做到“精准采集、快捷传递、高效指挥、迅速处置”。各区采集公司依据工作重点进行专项采集，快速上报信息，及时核查结案；各区指挥中心积极与建设管理部门协调，加大督查力度，确保快速派遣，及时反馈；各级处置单位集中力量，加强案件处置力度，确保按时结案。市监督中心每月随机督查6区重点采集区域内的数据上报、监督员在岗及市容环境状况2～3次，努力提高案件处置质量，确保数字城管发挥实效。监督中心受理大厅如图9-3所示。

图 9-3　烟台市数字城管监督中心受理大厅

四、高位监督的系统平台与技术支撑

烟台市数字城管系统平台在涵盖市区 6 个区基础上，2017 年采用“以市带县”模式，利用虚拟化和云计算技术，建设数字城管云，将 8 个市（县）的数字城管系统予以整合，既为城管系统各专业部门、各区、市（县）城市管理业务运行提供了基础保障，又全方位打造了“高位监督”的数字城管格局。

（一）加强对城管部门专业信息系统监管

为加强监督管控，市监督中心建设了数字城管工作外网和业务内网联动工作网络机制。在工作外网上，部署数字城管软件系统和其他对公开放的拓展业务系统，使市区县各级城管部门和处置单位更加高效便捷地开展数字城管工作业务；在业务内网上收集、汇总工作外网城管有关单位的案件处置情况、案件动态分析、业务数据、涉密地理数据、公用事业监管数据和其他内部保留数据，形成城管大数据系统。通过专业数据分析与挖掘，转化为政务决策、政务公开等信息成果，安全推送至工作外网使用。如公用事业监管子系统，将城市供水（各区自来水水质实时监测如图 9-4 所示）、供热、市政、环卫等社会公共服务产品的管理系统，接入市监督中心系统平台，对其运行状况进行监控，并汇总收集相关数据进行共享发布，实现对各监控点位的实时监测和报警管理，初步实现了对市区重点区域公共服务产品运行情况的监测、管理和预警，切实打造出“一个平台指挥，多个部门联动”的工作格局。数字城管综合监管平台如图 9-5 所示。

（二）加强对各区、市（县）数字城管工作状态监管

2017 年，按照《中共中央国务院关于深入推进城市执法体制改革推进城市管理工作的指导意见》（中发〔2015〕37 号）文件精神、住房和城乡建设部和省住建厅要求，采用“以市带县”技术架构，完成了全市 6 区 8 市（县）的数字城管平台的整合建设工作，并

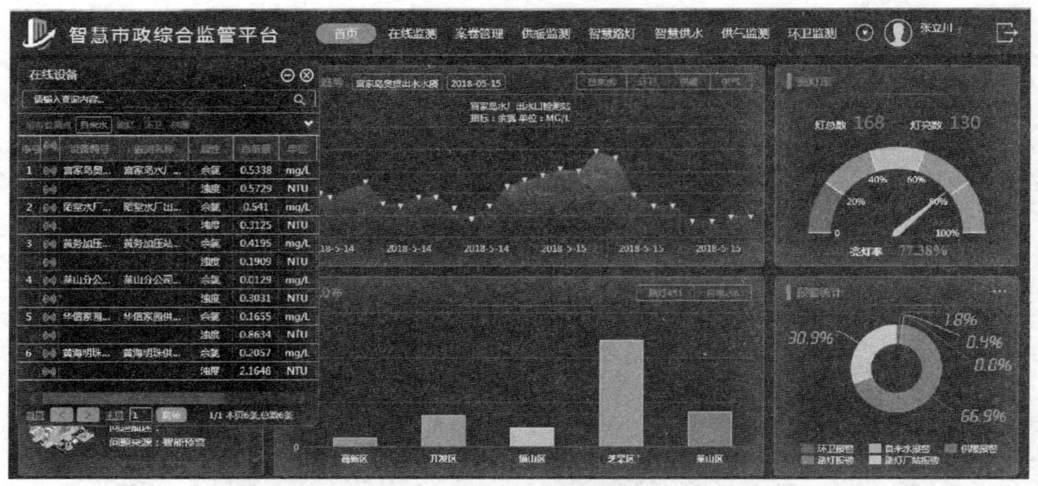

图 9-4　各区自来水水质实时监测

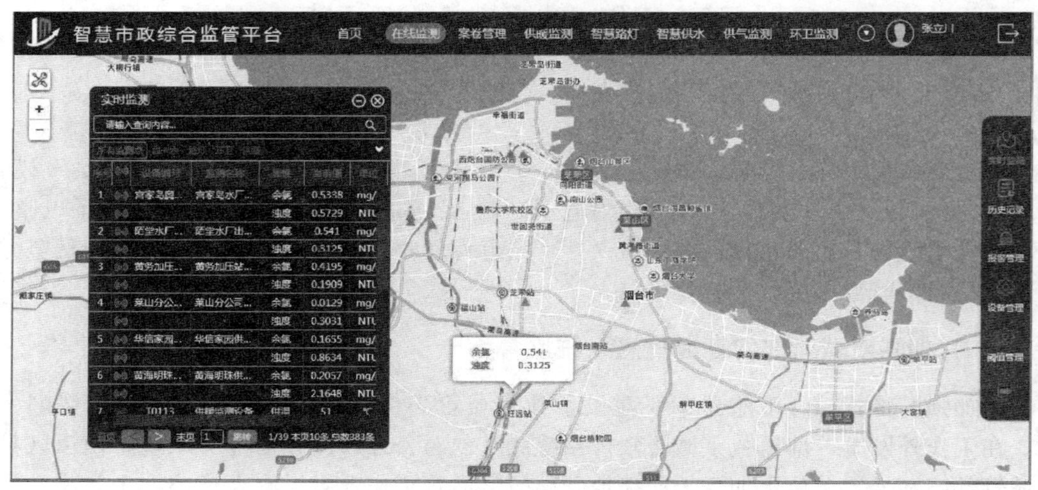

图 9-5　数字城管综合监管平台

与市级平台并网运行，实现了数字城管模式全覆盖。

同时，按照国家标准《数字化城市管理信息系统　第 4 部分：绩效评价》GB/T 30428.4—2016，完成了全市各区、市（县）数字城管各环节的统一标准化建设工作，实现对数字城管业务运行全过程的高效管理，形成监督有力、沟通快捷、分工明确、责任到位的城市管理长效机制。事部件高发小类统计图 9-6 所示。

（三）加强城市应急事件监管

按照全市城市管理防汛、防滑应急预案，在数字城管平台拓展了应急管理子系统，该系统通过对城管系统应急资源、应急预案的调查取样和收集分析，参照公安天网建设模式，采用租赁监控点位、将原模拟标清监控探头改造升级为数字高清监控系统、与公安天网系统互联互通等方式，建设了新型数字城管应急监控平台，实现了应急预案和应急管理流程的数字化、规范化和无死角、全覆盖，形成“一个中心指挥全局，一个会场调度全

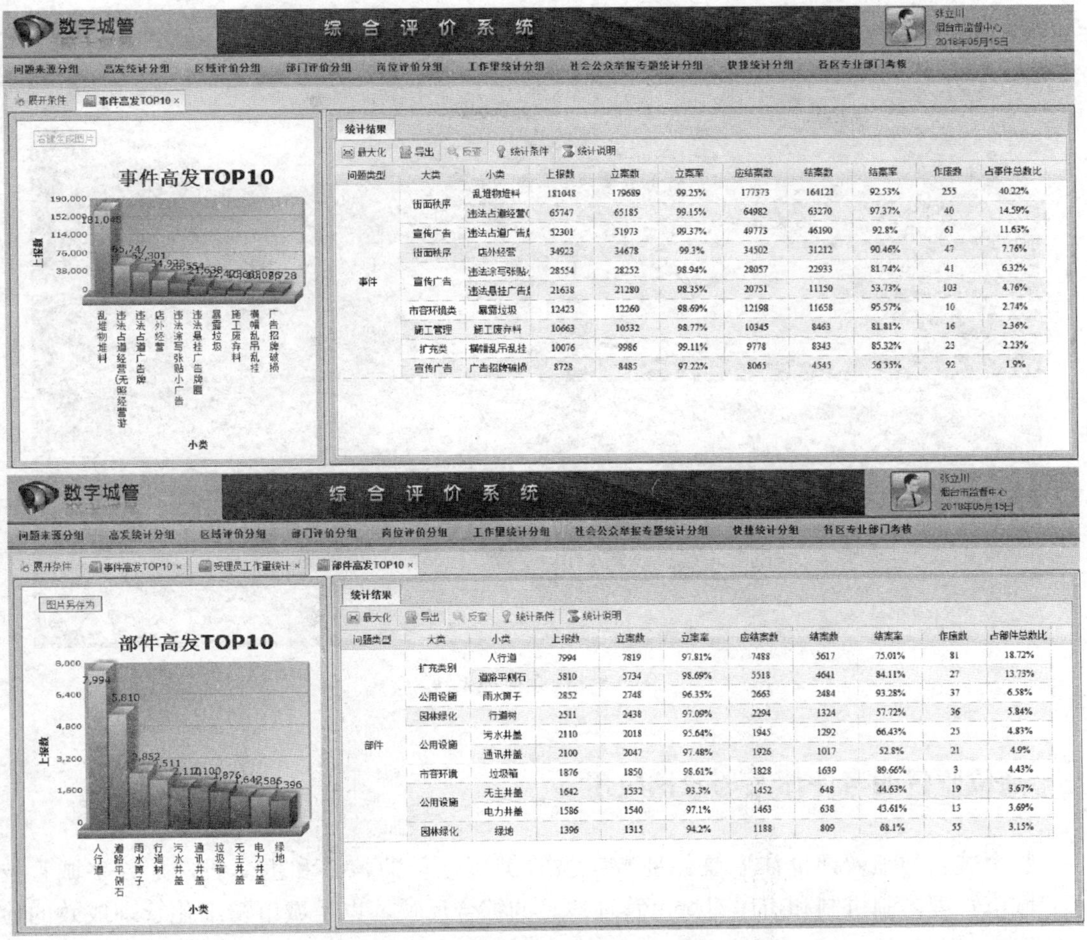

数字城管　综合评价系统

问题来源分组　高发统计分组　区域评价分组　部门评价分组　岗位评价分组　工作量统计分组　社会公众举报专题统计分组　快捷统计分组　各区专业部门考核

事件高发TOP10

问题类型	大类	小类	上报数	立案数	立案率	应结案数	结案数	结案率	作废数	占事件总数比
事件	街面秩序	乱堆物堆料	181048	179689	99.25%	177373	164121	92.53%	255	40.22%
		违法占道经营(	65747	65185	99.15%	64982	63270	97.37%	40	14.59%
	宣传广告	违法占道广告	52301	51973	99.37%	49773	46190	92.8%	61	11.63%
	街面秩序	店外经营	34923	34678	99.3%	34502	31212	90.46%	47	7.76%
	宣传广告	违法涂写张贴	28554	28252	98.94%	28057	22933	81.74%	41	6.32%
		违法悬挂广告	21638	21280	98.35%	20751	11150	53.73%	103	4.76%
	市容环境类	暴露垃圾	12423	12260	98.69%	12198	11658	95.57%	10	2.74%
	施工管理	施工废弃料	10663	10532	98.77%	10345	8463	81.81%	16	2.36%
	扩充类	横幅乱吊乱挂	10076	9986	99.11%	9778	8343	85.32%	23	2.23%
	宣传广告	广告招牌破损	8728	8485	97.22%	8065	4545	56.35%	92	1.9%

数字城管　综合评价系统

部件高发TOP10

问题类型	大类	小类	上报数	立案数	立案率	应结案数	结案数	结案率	作废数	占部件总数比
部件	扩充类别	人行道	7994	7819	97.81%	7488	5617	75.01%	81	18.72%
		道路平侧石	5810	5734	98.69%	5518	4641	84.11%	27	13.73%
	公用设施	雨水篦子	2852	2748	96.35%	2663	2484	93.28%	37	6.58%
	园林绿化	行道树	2511	2438	97.09%	2294	1324	57.72%	36	5.84%
	公用设施	污水井盖	2110	2018	95.64%	1945	1292	66.43%	25	4.83%
		通讯井盖	2100	2047	97.48%	1926	1017	52.8%	21	4.9%
	市容环境	垃圾箱	1876	1850	98.61%	1828	1639	89.66%	3	4.43%
	公用设施	无主井盖	1642	1532	93.3%	1452	648	44.63%	19	3.67%
		电力井盖	1586	1540	97.1%	1463	638	43.61%	13	3.69%
	园林绿化	绿地	1396	1315	94.2%	1188	809	68.1%	55	3.15%

图 9-6　事、部件高发小类统计

市”的应急指挥新模式，为化解城市紧急事务，保障城市安全运行提供了技术保障。应急管理子系统如图 9-7、图 9-8 所示。

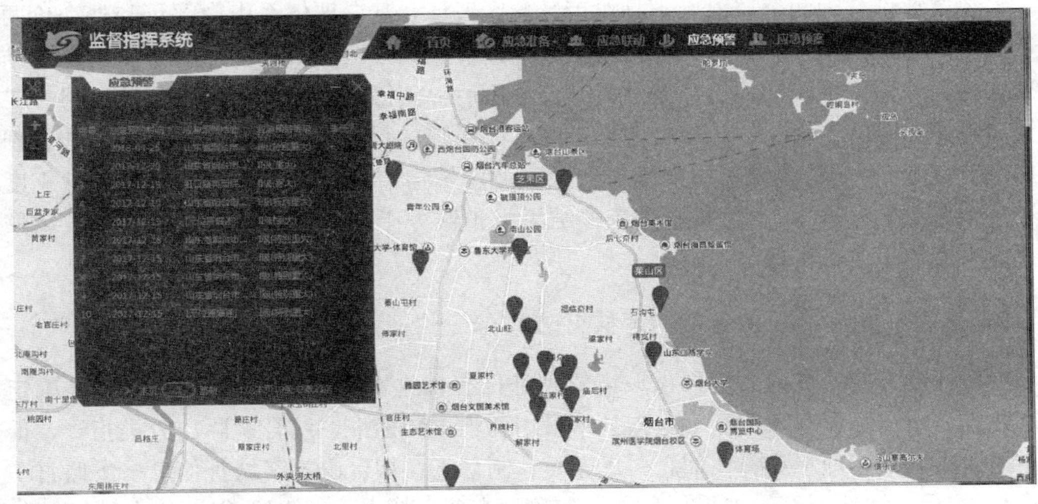

图 9-7　应急指挥平台

图 9-8　视频监控系统

五、高位监督的考评体系与考核应用

数字城管的绩效评价体系是保证数字城管健康运行的核心和生命线，是数字城管技术、城市管理体制机制和市民对城市管理体验的综合反映，也是城市精细化管理成效的检验依据。

（一）建立区、市（县）数字城管考核体系

将考核评价分为两个层面，一是对市区 6 区考评，其考评体系由内评价和外评价两部分组成。内评价采用系统生成的运行数据，外评价参照公众评价和专业督察队伍督查结果数据，将内外评价系统的评价数据进行综合分析后，获得客观公正的绩效评价结果。二是对县市考评，坚持"统一、综合、公平"的考评原则，制定了《县市数字城管考核管理办法》，把管理的触手延伸到基层乡镇与社区，把评价结果纳入对各县市区政府的《年度城市经济工作考核办法》，使数字城管考核结果真正服务于城市管理工作全局，为数字城管模式健康运行提供根本保障。

（二）健全业务流程各环节的考核办法

工作标准方面，依据《烟台市城市管理部件事件立案、处置、结案规范》，在确定立案、处置、结案标准上，市区 6 区与县市采用两类不同标准，结合实际，分类指导，促进其不断提高城市管理水平。在信息采集方面，制订了《烟台市数字城管信息采集监督工作规范》，实行"评选年度先进采集公司"制度，获得年度第一名即取得下一合同期的信息

采集服务资格。从而，激发了采集公司的积极性，使城管问题发现率达到了99%以上，而市民的投诉率则下降了80%以上；在指挥派遣方面，制订《烟台市数字城管工作评先创优办法》，对各区指挥中心工作进行考核评价，给予先进单位以精神和物质奖励；在岗位考评方面，制定《受理员、值班长量化指标考核规定》，实行考核结果与工资奖金挂钩兑现。同时，在市、区两级开展评选“每月之星”受理员、值班长和派遣员活动，年底实行业务考核末位淘汰。通过强化考核力度，提高了系统各环节的工作质量与效率，有力保证了全市数字城管工作健康稳定运行。

第十章

徐州市数字城管实践案例

（徐州市数字化城市管理监督指挥中心　供稿）

专家点评

徐州数字城管建立了一级监督、二级指挥、三级管理、四级网络工作模式，构建了横向到边、纵向到底的“大城管”工作格局。依托数字城管系统，强化源头治理，市委市政府印发《城市长效管理考核办法》，对7个区、54个街道、46个市级部门按月度考核通报奖惩，实现对建成区、部门类别、管理要素等全覆盖考核，建立健全了由市纪委、市委和市政府督查室等全程参与的高位监督考核评价机制。深化公众参与（有奖举报）机制，培育城市“啄木鸟”，形成了人人参与“全民城管”社会氛围。积极推行信息采集市场化和“谁处置谁核查”等机制，做到城市管理问题“应采尽采”、“应查尽查”，实现对城市“精细、精准、常态、长效”管理。

一、基本概况

徐州古称彭城，历史上为华夏九州之一，具有5000多年的文明历史和2500多年的建城史。全市辖区面积11258平方公里，总人口1023.52万人，现徐州市下辖2市（新沂、邳州）、3县（丰县、沛县、睢宁县）、5区（云龙、鼓楼、泉山、铜山、贾汪）。2017年6月，国务院批复，确立了徐州国家历史文化名城、全国重要的综合性交通枢纽、淮海经济区中心城市的地位；2018年4月，科技部、发改委支持徐州建设创新型城市。近年来，徐州先后获得国家历史文化名城、国家环保模范城市、国家生态园林城市、国家卫生城市、中国人居环境奖、全国文明城市等称号。

徐州市数字化城市管理监督指挥中心的基本情况见表10-1。

数字城管机构基本情况　　**表 10-1**

<table>
<tr><td rowspan="9">基本概况</td><td>单位名称</td><td colspan="5">徐州市数字化城市管理监督指挥中心</td></tr>
<tr><td>单位性质</td><td>事业单位</td><td>单位级别</td><td>正科</td><td>隶属关系</td><td>市城管局</td></tr>
<tr><td>人员编制数（总）</td><td>35</td><td>现有人员数（总）</td><td>30</td><td>建成投运时间</td><td>2011 年 5 月</td></tr>
<tr><td rowspan="6">内设机构名称（处、室、科、股等）</td><td colspan="3">办公室（督查室）</td><td>人员编制及现有人员数</td><td>8</td></tr>
<tr><td colspan="3">监督巡查科（执法稽查科）</td><td>人员编制及现有人员数</td><td>4</td></tr>
<tr><td colspan="3">指挥考评科（数据研判科）</td><td>人员编制及现有人员数</td><td>4</td></tr>
<tr><td colspan="3">公众协调科</td><td>人员编制及现有人员数</td><td>3</td></tr>
<tr><td colspan="3">热线服务科</td><td>人员编制及现有人员数</td><td>1</td></tr>
<tr><td colspan="3">科技信息科</td><td>人员编制及现有人员数</td><td>4</td></tr>
<tr><td>主要职责</td><td colspan="6">1. 负责数字城管系统运行及考核工作。
2. 负责数字化城管系统建设和维护管理工作。
3. 负责“全民城管”“百姓城管”、12319 等公众参与机制运行</td></tr>
</table>

二、工作模式

（一）组织机构

2010 年 8 月，徐州市数字化城市管理监督指挥中心正式成立，隶属于市城市管理局，正科级全额拨款事业单位，编制 35 名，主要负责数字化城市管理指挥、调度、协调、监督与评价等工作。

根据《徐州市数字化城市管理工作实施方案》，市政府成立了由市长任组长，分管副市长任副组长，市政府分管副秘书长、各区及相关部门负责人为成员的城市管理委员会，委员会下设办公室，作为城市管理的常设机构。利用数字化城管的新模式从体制和机制上解决了过去城管部门“单打独斗”的局面，有机地把各级城市管理部门整合起来并最大限度发挥了整体联动效应，真正形成了职能部门齐抓共管、基层参与、市民互动的大城管格局。指挥大厅如图 10-1 所示。

图 10-1　指挥大厅

（二）信息化系统建设

徐州市数字化城市管理系统综合运用互联网、物联网、大数据等技术，采用云端计算及云端存储的方式，建设并创新了住建部规定的核心九大基础子系统以及无人机空中巡查、市民城管通等拓展子系统。系统实现了城市部件与事件管理的数字化、网络化和空间可视化，发展行业管理信息化及民生服务智慧应用，推动城市网格化管理，是“智慧徐州”的重要组成部分。

徐州市数字化城市管理系统从 2009 年 5 月开始建设，围绕全市城市管理中心工作和以人民为中心的“百姓城管”工作理念，优化城市长效管理体制机制，完成了七次建设任务，并将继续提升系统智能化水平和数据分析能力。

1. 系统考核面积全覆盖

按照“建成一片、覆盖一片”的考核要求，一是系统网格覆盖面积由 2009 年的 118 平方公里扩展到 906.89 平方公里，地理信息普查面积由 118 平方公里扩展到 526.91 平方公里。二是建设视频监控 2700 处，同时与公安、水利、园林、交通等多部门实现视频资源共享，形成对系统考核区域内的监控全覆盖。

2. 实施系统上云

为提升服务可用性，增强系统大数据计算处理能力，2016 年起，推动信息系统上云，目前系统核心网络设备已实现虚拟化，业务系统的应用及存储整体上云，大数据的采集及计算也在云上完成，网络及服务稳定性及响应度大大提升。

（三）采集员管理模式

2016 年 11 月之前，信息采集队伍的管理实行的是数字化中心自主管理的模式。按照“推广政府购买服务”的要求，为提高数字城管信息采集效率，破解人员管理困难等突出问题，2016 年 11 月，在江苏省地级市中率先实行信息采集市场化外包，由专业信息采集公司负责实施信息采集工作。

（四）运行考核模式

系统考核对象包括 7 家区人民政府（管委会）、54 家街道办事处（镇、管理处、园区）、41 家市有关职能部门及部省属责任单位，形成了“一级监督、两级指挥、三级管理、四级网络”的运行模式，构建了横向到边、纵向到底，市区联动、部门互动的“大城管”工作格局。

三、关键工作

（一）创设城市长效管理考核机制

2016 年 7 月之前，市政府对区政府推行的是科学发展考核，数字城管系统考核在其中占比仅约 0.4 分。2016 年，科学发展观考核取消，为更加科学有效地组织开展城市长效管理考核工作，进一步提升城市管理长效化、常态化、规范化、科学化水平，2016 年 7 月 12 日，市委办公室、市政府办公室联合下发《徐州市城市长效管理考核办法》(徐委办[2016] 96 号)，遵循一个考核体系、一个考核目标、一支考核队伍、一个考核结果、一个结果运用的“五个一”原则，整合规范城市长效管理领域内的各类考评考核，保证城市管理考核的唯一性，形成了“用数据说话，用数据管理，用数据决策，用数据创新”的城市管理新格局。长效管理考核办法的着眼点和最突出的目标是要实现长效管理，改变以往城市管理工作突击式、运动式的传统套路，通过长效管理要实现常态化、精细化，从而践行“百姓城管、科学城管、法治城管”的工作理念。

1. 城市长效管理考核内容

长效管理考核分为数字城管考核和重点工作考核，对 7 个区、42 家街道办（管理处）、46 家市有关职能部门及省属责任单位，按照不同情况分类考核，其中数字城管考核占各区总分的 60%、占街道办事处（管理处）和市有关职能部门及省属责任单位总分的 80%，如图 10-2 所示。

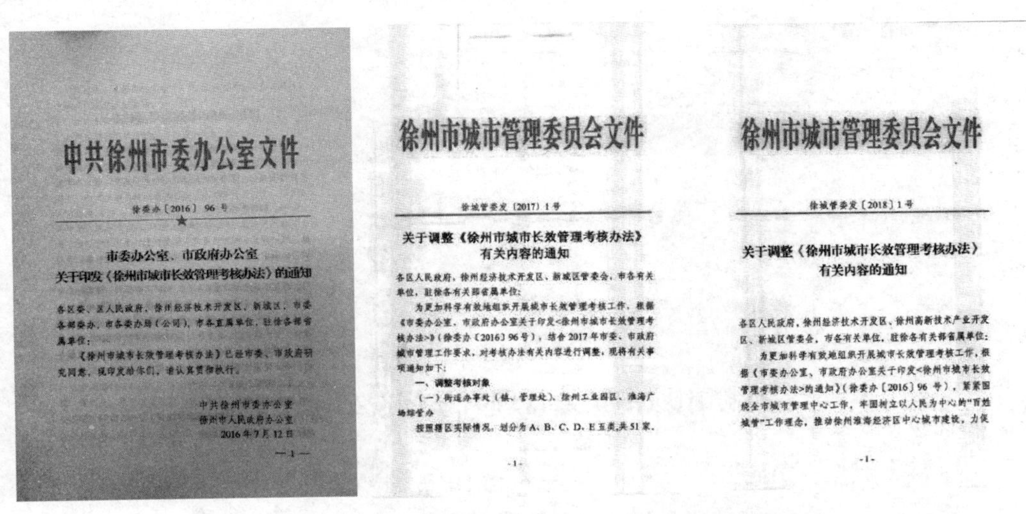

中共徐州市委办公室文件

徐委办〔2016〕96 号

市委办公室、市政府办公室
关于印发《徐州市城市长效管理考核办法》的通知

各区委、区人民政府，徐州经济技术开发区，新城区，市委各部委办，市各委办局（公司），市各直属单位，驻徐各部省属单位：

《徐州市城市长效管理考核办法》已经市委、市政府研究同意，现印发给你们，请认真贯彻执行。

中共徐州市委办公室
徐州市人民政府办公室
2016 年 7 月 12 日

—1—

徐州市城市管理委员会文件

徐城管委发〔2017〕1 号

关于调整《徐州市城市长效管理考核办法》
有关内容的通知

各区人民政府，徐州经济技术开发区、新城区管委会，市各有关单位，驻徐各有关部省属单位：

为更加科学有效地组织开展城市长效管理考核工作，根据《市委办公室、市政府办公室关于印发<徐州市城市长效管理考核办法>》(徐委办〔2016〕96 号)，结合 2017 年市委、市政府城市管理工作要求，对考核办法有关内容进行调整，现将有关事项通知如下：

一、调整考核对象

（一）街道办事处（镇、管理处）、徐州工业园区、淮海广场综管办

按照辖区实际情况，划分为 A、B、C、D、E 五类，共 51 家。

-1-

徐州市城市管理委员会文件

徐城管委发〔2018〕1 号

关于调整《徐州市城市长效管理考核办法》
有关内容的通知

各区人民政府，徐州经济技术开发区、徐州高新技术产业开发区、新城区管委会，市各有关单位，驻徐各有关部省属单位：

为更加科学有效地组织开展城市长效管理考核工作，根据《市委办公室、市政府办公室关于印发<徐州市城市长效管理考核办法>的通知》(徐委办〔2016〕96 号)，紧紧围绕全市城市管理中心工作，牢固树立以人民为中心的“百姓城管”工作理念，推动徐州淮海经济区中心城市建设，力促

-1-

图 10-2　2016 年、2017 年、2018 年城市长效管理考核办法文件

2017 年 2 月，结合徐州城市管理工作实际，对办法进行了补充调整，考核区域扩大，考核部门增加，考核项目重新分配，数字城管考核占各考核部门总分的 85%，增加反复案卷、工作量考核、工作增量考核等指标。

2018 年 3 月，城市长效管理考核办法实行一年半后，城市管理问题变化巨大，各部门结案率、按期结案率都很高，为适应徐州市城市管理新常态，再次对考核办法进行调整，数字城管考核占各考核部门总分的 100%，其他考核项目实行倒扣分，加大结案率的分值占比，减少按期结案率的分值占比，考核部门进一步增加。同时出于社会影响、处置难度等因素的考量，对店外经营、占道摊点、占道广告牌、大规模暴露垃圾、大规模积存垃圾渣土、新增违法建设、新增违章户外广告共 7 小类问题赋予 2～5 倍权重计算结案数、按期结案数、应结案数。

2. 评价结果运用

（1）实行通报公示制度

定期编发《徐州市城市长效管理考核通报》公布各单位考核结果，在徐州主流媒体上公示，并进行评析，如图 10-3 所示。

城市管理 徐州日报 05

2018年7月12日 星期四

徐州市城市管理局

全力打造优化营商环境新高地

夯实基础，深化作风建设

解放思想，强化服务意识

创新机制，优化人居环境

提高站位，力促高质量发展

泉山城管

开展"三不准"专项活动 强化执法队伍建设

巩固前期强化管控成果

市城管局召开市区建筑工地扬尘防治督导人员工作会议

徐州市城市长效管理考核情况公示

（2018年6月）

图 10-3 徐州市城市长效管理考核情况公示

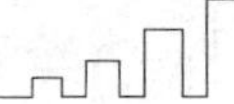

（2）建立例会点评制度

定期召开专题点评会议，通报城市长效管理措施落实情况，研究解决城市管理工作中的重大问题，分析点评突出问题，协调会办疑难问题，如图 10-4 所示。

图 10-4　徐州市城市长效管理考核点评会制度

（3）严格奖惩措施落实

市政府每年从各区财政拿出 2600 万元作为保证金，市财政每年设立 2600 万元城市长效管理考核奖励基金，用于对各区、各街道办事处的年度、月度考评奖惩。

对考核排名靠后的街道办事处主要负责人进行约谈、通报批评、诫勉谈话等。将市职能部门的年度考核结果纳入市级机关年度绩效考评，奖励先进、鞭策后进。截至目前，已约谈 113 人，诫勉谈话 8 人。

实施城市长效管理考核以来，长效管理考核的“指挥棒”不仅变成了“杠杆”，更变成了“撬棍”，在各管理基层一线产生了很大的“鲶鱼效应”，各区、各部门多措并举，坚持问题导向，紧紧围绕城市长效管理考核指标，不断加大工作力度，建立健全考核本部门考核机制。相关责任单位在夜里干、在雨中干、创造条件干，一改以前托词不干、挂空挡踩油门不跑路状况，实现了“以考核促整改、促规范、促精细、促长效”的目标，形成了全市上下共同推进城市管理工作的良好态势，开创了城市管理工作精细化、长效化的新路子，大量的城市管理重点、难点问题、易反复问题、历史遗留问题得到解决，为徐州市成功创建全国文明城市、顺利通过全国卫生城市复审做出了重要的贡献。

（二）构建公众参与机制

为畅通公众有序参与城市治理的渠道，打造“为百姓服务、请百姓参与、让百姓满意”的“百姓城管”品牌，开发推出“徐州市民城管通”APP 和 12319 热线系统，培养城市“啄木鸟”，成立城市管理专家智库、城市管理科技研发队伍、志愿者服务队伍三支专业队伍，形成全民参与、齐抓共管、资源共享的良性互动模式。

1. 提升 12319 热线服务水平

12319 热线于 2005 年 3 月 19 日开通，主要承担城市管理问题、市政咨询服务（市政设施、城市规划、公共交通、供水、供气、排水、供热、燃气安全管理）等方面的问题投诉、意见建议、政策咨询等，并落实责任单位，进行问题派遣，将处置结果向市民反馈。2011 年 12 月，城市管理热线、数字城管热线与城建便民服务热线“三台合一”，纳入数字城管系统。

12319 热线与数字城管系统实现了无缝对接，建立了完善的标准化处置流程，打破了传统热线工作模式，受理的热线问题均通过数字城管系统进行核实、立案、派遣、处置、核查、结案、反馈，将市民反馈粗略式的问题以精细化、规范化的数字化案件形式派遣至相关处置部门，并对其处置情况进行审核，结果及时向市民反馈。2017 年，12319 热线受理市民来电 5.8 万件，办结率 97%。

2. 创新社会监督有奖举报机制

为引导、激励社会公众主动参与城市管理，提高城市管理水平，2016 年 11 月，研发推出了“徐州市民城管通”系统，如图 10-5 所示。整合城市管理视频监控、公厕等多项资源，向市民提供便民服务，让市民成为寻找发现并举报城市管理问题的“城市啄木鸟”，开创“全民城管”时代。

图 10-5　徐州市民城管通 APP

数字城管中心对举报问题认定，问题处置情况纳入城市长效管理考核，同时对符合奖励条件的兑现奖励，奖励费用从市场化外包公司的作业经费中扣罚。

为保证对作业公司的考核的科学性与合理性，“徐州市民城管通”系统首创了“二次上报”的理念，即根据不同路段的不同保洁频次要求或采集员的巡查频次要求，在上报环节需要间隔一段时间实现两次上报，根据前后两次的上报照片，判别作业公司未在规定时间实施作业，从而对作业公司实行经费扣减。

2017 年，“市民城管通”系统共受理举报 61.5 万余件，认定 25 万余件，奖励金额 1046.5 万余元，通过“市民城管通”的普及与使用，城市环境得到明显改善，城市管理问题得到及时解决，多发性、反复性城市管理问题明显减少。观看“市民城管通”系统如图 10-6 所示。

3. 全力打造　‘百姓城管’

借助电视、报纸、微博、公众号等媒介，对城市管理中的典型案例进行专题报道，对破坏城市环境、违反市容管理条例的行为严厉打击、公开曝光。积极开展“城管开放日”、“热心城管好市民”“公众观摩执法”等活动，进一步提升群众对城市管理工作的理解、支持和满意度。2017 年，“‘为百姓服务、请百姓参与、让百姓满意’，全力打造‘百姓城管’”项目荣获“徐州市创新奖”二等奖，“百姓城管”已打造成为徐州一张靓丽的城市品牌。

（三）核查结案流程调整

自 2016 年 11 月推出市民城管通 APP，市民上报城市管理问题热情高涨，市民上报案卷数量巨大，市民只进行案卷上报，不参与案卷核查，2017 年度全年采集案件 597989 件，全年核查案件 745630 件，核查工作占到信息采集员工作量约 55.5%，牵扯采集员大量精

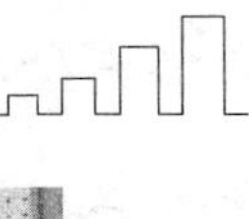

图 10-6　2016 年 12 月，国家住房和城乡建设部
副部长倪虹现场观看“市民城管通”系统

力，同时考虑到考核只是手段不是目的，2018 年 5 月起调整案卷经核查才能结案的模式，改为由处置部门自行上传处置后照片，作为案卷结案依据。

为保证考核结果的客观公正性，对于处置部门自行核查造假（自行核查结案后 1 小时内同一位置同一事件的案件视为核查造假）、上传附件造假、提供虚假手续的，每次扣除相应处置单位当月数字化考核成绩 5 分；同时，对于事件类案卷以 30%的比例安排采集员核查，对符合结案标准的进行结案，不符合结案标准的重新派遣处置。

（四）加大智能感知

依托数字城管平台，建设了 2700 处视频监控，鉴于现代信息化管理中海量数据实际上等于无数据，为充分利用视频监控投入，引入视频监控智能化分析技术，对占道经营、乱堆物堆料等城市管理问题智能分析和识别，由人工审核，从而大大提升人工工作效率。

2015 年底，采购了 4 台 X6M 型六旋翼工业级无人机，为城市安装了一副从空中发现城市管理问题的“眼镜”，构建了“天上看、地上查、网上管”的城市管理执法模式，成立了全国首支将“工业级”无人机直接用于城市管理的专业队伍。运用无人机采集信息有效解决人工、车辆采集视野盲点的问题，实现了信息采集‘水、陆、空’三位一体覆盖，将“扁平化”的社会管理模式变为“立体化”管理。

在无人机的基础上，拓展“无人机+”应用，融合高清摄像、ITIT（红外热成像技术）、实时传输（后台指挥调度平台）、应急指挥（移动指挥调度平台）等技术，构建天空地面立体覆盖、全面感知的城市信息传感平台。

（五）加强数据分析及运用

坚持问题导向与目标导向相结合、全面整治与重点突破相结合、集中整治与长效巩固相结合的原则，形成“用数据说话、用数据决策、用数据管理、用数据创新”的城市管理新格局，通过各类专项普查，建立各类专项数据库，每月对数据库及时更新，通过对数据分析研判，开展短期重点整治，也为相关业务部门制定整改提升方案提供参考依据。根据系统基于对问题类型、区域、时间、路段等数据分析，为处置部门针对性的加强巡查管控提供依据，如：经系统分析，节日期间违建问题发生数高于平时，故各街道办事处根据此研判数据加大对违建问题的巡查力度，使得管理工作更加有的放矢。

第十一章

洛阳市数字城管实践案例

（洛阳市数字化城市管理监督指挥中心　供稿）

专家点评

洛阳市数字城管主要有三个突出特点：一是全市统一信息采集员配备标准和管理制度，市级数字城管督查大队、城管志愿者、市纪委与媒体记者形成强大的再监督合力，有效避免了“市区两级监督模式”易产生的市对区监督乏力的弊端。二是创新建立“速率”指标，解决不同考核对象的可比性问题，得到了考核对象的高度认可，树立了数字城管考核结果的权威。三是从“你求我应”到“你报我奖”、“我中有你”，市民参与城市管理不断深化，已起步迈向社会共治的新阶段。

一、基本概况

洛阳市现辖1市8县6区、1个国家级高新技术开发区、1个龙门园区，市域面积1.52万平方公里，数字城管覆盖面积260平方公里，人口692万。

2012年初，市委市政府决定分两期建设数字化城市管理系统，一期完成主城区；二期覆盖市属各县（市）和吉利区。按照“统一规划、全市联网、分区实施、资源共享、建租结合”的建设模式，“基本功能齐备、拓展功能高效、延伸功能强大、数据资源共享、系统高度安全”的建设目标，一期工程于2012年10月开始建设，2013年1月基本建成。完成1个市级平台、7个区级平台和218家终端单位的系统建设，管理覆盖面积260平方公里。二期工程于2017年9月全部竣工，所属9县（市）和吉利区数字城管系统建成并与市级平台互联互通，实现全市域一体化运行。洛阳市数字城管系统立足洛阳实际，取长补短，形成后发优势，达到全国一流、全省领先的预期目标。2014年9月，荣获“中国地理信息产业优秀工程”金奖；2016年1月，被住房和城乡建设部授予2015年度“中国人居环境范例奖”。

二、创新模式，优化资源配置

（一）因地制宜的“两级监督、两级指挥”运行模式

数字城管模式应与城市管理体制和机制相适应，才能发挥应有效能。要把管理效率提高，就必须把区级积极性调动起来，明确权属、各司其职。为此，我们对管理模式进行了完善和再造，建立了“两级监督、两级指挥”的管理模式。

两级监督：是指市、区两级均建立数字化城市管理监督中心。区级监督中心负责信息员管理，负责问题发现、上报、立案、派遣、核查和结案，属市管问题上报市监督中心。负责对区属单位进行监督评价。市监督中心负责市管问题派遣；负责对各区监督中心立案结案情况进行监督和考核评价，对市属单位履职情况进行监督评价。

两级指挥：是指市、区两级均建立数字化城市管理指挥中心。市级指挥中心负责市级层面城市管理工作的指挥协调，负责对各城市区、市直委局和直属企业的考核奖惩；区级指挥中心负责区级层面的指挥协调，负责对各办事处（乡、镇）、区直局办的考核奖惩。

洛阳市的“两级监督、两级指挥”模式不仅具有市级高位监督、高位指挥的实质，更有市区相互监督、相互制约的特质，形成双向监督、双向指挥的格局，进一步强化了区级政府城市管理的主体责任，充分发挥了办事处（乡、镇）在城市管理中的基础作用，调动各方面参与管理的积极性。运行模式如图 11-1 所示。

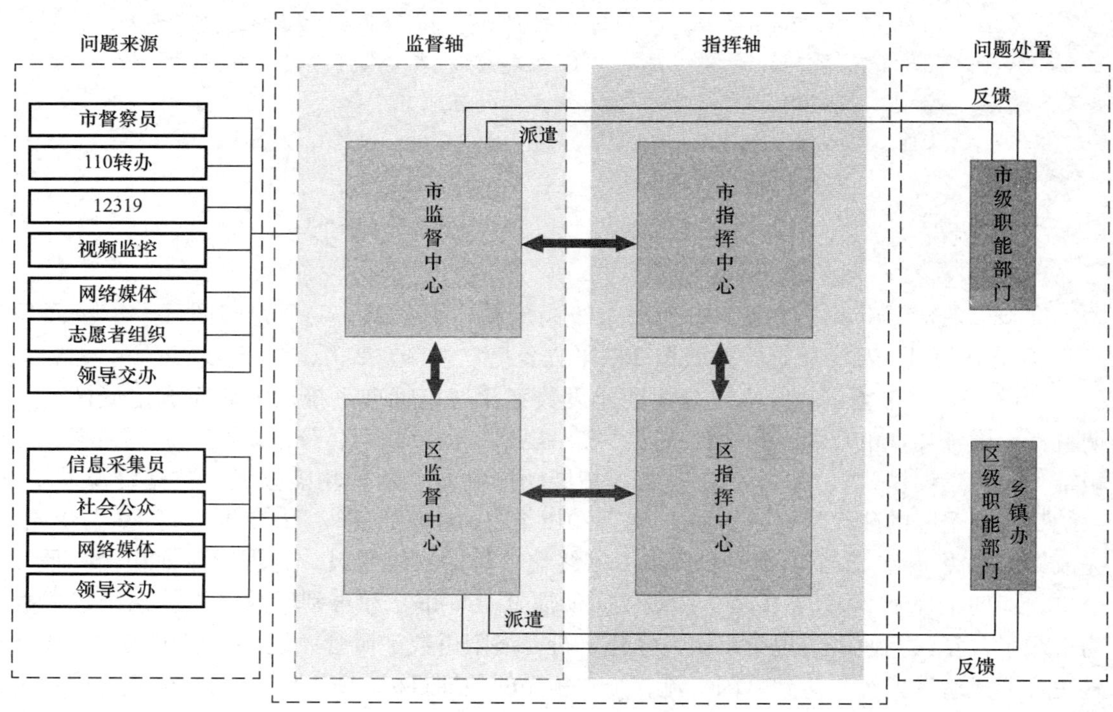

图 11-1　运行模式图

（二）市区两级共建模式

洛阳市数字化城市管理系统由市、区两级财政共同投资建设。按照“公用共担，共用均摊、按量计摊、自用自担”原则确定市级财政与各区财政承担的费用。

公用共担：是指系统建设和运行的全部费用，由市、区两级财政共同承担。

共用均摊：是指市、区平台共用的系统硬件、软件，由市级财政与各区财政平均分摊。

按量分摊：是指数据库建设费用，按照各区数据和管理面积比例分摊。

自用自担：是指各级平台场地及相应设施，属于市级的市财政承担，属于区级的区财政承担。系统终端设备谁使用谁承担。

据此方案，资金瓶颈有效破解，同时市、区同时建设，同步联网调试，同步投入运行，极大缩短了建设周期，有效节省了投入。

（三）数据资源充分共享模式

当今信息时代，数字城市成为发展的主流和必然，数字城管是数字城市的重要组成部分，只有充分利用数字城市地理信息系统将城市建设、经济、民生等信息与空间地理位置信息紧密联系，达到信息资源的整合、共享和交换，才能实现更精准的服务。

1. 整合视频资源。共享 1024 路公安视频，同时整合市住建委工地监控探头，安装桥涵重要积水点视频探头，解决了数字化城市管理系统视频监控问题。共享视频资源如图 11-2 所示。

图 11-2　共享视频资源

2. 共享市规划局 1∶1000 基础地形图，在此基础上提取部件，建立城市管理部件数据库。地理编码、网格数据也在此基础上展开普查并建库，最终形成数字城管系统地理信息数据库。同时建立基础地理信息更新机制，共享了国土部门基础地理信息框架数据，以及规划局地下管网普查数据，为我市的城市管理从地上延伸到地下奠定了良好的基础。

3. 建立了数据共享发布平台，将我们的数字城管专题数据库、实景影像数据库及真三维斜射影像数据库在平台上发布，无偿提供给其他部门共享。

在系统运行中，我们将不断整合各类数据资源，将管理应用逐步扩展到燃气、水务、旅游、民政、质监、工商等以及城市防灾应急处置，建设全市统一，应用广泛的政务基础信息资源共享平台，实现数据资源的全面整合、共享和交换。

（四）技术引领，提升运行效能

采用真三维斜射技术，建立全矢量立体数字地图。与视频监控系统的结合应用，可以提供全时段、全方位覆盖的监控方式，最大限度地发挥视频监控的作用；利用真三维影像直观的特点，能够方便地将城市事件标注在场景中，准确表达事件发生的周边环境，处理效率大大提升；真三维数据还可满足城市规划管理中的日照间距分析、建筑环境协调性分析、城市实景模型展示，公共安全突发事件应急处置，包括消防、信访、反恐领域，以及房地产、交通等领域的社会管理服务。真三维全矢量立体数字地图如图 11-3 所示。

图 11-3　真三维全矢量立体数字地图

三、速率考核，破解管理难题

数字城管的核心是责任制，即发现问题责任制、交办问题责任制、解决问题责任制，通过明确的责任制，解决不作为或慢作为的问题。数字城管的灵魂是严格的监督，没有有效的监督手段和完整的监督体系就难以保障全面落实；考核评价是管理的动力，是对监督结果和管理成效的认定。考评和监督关乎数字城管运行的成败，如同鸟之双翼、车之两轮。我市的数字化城市管理系统之所以运行顺畅，关键是考核和监督的措施得力。

1. 精准考核，破解考评不公平的难题

我市主城区包括涧西、西工、老城、瀍河、洛龙、高新、龙门 7 个区，如何公平考核，真实反映各城市区管理的实效？我们将考核项目划分为网格巡查考核、专项巡查考核、日常督察考核、结案率考核和综合评定 5 个部分。其中网格巡查考核、结案率考核和综合评定，不因区大区小等因素差异能够公平比较的，就按照实际得分进行横向比较；专项巡查考核和日常督察考核，因各区社会结构不同、功能定位不同、人口密度不同造成区与区之间无法公平比较的，使用“速率法考核”。比如以 1 月份专项巡查考核分数为基准，各城市区 2 月份专项巡查成绩与自己 1 月份成绩进行环比，比上个月得分少了，此项得负分，反之得正分。实际上就是自己和自己比进步幅度，进步幅度越大，得分越高，名次越靠前，反之亦然。形成不进则退的态势，逼近各城市区内部挖潜、自我加压，解决了“大区和小区、工作量大和工作量小”等因素带来的不公平，从而提高评价结果的科学性和客观性。同时，结合城市管理实际，将背街小巷环境卫生、机械化作业情况、小广告治理纳入考评体系，建立“月通报”制度，将每月检查结果予以通报。

2. 强化监督，破解问题发现不了的难题

洛阳市的信息员由各区管理，为防止问题发现不了或不敢上报，我们建立了四级监督机制：在系统运行之初，要求各城市区建立严格的信息员管理规定，奖优惩劣，能进能出，强化履职能力；同时成立了市级数字城管督察大队，负责督查，强化对监督；2014 年 11 月，通过广泛招聘城管志愿者，为城市管理挑刺找碴，强化社会监督；市纪委、老干部督导团、民评代表、媒体记者利用“暗访、曝光、问责”的三把利剑，强化监督检查，使管理的深度和广度不断延伸，管理者的紧迫感和责任意识不断增强。四级督查机制建立后，每周发现问题数由之前的四五千件，飙升至目前 1.5 万件以上，高峰期达 2 万件，大量城市管理问题得到及时发现和整改。如图 11-4 所示。

A06 洛阳晚报

洛阳民生

编辑/文玉　校对/陈治国　组版/腾奔

2017年9月5日 星期二

城市管理连连看

群众投诉后未整改 这6件事项被通报

□记者 连漪

日前，全市数字化城市管理平台通报6件经群众投诉后未整改事项，部分问题久拖数月未解决。

●洛龙区政府督办未果事项3件

5月27日，市城市管理委员会办公室针对洛龙区没有建筑垃圾消纳场、建筑垃圾私拉乱倒难以遏制的问题下达了督办通知，要求6月1日前解决建筑垃圾消纳场选址问题。截至8月25日，洛龙区未回复整改情况。

8月15日，市民投诉滨河南路永鑫汽修门前行车道上污水井盖儿破损，市监督中心下达了督办通知。截至8月25日，经巡查员现场查看，该问题仍未处理。

8月17日，市民投诉铭鸿驾校东侧无名道路以北，开元大桥下以南，沿路多处垃圾堆积。18日，洛龙区回复：已处理完毕。截至8月25日，经巡查员现场查看，该问题仍未处理。

●西工区政府督办未果事项1件

8月20日，市民投诉王城大道与兴旺路交叉口中西医结合医院前地砖多处破损、塌陷。截至8月25日，经巡查员现场查看，该问题仍未处理。

●瀍河区政府督办未果事项1件

8月21日，市城市管理委员会办公室针对瀍河区龙腾工业园消防项目围墙外私设垃圾场，乱倒垃圾，未采取任何防尘措施的问题下达了督办通知，要求8月25日11时前反馈整改情况。截至8月28日，瀍河区未回复处理结果。

●老城区政府督办未果事项1件

8月23日，市城市管理委员会办公室针对老城区井沟村一队东侧存在私设垃圾场、扬尘防治覆盖不到位的问题下达了督办通知，要求8月28日前反馈整改情况。截至8月28日，老城区未回复处理结果。

一周问题处置率排名

8月18日至24日，全市数字化城市管理平台共受理城管信息员上报事项19048件。一周问题处置率排名如下：

●城市区组：

龙门园区　问题处置率 100%

瀍河区　排名末位，问题处置率 98.15%

●委局组：

市园林局　市人防办　市民政局　市环保局　市交通局　市邮政局　市体育局　问题处置率 100%

市住建委　排名末位，问题处置率 30.77%

●企业组：

市政建设集团公司　中国联通洛阳分公司　洛阳北控水务集团　中国电信洛阳分公司　中国移动洛阳分公司　洛阳供电公司　洛阳城投公司　市热力公司　市公交集团　洛阳新奥华油燃气公司　市建投公司　河南有线洛阳分公司　问题处置率 100%

绘制 李琮

图 11-4　与《洛阳晚报》合作推出“城市管理连连看”栏目

3. 细化奖惩，破解问题整改率低的难题

发现问题是基础，解决问题是关键。实践证明，事件问题多由区里负责，问题整改率较高，但问题反复发生率较高；部件问题多由市直委局或直属企业负责，问题及时整改率较低。为此我们加大奖惩力度：印发《洛阳市市直部门和单位数字化城市管理考核评比办法》，每月对23家市直委局、13家直属企业履行城市管理职责情况进行考核排序，并在媒体上公布，排名末位由市政府通报批评、黄牌警告。直属企业通报至省主管部门；建立《数字化城市管理情况周报》制度，每周将办理不彻底或整改未果事项上报市委、市政府，同时在媒体上曝光，如图11-5所示，性质严重的提请纪检部门责任追究；建立“有偿补缺”代处置机制，对窨井缺失、冒水、垃圾积存等问题，在规定时间内未整改的，由市城市管理局代为处置，并对责任单位处以5倍罚款。三记组合拳起到立竿见影的效果，部门和单位问题及时整改率由平均不足40%提高到平均93%以上。按期整改率较低的水务局、工商局由原来的30.14%、41.16%上升到95.68%、98.71%。

四、志愿参与，营造全民城管

城市管理的目的是为了让人民群众生活更舒适、环境更宜居，如果让市民都主动地来监督城市管理工作，主动发现城市管理问题，将极大丰富问题的来源，政府部门将变被动应付为主动服务。我们逐步发挥数字城管运行高效率、全程可留痕、结果可评价的优点，多渠道、多方式吸引群众无违和、零距离地参与城市管理工作，引导市民从“有事找你”向“我要参与”的转变，推动“全民城管”活动蓬勃开展。

1. 被动服务阶段——“你求我应”

2004年3月19日，洛阳在河南省首家开通12319城建热线，按照“民有所呼，我有所应”的服务理念，24小时受理群众诉求。接到群众来电后，第一时间通知责任单位进行处置，在责任单位回复处置完毕后，再电话反馈至诉求人。数字城管系统运行以来，12319热线接到群众诉求后，第一时间通过数字城管系统通知巡查员现场核实、明确责任单位。责任单位处置完毕后，再次现场核查整改情况，并征求诉求人意见，诉求人的满意度列入部门考核的子项，把群众的烦恼消除在第一时间。热线开通至今，平均每年受理群众诉求16570件，处理率99.98%，反馈率100%。

2. 主动服务阶段——“你报我奖”

2014年7月，我们尝试开展了城市管理志愿者活动，面向社会招聘热心市民，主动为城市管理“挑刺找碴”，每月给予每名志愿者20元话费奖励。根据工作的性质，我们将城市管理志愿者分信息员志愿者和监督员志愿者两类。其中，信息员志愿者的主要职责是，主动发现市区范围内道路坑洼不平、严重破损；井盖缺失或损坏、污水外溢；路灯照明设施、环卫设施等城市基础设施损坏；垃圾积存；露天烧烤；绿化行道树缺株、苗木枯死；流浪乞讨人员救助等七类城市管理问题并跟踪整改。监督员志愿者的主要职责是，监督城市管理工作人员在工作中是否做到语言文明、举止文明，是否做到依法管理，对工作人员不文明行为及时劝阻或通过12319城建热线举报；教育和劝导管理相对人积极配合城市管理工作；积极宣传城市管理政策法规；参与摊贩自治协会工作等。依托数字城管

洛阳市城市管理委员会2017年7月数字化城市管理考核评比通报

依据《洛阳市城市区数字化城市管理考核评比办法(2016版)》和《洛阳市部分局委和单位数字化城市管理考核评比办法(2016版)》,以及《洛阳市三级以上保洁条件道路机械化作业考评办法(暂行)》《关于印发洛阳市2017年城市保洁工作实施方案》,市城管委办公室组织对城市区、部分委局和直属单位7月履行城市管理职责情况及道路机械化作业情况进行了考核。根据考核结果,经市政府批准奖惩如下:

(一)给予城市区组第一名的涧西区10万元奖励。给予城市区组末位的高新区5万元处罚,由市财政直接划拨。

(二)给予重点委局组第一名的市园林局,一般委局组第一名的市体育局,直属单位第一名的洛阳城投公司通报表扬。

(三)给予重点委局组末位的市住建委,一般委局组末位的市文物局,直属单位组末位的中国电信洛阳分公司通报批评。

(四)给予道路机械化作业考核第一名的涧西区30万元奖励。给予道路机械化作业考核末位的西工区20万元处罚,由市财政直接划拨。

2017年8月24日

2017年7月数字化城市管理考核评比成绩

城市区考核			委局考核						直属单位考核			道路机械化作业考核		
			重点部门组			一般部门组								
区划	名次	综合得分	部分委局	名次	综合得分	部分委局	名次	综合得分	直属单位	名次	综合得分	区划	名次	综合得分
涧西区	1	949.13	市园林局	1	971.42	市体育局	1	1000.30	洛阳城投公司	1	1002.30	涧西区	1	1038.90
西工区	2	910.87	市水务局	2	761.42	市停车办	2	1000.20	河南有线洛阳分公司	2	1000.70	高新区	2	1000.00
龙门园区	3	884.62	市公安局	3	525.24	市规划局	3	998.10	市热力公司	3	1000.50	洛龙区	3	990.00
瀍河区	4	883.84	市住建委	4	511.87	市邮政管理局	4	996.30	市建投公司	4	1000.40	龙门园区	4	988.00
老城区	5	852.40				城乡一体化管委会建设局	5	995.70	洛阳新奥华油燃气公司	5	1000.20	瀍河区	5	960.00
洛龙区	6	306.02				市环保局	6	972.68	市政建设集团公司	6	999.78	老城区	6	950.00
高新区	7	51.20				市交通局	7	954.84	洛阳供电公司	7	987.54	西工区	7	948.90
						市林业局	8	929.64	市公交集团	8	979.38			
						市民政局	9	896.64	洛阳北控水务集团	9	967.90			
						市商务局	10	785.10	中国移动洛阳分公司	10	895.00			
						市人防办	11	775.30	中国联通洛阳分公司	11	879.00			
						市文物局	12	772.10	中国电信洛阳分公司	12	829.40			

图11-5　数字化月度考核评比结果在《洛阳日报》上通报

系统搭建了微信平台，登记在册并经常性参加志愿活动的城管志愿者已突破 3000 人，影响力不断扩大，在城市管理中发挥越来越重要的作用，如图 11-6 所示。四年来，广大志愿者共上报各类城市管理问题 29407 件，立案 28785 件，结案 28560 件，累计参加志愿服务活动 22258 人次，提出城市管理合理化建议上千条。

大家来找碴

■开栏语 市城市监察管理局将面向社会招募一批数字化城市管理志愿者，通过大家的眼睛，去寻找和发现洛阳城里存在的一些影响公共利益和大众生活的不合理现象、不文明行为。

自今日起，本报与市城管局合作开设《大家来找碴》栏目，跟志愿者和热心市民一起来关注洛城发展，大家一起来挑挑咱们生活的这座城市有啥毛病。

挑城市毛病，请您来“找碴”

市城管局面向社会招募110名志愿者，欢迎您加入

□记者 连漪 通讯员 易勋

志愿者都干点儿啥

招募城市管理志愿者，就是希望市民在自己工作和生活的区域内发现问题，如城市区范围内市政道路、照明设施、环卫设施等基础设施损坏，占用盲道和破坏无障碍设施，绿化苗木枯死、缺株，井盖丢失破损等可能对正常生产生活造成影响的行为和现象。

志愿者在发现这些问题后，可及时向志愿者服务平台反馈，之后根据12319工作人员的回复进行跟踪回访，确定问题是否得到妥善解决，并亲自查验解决结果。

市城管局还将定期组织志愿者座谈会，听取市民在城市管理方面的需求，对解决城市管理工作热点难点问题提出建设性意见和建议，并传递城市管理信息；对于有关城市管理方面的政策文件，也将及时征求志愿者的意见。

发现问题有奖励

“志愿者发现问题反馈给我们，无论使用的是电话还是网络都会产生一定费用，我们将给予志愿者一定的补贴。”市城管局有关负责人称，未来将依据志愿者工作实际情况进行一定奖励，每月给予每名志愿者20元的网络流量费补助或电话费补助；每年开展“十佳城市管理信息员志愿者”评选活动，按照考核分数排名，授予“城市管理信息员优秀志愿者”称号，并给予每人1000元奖励。

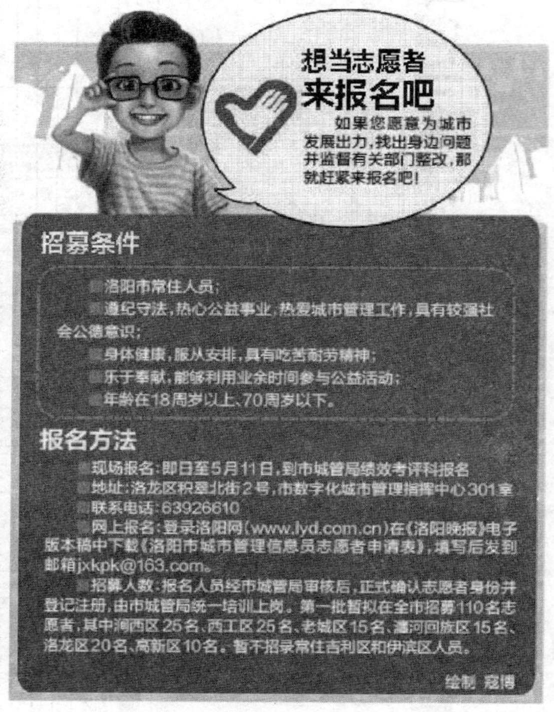

招募条件

■洛阳市常住人员；
■遵纪守法，热心公益事业，热爱城市管理工作，具有较强社会公德意识；
■身体健康，服从安排，具有吃苦耐劳精神；
■乐于奉献，能够利用业余时间参与公益活动；
■年龄在18周岁以上、70周岁以下。

报名方法

■现场报名：即日至5月11日，到市城管局绩效考评科报名
■地址：洛龙区积翠北街2号，市数字化城市管理指挥中心301室
■联系电话：63926610
■网上报名：登录洛阳网（www.lyd.com.cn）在《洛阳晚报》电子版本稿中下载《洛阳市城市管理信息员志愿者申请表》，填写后发到邮箱jxkpk@163.com。
■招募人数：报名人员经市城管局审核后，正式确认志愿者身份并登记注册，由市城管局统一培训上岗。第一批暂拟在全市招募110名志愿者，其中涧西区25名、西工区25名、老城区15名、瀍河回族区15名、洛龙区20名、高新区10名。暂不招录常住吉利区和伊滨区人员。

绘制 寇博

图 11-6 在《洛阳晚报》发布招聘城管志愿者

3. 全民参与阶段——“我中有你”

2016 年，我们研发了便民服务平台 APP，集中设置便民服务查询、城管志愿者管理等 10 余项功能，市民能够轻松查询附近公厕、便民服务点、瓜果直销、公益自行车、房屋租赁等便民信息，还可随时随地反映身边城市管理问题，当发现身边有垃圾暴露、窨井盖丢失、道路破损等市容市貌和城市管理方面存在的问题，可直接点击软件主菜单上的“我要上报”，编辑文字和现场图片后，上传到我市数字化城市管理系统，城管部门会及时安排工作人员对问题进行分类并处置。之后，只要点击“我的案件”，就能随时查看所反

映问题的最新办理情况及责任单位的反馈意见。不仅如此，利用该软件，市民还可点击“我要留言”，向城市管理部门的专业人员提出意见和建议。“便民服务”APP 还设置了“每日签到”板块，市民注册登录后，可每日获取签到积分，连续签到还有相应积分奖励。这些举措极大地吸引了市民群众为城市管理“评头论足”的热情。同时便民 APP 与洛阳日报报业集团的“掌上洛阳”APP 实现了资源共享、功能对接，影响力不断扩大，在城市管理中发挥越来越重要的作用。如图 11-7、图 11-8 所示。

“掌上洛阳”APP与我市数字城管便民服务平台APP实现资源共享。

今后市民可随时反映身边城市管理问题，轻松查询便民信息——

市容市貌有问题，拍照上传能跟踪

核心提示

近日，由我市城管部门自主研发的数字城管便民服务平台APP——“便民服务”APP正式发布，并与洛报集团的“掌上洛阳”APP实现资源共享。今后，市民通过这两款手机软件，可随时随地反映身边城市管理问题，轻松查询公厕、公共自行车站点等便民信息。

“城市管理靠人民。”市城市监察管理局副局长易勋表示，通过“掌上洛阳”“便民服务”等软件，可以更好发挥广大市民群众的监督作用，共同提升我市全国文明城市建设管理水平。

1 市容问题，一键上传

“便民服务”APP如何注册？

市城管局相关负责人介绍，市民可扫描二维码下载软件，填写姓名、性别、出生年月、手机号码等基本信息进行注册，注册成功后即可使用该便民服务平台。

此外，我市的城市管理志愿者、巾帼志愿者也能下载该软件，并对志愿者类型等信息进行登记，随后经过管理员审核后就能使用相关功能。

今后，市民发现身边有垃圾暴露、窨井盖丢失、道路破损等市容市貌和城市管理方面存在的问题，可直接点击软件主菜单上的“我要上报”，编辑文字和现场图片后，上传到我市数字化城市管理系统，市城管部门会及时安排工作人员对问题进行分类并处置。之后，只要点击“我的案件”，就能随时查看所反映问题的最新办理情况及责任单位的反馈意见。不仅如此，利用该软件，市民还可点击“我要留言”，向城市管理部门的专业人员提出您的意见和建议。

同样，市民登录“掌上洛阳”APP，点击进入“民生”板块，查找城市监察管理局，同样可以反映身边的市容环境等问题。

“便民服务”APP界面

下载“掌上洛阳”APP，请扫二维码

下载“便民服务”APP，安卓用户请扫二维码

下载“便民服务”APP，iOS用户请扫二维码

2 便民信息，轻松查询

“便民服务”“掌上洛阳”两款手机软件的另一项重要功能就是查询便民信息。

在公园游玩，想找公厕怎么办？骑车出行，如何查找就近的公共自行车站点？

市民通过这两款软件，轻松实现更多便民信息一键查询。

公厕

市民可以结合手机实时定位，找到周边多处公厕实际位置，并导航前往。

绿色出行公共自行车站点

市民可查询周边绿色出行公共自行车站点分布状况，并结合手机导航功能前往相应站点。

夏、秋季瓜果直销点

市民可以查询周边夏、秋季瓜果直销点分布状况，就近买到便宜爽口的瓜果。

此外，“掌上洛阳”APP还可以提供在线查询交通违章、运动指数、钓鱼指数、快递、火车票、汽车票、飞机票、酒店预订、电费、燃气费等便民服务。

“便民服务”APP，也可以查询公园景点分布情况，并结合手机导航功能，找到其准确位置；提供房屋预售、房产证办理情况、公积金信息查询等功能。

3 反映问题，可获奖励

市数字化城市管理监督中心相关负责人介绍，“便民服务”APP还设置了“每日签到”板块，市民注册登录后，可每日获取签到积分，连续签到还有相应积分奖励。

此外，为充分调动市民参与城市管理事业的积极性，“便民服务”APP还推出了积分奖励措施。市民通过APP上的“我要上报”平台曝光城市脏乱差现象，可以获取积分奖励。今后每年评选优秀城市管理志愿者时，相关部门会对积分排名靠前的人发放奖金。

本报记者 李东慧 通讯员 侯宇红 文/图

民生·关注

图 11-7　便民服务 APP　　　　图 11-8　与“掌上洛阳”对接

第十二章

威海市数字城管实践案例

（威海市城市管理调度指挥中心　供稿）

专家点评

山东省威海市数字城管不断拓展系统应用功能，完善体制机制建设，强化监督与协调作用。在数字城管一体化建设中，威海市创新了一套班子监管、一张网络覆盖、一个系统运行、一支队伍采集、一个标准考核的“五个一”运行新模式。形成了以市级为总揽、区级为重点、街道为基础的长效管理新机制，确保了信息采集管理和标准的统一，实施了全市统一标准考核和城市精细化管理“一把手”负责制，实现了数据一个库、管理一张网、监管一条线、呈现一张图。

一、基本概况

威海市地处山东半岛最东端，辖荣成市、乳山市、文登区、环翠区及高区、经区、临港区 3 个国家级经济技术开发区，全市陆地总面积 5797 平方公里，海岸线长达 985.9 公里，常住人口 282 万人，城市化率达到 65%。

威海市数字城管系统于 2012 年初建成并试运行，2012 年 7 月通过山东省住建厅专家组验收。运行机构为威海市城市管理调度指挥中心，财政全额拨款正县级事业单位，编制 21 人，内设综合科（政工科与其合署）、监督考评科、指挥派遣科（挂呼叫中心牌子）、技术装备科、采集管理科等 5 个科室，业务工作受市城管委领导。2017 年，按照国家和山东省关于数字城管一体化建设部署要求，威海创新“五个一”工作模式，整合城市管理资源，建立了全市统一的数字城管平台。数字城管全域覆盖，如图 12-1 所示。

目前系统累计处理各类城市管理问题近 300 万件，案件采集量从 2012 年 8 万余件增加到 2017 年 60 余万件，案件处结率从 2012 年的 33.06%提高到 2017 年的 99.69%。数字城管的有效运行充分调动了各级政府参与城市管理的主动性和积极性，使城市建设成果得

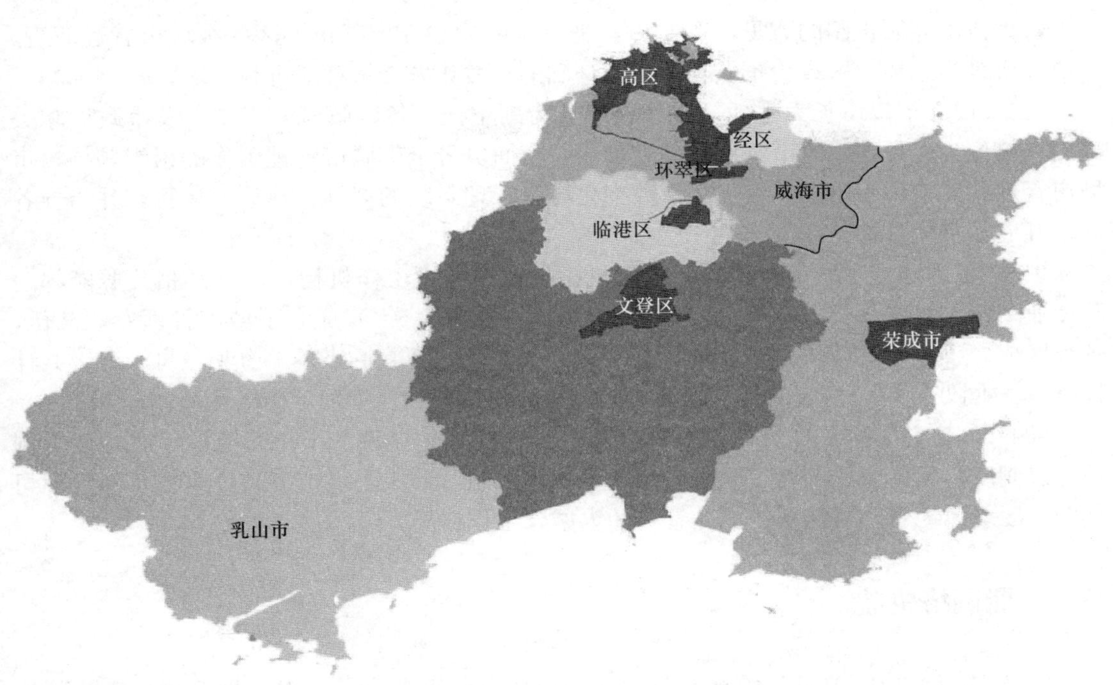

图 12-1　威海市数字城管实现全域覆盖

到持续的保持和巩固，城市容貌环境更加整洁美丽，实现了从“小城管”到“大城管”、从常规管理到数字管理、从粗放式管理到精细化管理、从传统管理到科学管理的转变，在全国叫响了威海城市管理品牌。近年共接待了300多批次、6000余人次前来观摩学习，人民日报和中央电视台等媒体多次采访报道我市经验做法。宁波考察团来中心参观，如图12-2所示。

图 12-2　宁波考察团来中心参观

二、一套班子监管

（一）威海市委、市政府下发了《关于加强城市精细化管理的意见》《关于进一步理顺城市管理执法体制机制的意见》等文件，进一步明确和界定了市、区两级城市管理职责，形成以市级为总揽、区级为重点、街道为基础的长效化城市管理新机制。

（二）成立了以市长为主任，分管副市长为副主任，各区政府（管委）及市政府相关部门、单位为成员的威海市城市管理委员会，全面负责全市城市管理工作的组织领导；市城市管理调度指挥中心统一负责全市数字化城市管理系统的规划、建设、运行，并指导各区市开展数字化管理工作。

（三）各区建立了城市管理领导协调机构和数字城管工作机构，市、区相关职能部门和专业单位进一步落实了办事机构和经费投入。各街道（镇）成立了城市管理专职队伍，各社区成立了城市管理联系站。全面搭建起了市、区、镇街、社区、物业公司等五级共计1568个协同处置单位构成的上下联动、左右协同的城市综合管理工作体系。

（四）制定并实行了“日调度、周分析、月通报、季点评、半年交流、年底总评”例行会议制度、联席会议制度、联络员制度等工作机制，形成了“市级高位监督、部门各司其职、区级属地管理、街居齐抓共管”的大城管工作格局。

三、一张网络覆盖

（一）按照“立足当前、兼顾长远，整合资源、信息共享，一次规划、分步实施”的原则，市级数字城管系统建设之初，并没有贪大贪多，全面铺开，而是按照“先主城区，后县市区”的顺序分步推进。

（二）一期管理范围覆盖市中心区、高技术产业开发区和经济技术开发区建成区，面积99平方公里；2015年系统完成二期扩区拓围，在全省率先实现了市辖5区2市数字城管全覆盖；2017年将市县平台进行整合，建立了全市统一的数字化城管平台，构建起横向到边、纵向到底的城市精细化管理网络，实现“数据一个库、管理一张网、监管一条线、呈现一张图”。城市网格图，如图12-3所示。

四、一个系统运行

（一）系统除遵循部颁标准建设了9大基本子系统外，还结合威海实际，拓展建设了沙滩岸线监控、城市防汛除雪防滑监控、城市管理重点区域视频监控、在建工地视频监控、建筑渣土运输车辆监控、大型节庆活动现场临时监控、公众网站发布及查询等7个子系统，如图12-4、图12-5所示。将已运行的地下综合管线系统、公安交警视频监控系统、国土地理信息系统整合于平台，并与12345政务服务热线、110报警电话联动，实现信息资源的市区共享、部门共享。

（二）为保障系统高效运行，促进全市各部门在城市管理上协同联动，市指挥中心建立完善了各项工作制度和操作规范，编制《城市综合管理信息系统指挥手册》《城市综合管理信息系统操作手册》《城市精细化管理职责分工》《立案、结案与处置时限标准》等，对城市部件确权，对城市事件确责。各职能部门共同接受市、区两级指挥中心的统一指挥、统一调度，对每天发生在城市中的各类城管案件及时反应，快速处置。热线接线员工作如图12-6，乳山市二级平台指挥中心如图12-7所示。

一类网络
二类网络
三类网络

(a)

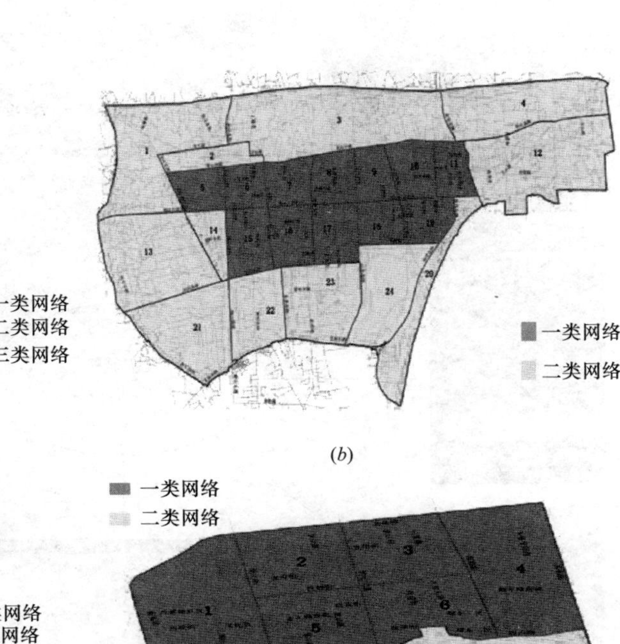

(b)

一类网络
二类网络
三类网络

(c)

一类网络
二类网络

(d)

图 12-3　城市网格图

(a) 威海市环翠区、高区、经区城市精细化管理网格；(b) 荣成市城市精细化管理网格；(c) 威海市临港区、文登区城市精细化管理网格；(d) 乳山市城市精细化管理网格

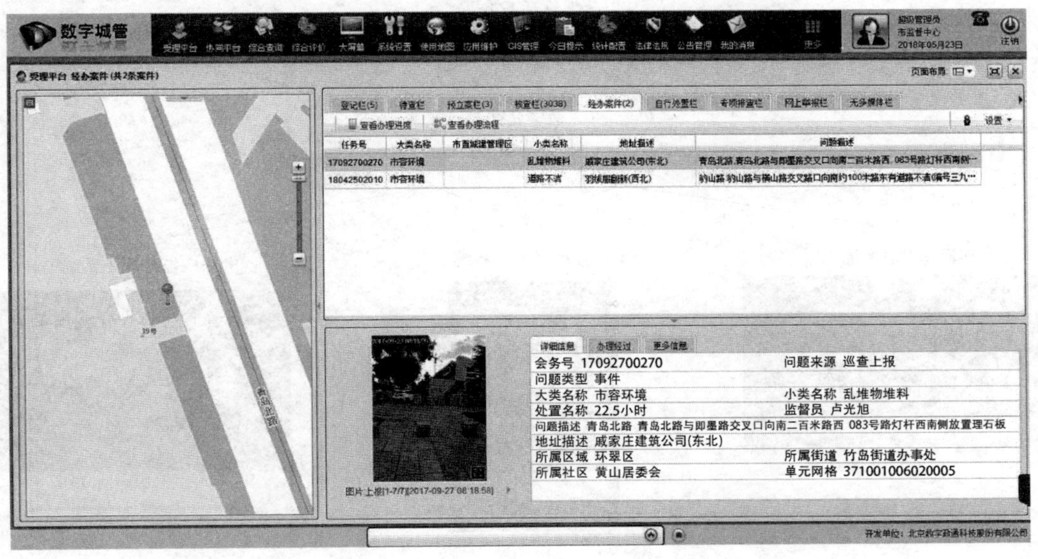

图 12-4　数字城管系统主界面

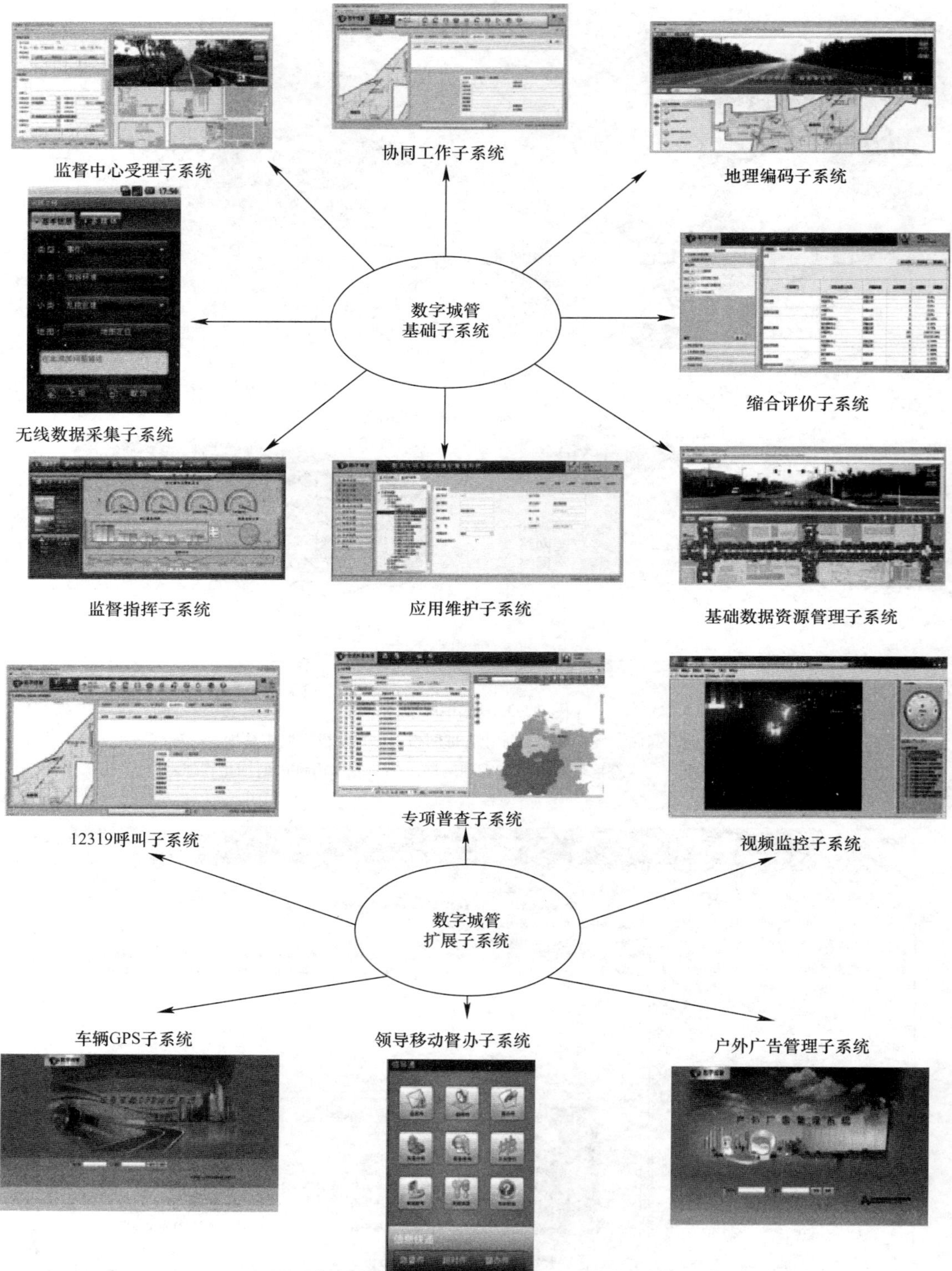

图 12-5 数字城管基础子系统及扩展子系统

图 12-6　热线接线员工作

图 12-7　乳山市二级平台指挥中心

（三）系统平台现已成为与全市 7 个区市（开发区）指挥中心、39 个市属部门、72 个区属单位、31 个镇街、209 个社区协同联动的城市综合管理平台，实现了对城市管理活动的全领域覆盖、全时段监管和城市管理问题的高效率、高标准处置，为“大城管”工作格局的全面推进实施提供了强有力支撑。案件处置情况，见表 12-1。

2017 年各部门案件处置情况统计　　**表 12-1**

统计名称：专业部门综合评价统计时间为：2018-05-10 14：43：59

专业部门	区级派遣人角色	问题来源	应处置数	处置数	处置率	应结案数	结案数	结案率	按期结案数	按期结案率
北京燃气集团山东	高区指挥中心	巡查上报	8	8	100%	8	8	100%	8	100%
	经区指挥中心	巡查上报	2	2	100%	2	2	100%	2	100%
	小计		10	10	100%	10	10	100%	10	100%
北京燃气文登分公司	文登区指挥中心	巡查上报	61	61	100%	61	61	100%	44	72.13%
	小计		61	61	100%	61	61	100%	44	72.13%
港华燃气文登分公司	文登区指挥中心	巡查上报	27	27	100%	27	27	100%	20	74.07%
	小计		27	27	100%	27	27	100%	20	74.07%
高区工商分局	高区指挥中心	12319 社会公众举报	2	2	100%	2	2	100%	2	100%
		巡查上报	10	10	100%	10	10	100%	9	90%
	小计		12	12	100%	12	12	100%	11	91.67%
高区公安分局	高区指挥中心	12319 社会公众举报	63	63	100%	63	63	100%	57	90.48%
		巡查上报	231	231	100%	231	231	100%	218	94.37%
	小计		294	294	100%	294	294	100%	275	93.54%
高区管委	高区指挥中心	12319 社会公众举报	58	58	100%	58	58	100%	51	87.93%
		巡查上报	7929	7929	100%	7929	7929	100%	7532	94.99%
	小计		7987	7987	100%	7987	7987	100%	7583	94.94%
高区环保分局	高区指挥中心	12319 社会公众举报	60	60	100%	60	60	100%	9	15%
		巡查上报	3	3	100%	3	3	100%	0	0%
	小计		63	63	100%	63	63	100%	9	14.29%
高区环境卫生管理	高区指挥中心	巡查上报	1150	1150	100%	1150	1150	100%	1150	100%
		12319 社会公众举报	1	1	100%	1	1	100%	1	100%
	小计		1151	1151	100%	1151	1151	100%	1151	100%

续表

专业部门	区级派遣人角色	问题来源	应处置数	处置数	处置率	应结案数	结案数	结案率	按期结案数	按期结案率
高区建设局	高区指挥中心	12319 社会公众举报	25	25	100%	25	25	100%	20	80%
		巡查上报	959	959	100%	959	959	100%	959	100%
	小计		984	984	100%	984	984	100%	979	99.49%
高区科技新城建设	高区指挥中心	12319 社会公众举报	2	2	100%	2	2	100%	2	100%
	小计		2	2	100%	2	2	100%	2	100%
高区市政公用事业	高区指挥中心	12319 社会公众举报	456	456	100%	456	456	100%	455	99.78%
		巡查上报	13516	13515	99.99%	13516	13514	99.99%	13504	99.91%
	小计		13972	13971	99.99%	13972	13970	99.99%	13959	99.91%
高区田和街道办事	高区指挥中心	12319 社会公众举报	98	98	100%	98	98	100%	76	77.55%
		巡查上报	17149	17148	99.99%	17149	17147	99.99%	17069	99.53%
	小计		17247	17246	99.99%	17247	17245	99.99%	17145	99.41%

五、一支队伍采集

（一）严格按照国家标准要求，全面实施城市部件 6 大类、城市事件 7 大类共计 233 小类城市管理问题的采集派遣处置，坚持全市一支采集队伍原则，确保全市范围内采集标准统一、处置标准统一、结案标准统一。

（二）信息采集队伍建设坚持市场化原则，通过“花钱买服务”的方式，充分发挥不同行业企业的专业优势。按照“监管分离”和“管事不养人”的原则，面向全国公开招标选择了两家具有良好社会信誉和实力的采集公司，组建了 270 人的信息采集监督员队伍；采用政府劳务派遣方式，组建了 34 人的大厅坐席人员队伍和 30 人的城市管理现场督查员队伍。市场化运作机制的引入，克服了政府自建队伍的不足，有效规避了各种风险，使系统运营成本降低 30%以上。

（三）制定信息采集考核办法，实行公司、项目经理、管理员、班组长、采集员五级分级负责制；由城市管理现场督查员，每天随机对数字城管覆盖范围内的责任网格进行抽查，确保市区所有城市管理问题应采尽采，不漏不错；拓宽信息采集渠道，实行采集员、督查员、路长制、市民通、无人机协同采集，做到城市管理问题采集时间“全天候”、采集内容“全方位”、采集范围“全覆盖”。

（四）为兼顾案件质量，我市创新设置预立案环节，由信息采集公司安排经验丰富、业务水平高的管理人员专门负责，每天对采集上报的问题进行筛查，剔除细微问题和达不到立案标准的问题，切实提高信息采集质量。信息采集员举手之劳如图 12-8 所示。

（五）在做好市区案件采集的前提下，我市创新探索数字城管深入乡镇，依托市级数字城管系统在环翠区搭建了区级数字村居管理子系统，于 2017 年 10 月正式投入运行。数字村居管理子系统每天对纳入环翠区城乡环卫一体化的 5 个镇办、124 个村（居）进行全面排查，重点对环境卫生管护、河道管护、绿化管护、道路管护、公共文体设施管护、村容村貌管护六大项涉及的环境卫生、部件设施进行快速、精确、高效的现代化管理，截至目前数字村居系统共采集案件 7005 件，案件结案率为 96.41%。城乡环卫数字村居系统的

图 12-8　信息采集员举手之劳

投入运行，利用数字化管理手段有效提升了管理效能，降低了管理成本，城乡环卫一体化工作成效得到不断巩固提升。

六、一个标准考核

（一）严格落实部颁标准中“监督考核和执行处置相互分离”的原则，制定了科学的《城市精细化管理综合考核办法》，全市采用同一标准进行考核，实行城市精细化管理“一把手”负责制，把城市精细化管理责任履行和绩效情况列为市委、市政府对各区政府（管委）和各部门、单位以及领导班子、领导干部年度目标绩效考核的重要内容。市长每月对城市精细化管理考核通报予以批示，督促个别落后的区和市直有关部门（单位）进行深入整改。考核通报及市长批示件如图 12-9 所示。

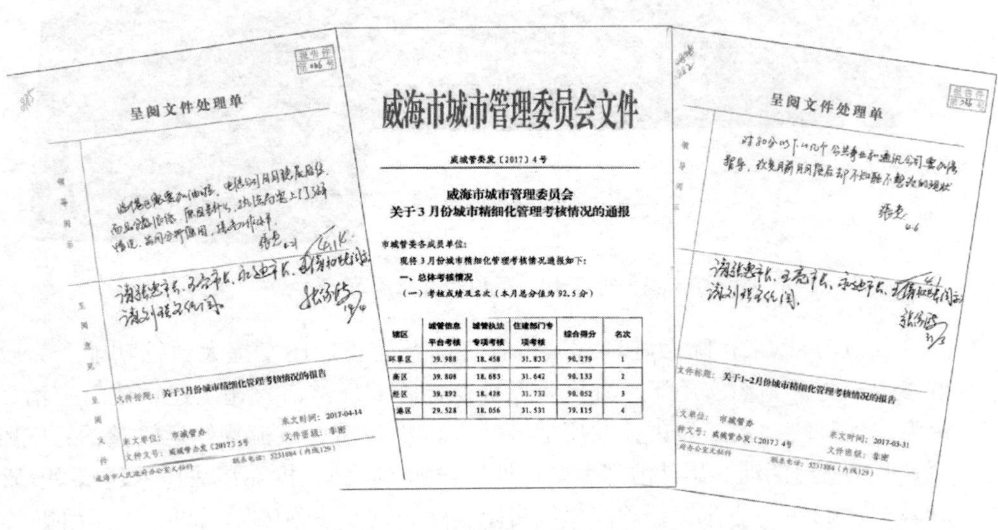

呈阅文件处理单

文件标题：关于3月份城市精细化管理考核情况的报告

来文单位：市城管办　来文时间：2017-04-14

文件文号：威城管办发〔2017〕5号　文件密级：非密

威海市城市管理委员会文件

威城管委发〔2017〕4号

威海市城市管理委员会
关于3月份城市精细化管理考核情况的通报

市城管委各成员单位：

现将3月份城市精细化管理考核情况通报如下：

一、总体考核情况

（一）考核成绩及名次（本月总分值为92.5分）

辖区	城管信息平台考核	城管执法专项考核	住建部门专项考核	综合得分	名次
环翠区	39.988	18.458	31.833	90.279	1
高区	39.808	18.683	31.642	90.133	2
经区	39.892	18.428	31.732	90.052	3
港区	29.528	18.056	31.531	79.115	4

呈阅文件处理单

文件标题：关于1-2月份城市精细化管理考核情况的报告

来文单位：市城管办　来文时间：2017-03-31

文件文号：威城管办发〔2017〕4号　文件密级：非密

图 12-9　考核通报及市长批示件

（二）考核内容除采用部颁标准指标外，还结合威海实际，创新增设新的指标，确保考核覆盖到系统运行流程的每一个环节。针对区级平台存在案件派遣不及时的问题设立了“按时派遣率”指标；针对转换处置部门案件重新计时的问题设立了“错误派遣率”指标；针对处置部门阻挠、妨害信息采集工作的问题设立了“纠纷案件”指标；针对无照经营游商、占道经营、店外经营、早夜市管理等各类反复高发问题设立了“反复案件”、“高发案件”指标，该两项指标不再单一的对案件是否处置进行考核，而是采用发生即扣分的方式，督导各区建立相应的监管机制，加强长效管控，由被动的处置城市管理问题转变为主动减少城市管理问题的发生，切实推进了我市市容市貌发生质的转变。各项制度及规范如图 12-10 所示。

图 12-10　各项制度及规范

（三）系统运行以来，除做好日常城市管理问题处置，还发挥大数据功能，为政府和部门当好参谋，先后组织实施了户外广告及标识标牌清理整治、违法违章建筑整治、土堆整治、沿海岸线环境整治、侵占公共用地种植农作物整治、散流物体运输整治、铁路沿线环境整治等多项整治活动。累计清理大型户外广告牌 717 块，拆除违法违章建筑 99.52 万平方米，清运土方 62 万立方米，拆除海岸线房屋大棚 58.64 万平方米，清除“小菜园”3.5 万平方米，查处道路抛洒车辆 3215 辆，罚款 86.93 万元；清运铁路沿线垃圾、土（石）堆

436.5 万立方米，拆除建（构）筑物 14.4 万平方米，粉刷老旧建筑 4.8 万平方米，园林绿化 370 万平方米。解决了一大批群众普遍关注的热点问题和长期困扰城市管理的难点问题，为我市城市管理水平迈上新台阶作出突出贡献，为我市城市发展带来了巨大的经济效益、社会效益和环境效益。海岸线整治方案、市委书记批示和简报如图 12-11 所示。

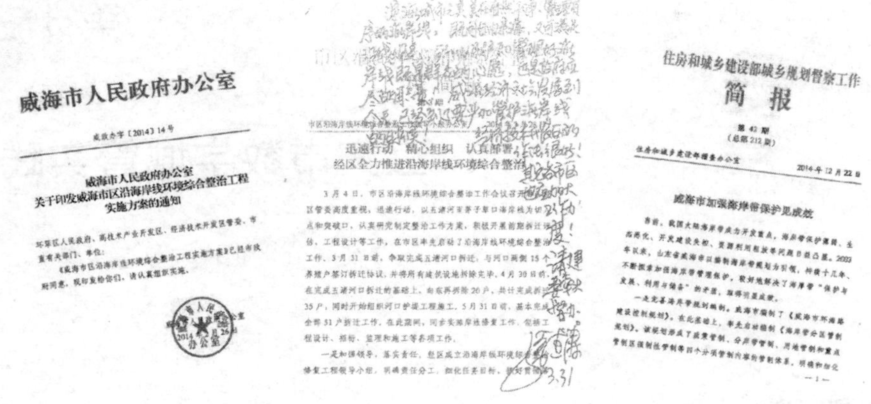

威海市人民政府办公室

威政办字〔2014〕14号

威海市人民政府办公室
关于印发威海市区沿海岸线环境综合整治工程实施方案的通知

环翠区人民政府、高技术产业开发区、经济技术开发区管委、市直有关部门、单位：

《威海市区沿海岸线环境综合整治工程实施方案》已经市政府同意，现印发给你们，请认真组织实施。

迅速行动　精心组织　认真部署
经区全力推进沿海岸线环境综合整治

3月4日，市区沿海岸线环境综合整治工作会议召开后，经区管委高度重视，迅速行动，以五渚河至葡萄滩口海岸线为切入点和突破口，认真研究制定整治工作方案，积极开展前期拆迁评估、工程设计等工作，在市区率先启动了沿海岸线环境综合整治工作。3月31日前，争取完成五渚河口拆迁，与河口两侧15个养殖户签订拆迁协议，并将所有建筑设施拆除完毕。4月30日前，在完成五渚河口拆迁的基础上，向东再拆除20户，共计完成拆迁35户，同时开始组织河口护堤工程施工。5月31日前，基本完成全部51户拆迁工作，在此期间，同步实施岸线修复工作，包括工程设计、招标、监理和施工等各项工作。

一是加强领导，落实责任。经区成立沿海岸线环境综合整治修复工程领导小组，明确责任分工，细化任务目标，

住房和城乡建设部城乡规划督察工作
简　报
第42期
（总第212期）

2014年12月22日

威海市加强海岸带保护见成效

图 12-11　海岸线整治方案、市委书记批示和简报

威海市数字城管系统的建设运行，使城市管理手段更加丰富，机制更加顺畅，责任更加明确，考核更加科学，真正实现了城市管理由被动向主动转变，由事后向事前转变，由突击向常态转变，强力推进了各类城市管理问题在第一时间发现、第一时间处置、第一时间解决，全面提升了城市管理的效率、质量和水平。追随城市发展的步伐，按照党的十九大和山东省新旧动能转换会议等对城市规划建设管理工作的部署要求，威海市将围绕“全域城市化、市域一体化”战略，不断拓展系统平台的应用深度和广度，持续优化城市生态和人文环境，助力“现代化幸福威海”，迸发更加耀眼夺目的光彩。

第十三章

宜宾市数字城管实践案例

（宜宾市数字化城市管理指挥中心　供稿）

专家点评

宜宾市坚持问题导向和目标导向，针对数字城管“监督侧监管强、处置侧监管弱”的现状，紧紧抓住“法和技术规范”这一根本标准，从根源上查找城市管理问题的原因，以确权到底的勇气和决心，细化部门确权、深化岗位确权，延伸过程管理，强化对处置侧的监管，努力实现数字城管监督侧与处置侧的平衡；充分利用数字城管系统平台全过程记录、自动计时、自动统计评价等功能，开展城管执法全过程记录，促进专业部门主动作为，创造性工作，在城市管理源头治理长效机制建设上进行了有益探索。

一、基本概况

四川省宜宾市地处川滇黔三省结合部，1997 年撤地建市，辖 2 区 8 县和 1 个国家级经济技术开发区，辖区面积 1.3 万平方公里，户籍人口 556 万。宜宾市数字城管系统 2012 年上半年建成运行，覆盖翠屏区、临港区，2014 年扩容升级，覆盖新设的南溪区及柏溪镇。2012 年底，珙县在 8 县中第一个建成数字城管；2015 年上半年，其余 7 县全部建成并运行数字城管，宜宾在全省率先实现数字城管全域覆盖和省市县互联互通。目前，宜宾数字城管终端已覆盖全市各城市社区和乡镇政府。2016 年 1 月，“宜宾市全域数字化城管”项目荣获住房城乡建部“中国人居环境范例奖”；2018 年 1 月，宜宾市数字城管指挥中心被人力资源社会保障部、住房和城乡建设部授予“全国住房城乡建设系统先进集体”荣誉称号；2016 年 3 月和 4 月，中央电视台中文国际频道分别以《我的城市我来管》和《城市里的拍照员》为题，专题深度报道宜宾数字城管。

数字城管是城市管理监管系统，核心是“监管分离、高位监督”。其工作方式和特点在数字城管中心的监督侧是：岗位确权、过程+结果管理、限时办结、自动评价，在专业部门的处置侧是：部门确权、结果管理、限时办结、自动评价。实际运行中，各地都体会到监督侧很顺畅，而运行侧存在不少问题，如专业部门间和部门内推诿扯皮、部门领导压力山大而一线员工感受不明显、应付处置、同一问题重复发生等。其原因与监督侧、处置侧不同的监管标准和要求紧密相关。宜宾市在严格遵守国家和行业标准，建立起"监管分离、高位监督"的运行体制机制基础上，依照国家法律法规和业务技术规范，将结案标准由消除问题向依法履职转变，在处置侧着力探索由部门确权向岗位确权深化、由结果管理向过程管理延伸、引导专业部门由被动处置向主动作为回归，在事件类城市管理问题源头治理长效机制建设上取得了积极成效。

二、树立数字城管的"指挥棒"权威

《数字城管建设导则》指明数字化城市管理模式的核心是"监管分离、高位监督"的体制机制。宜宾市严格遵循导则，建立了"三位一体"的高位监督体制机制。即市委书记、市长任双组长的市城乡环境综合治理领导小组、市长任主任的市城市管理委员会和市爱国卫生运动委员会三个重要议事协调机构，市委和市政府均由同一位领导分管负责，办公室设在市城管局，市委、市政府联系副秘书长任办公室主任，市城管局长任常务副主任。市城管局以数字城管为载体，专职行使三个办公室职能。为保证"监管分离"，2013年市委市政府将城市管理具体职能全部下到各区；2017年市住建局与市城管局合并组建市住建城管局后，2018年4月又将市承担的建设管理具体职能全部下到各区承担。两次城市管理"运动员"职能的下沉，保证了"监督员"职能的纯粹性、地位的独立性。成立宜宾市城管委文件（部分）如图13-1所示。

宜 宾 市 人 民 政 府

宜府函〔2010〕222号

宜宾市人民政府
关于成立宜宾市城市管理委员会的通知

各区县人民政府，临港开发区管委会，市级各部门：

为进一步加强全市城市管理工作，提高城市管理质量和水平，形成市、区联动的城市管理良性运行机制，市政府决定成立宜宾市城市管理委员会。现将有关事项通知如下：

一、组织机构

主　任：市委副书记、市政府市长

副主任：市政府分管副市长

成　员：市政府联系城管工作的副秘书长
市城管执法局局长
市住房城乡建设局局长
市公安局常务副局长
市交通运输局局长

图13-1　成立宜宾市城管委文件（部分）

宜宾市将城市管理工作纳入市委市政府目标考核的重要内容，每月由市委市政府分管领导召开城市管理交账点评会，考核情况通过媒体向社会公布；考核不合格的在会场接受媒体采访，两次不合格的单位主要领导在市政府常务会作说明；考核结果与被考核单位工作经费、职工绩效、单位和个人评优等挂钩。数字城管是城市管理考核的主要内容（部分单位是唯一内容），是考核结果的决定因素，是名副其实的权威高效的城市管理“指挥棒”。

三、结案标准由消除问题向依法履职转变

事件类案件占各地数字城管案件总量85%以上。通常事件类数字城管案件的结案标准是问题消除，如暴露垃圾的结案标准是清除暴露垃圾、地面不洁的结案标准是重新清扫达到清洁度要求、占道堆放的结案标准是清除占道堆放的物品、占道售卖的结案标准是占道售卖行为消失、车辆乱停放的结案标准是乱停放的车辆移走。

（一）存在问题

宜宾市对事件类案件分析发现，一个地方事件类案件结案率和按时结案率高，与同一地点同样的事件问题重复发生并存。一线管理人员甚至与行为人默契“摆拍”通过监督员核查结案。数字城管对此类问题的解决在一定程度上已“失效”。对此，全国各地曾尝试过眼神执法、鲜花执法、购买执法、下跪执法等各种办法，不少暴力执法和暴力抗法事件都因此被引发。

（二）原因分析

宜宾市深入研究发现，事件类问题都违反了国家法律法规或相关业务技术规范，而消除已发生的问题只是治标，要治本必须从法律规定或技术规范本身寻找答案。

（三）违反法律规定类案件应用举例

机动车乱停放违反了《中华人民共和国道路交通安全法》车辆应按规定停放的要求，应罚款或记分处罚。如果仅以违停车辆驶离为结案标准，管理部门投入成本很大，而违法行为人无任何成本，更不会汲取教训，下不为例。如果驾驶人长时间不在现场，专业部门在规定时间内结案就成了不可能完成的任务。宜宾市对机动车乱停放结案标准规定了两类情形：一是乱停放车辆驶离；二是对乱放车辆依法处罚并录入全国公安交通车辆管理系统。交警对非接触式处罚结案非常欢迎，处置和结案简便，效果显著，凡被“贴过条”的路段，违停车辆大为减少。车辆乱停放案件办理流程如图 13-2 所示。

（四）违反技术规范类案件应用举例

生活垃圾收集设施规划建设和收运技术规范要求：车行道不能设置垃圾收集设施，人行道只能设置收集行人零星垃圾的果屑箱，居民生活垃圾收集设施应设在居民小区内方便居民投放的地方，商户的生活垃圾收集设施应设在其营业场所内；生活垃圾应在规定的时

间和地点投放，应定时或按需收运垃圾。宜宾市各区环卫部门以前未按技术规范分类设置垃圾收集设施，将大容量的勾臂式垃圾箱“蛮横”地矗立在人行道甚至车行道上，将行人、居民、商户的垃圾一并收运，由于清运时间间隔长，垃圾腐烂变质，渗滤液横流、臭气四溢，投放垃圾变成大力抛投垃圾，导致垃圾暴露，每个商户都希望垃圾箱离得远远地。宜宾市按照技术规范，设立了“人行道、车行道违规设置垃圾收集设施”的案件标准，通过案件派遣，督促环卫部门取消了违规设置的 300 多个勾臂式垃圾箱、垃圾筒，未新增人员、设备。通过调整收运方式，对果屑箱、居民和商户生活垃圾根据其产生和投放时段，分别巡回收集，从根源上消除了生活垃圾暴露、污染环境的情况，得到了市民广泛称赞。取缔勾臂式垃圾箱案件如图 13-3 所示。

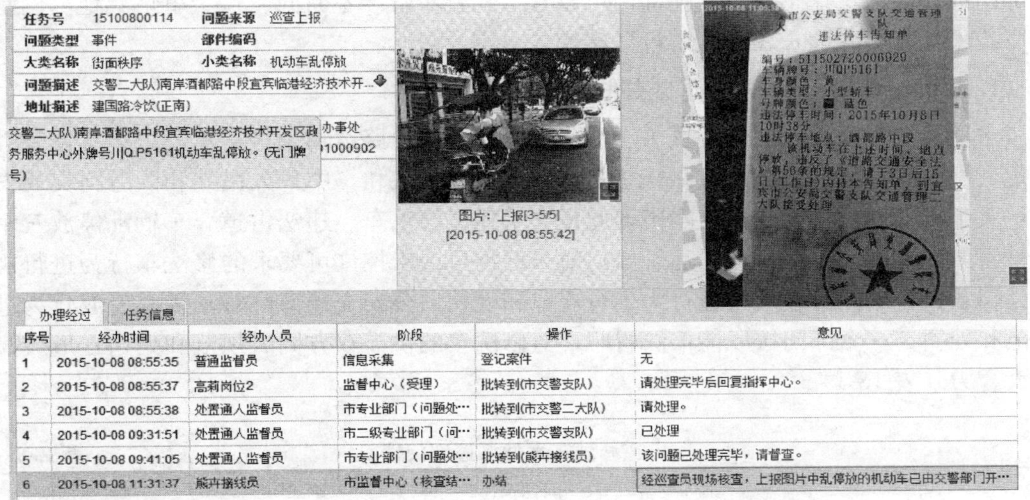

任务号 15100800114　问题来源 巡查上报
问题类型 事件　部件编码
大类名称 街面秩序　小类名称 机动车乱停放
问题描述 交警二大队)南岸酒都路中段宜宾临港经济技术开…
地址描述 建国路冷饮(正南)
交警二大队)南岸酒都路中段宜宾临港经济技术开发区政务服务中心外牌号川Q.P5161机动车乱停放。(无门牌号)

办理经过　任务信息

序号	经办时间	经办人员	阶段	操作	意见
1	2015-10-08 08:55:35	普通监督员	信息采集	登记案件	无
2	2015-10-08 08:55:37	高莉岗位2	监督中心（受理）	批转到(市交警支队)	请处理完毕后回复指挥中心。
3	2015-10-08 08:55:38	处置通人监督员	市专业部门（问题处…	批转到(市交警二大队)	请处理。
4	2015-10-08 09:31:51	处置通人监督员	市二级专业部门（问…	批转到(市交警支队)	已处理
5	2015-10-08 09:41:05	处置通人监督员	市专业部门（问题处…	批转到(熊卉接线员)	该问题已处理完毕，请督查。
6	2015-10-08 11:31:37	熊卉接线员	市监督中心（核查结…	办结	经巡查员现场核查，上报图片中乱停放的机动车已由交警部门开…

图 13-2　车辆乱停放案件办理流程

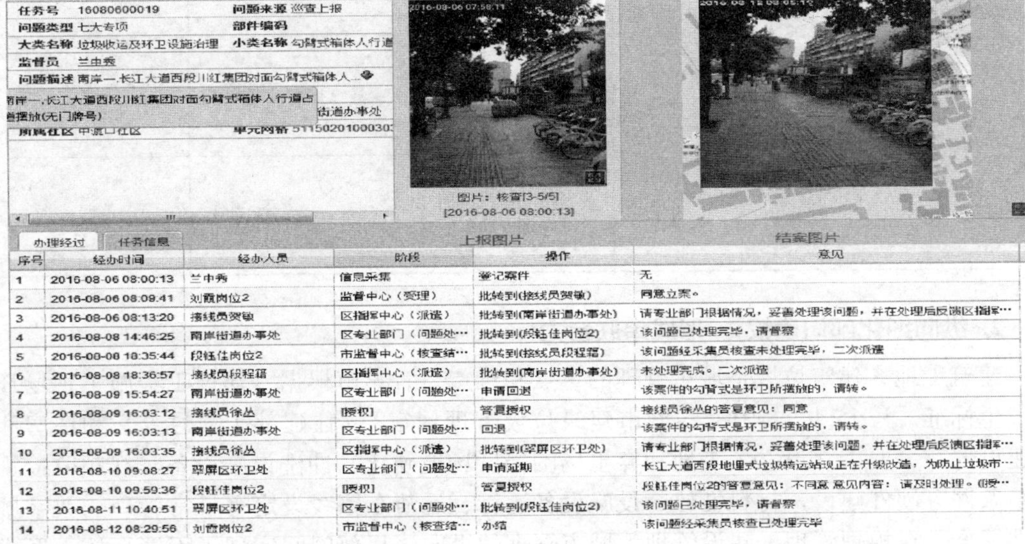

任务号 16080600019　问题来源 巡查上报
问题类型 七大专项　部件编码
大类名称 垃圾收运及环卫设施治理　小类名称 勾臂式箱体人行道
监督员 兰中秀
问题描述 南岸一.长江大道西段川红集团对面勾臂式箱体人…
南岸一.长江大道西段川红集团对面勾臂式箱体人行道占道摆放(无门牌号)
所属社区 中渡口社区　单元网格 5115020100030

办理经过　任务信息

序号	经办时间	经办人员	阶段	操作	意见
1	2016-08-06 08:00:13	兰中秀	信息采集	登记案件	无
2	2016-08-06 08:09:41	刘霞岗位2	监督中心（受理）	批转到(接线员贺敏)	同意立案。
3	2016-08-06 08:13:20	接线员贺敏	区指挥中心（派遣）	批转到(南岸街道办事处)	请专业部门根据情况，妥善处理该问题，并在处理后反馈区指挥…
4	2016-08-08 14:46:25	南岸街道办事处	区专业部门（问题处…	批转到(段钰佳岗位2)	该问题已处理完毕，请督察
5	2016-08-08 18:35:44	段钰佳岗位2	市监督中心（核查结…	批转到(接线员段程籍)	该问题经采集员核查未处理完毕，二次派遣
6	2016-08-08 18:36:57	接线员段程籍	区指挥中心（派遣）	批转到(南岸街道办事处)	未处理完成。二次派遣
7	2016-08-09 15:54:27	南岸街道办事处	区专业部门（问题处…	申请回退	该案件的勾臂式是环卫所摆放的，请转。
8	2016-08-09 16:03:12	接线员徐丛	[授权]	答复授权	接线员徐丛的答复意见：同意
9	2016-08-09 16:03:13	南岸街道办事处	区专业部门（问题处…	回退	该案件的勾臂式是环卫所摆放的，请转。
10	2016-08-09 16:03:35	接线员徐丛	区指挥中心（派遣）	批转到(翠屏区环卫处)	请专业部门根据情况，妥善处理该问题，并在处理后反馈区指挥…
11	2016-08-10 09:08:27	翠屏区环卫处	区专业部门（问题处…	申请延期	长江大道西段地埋式垃圾转运站现正在升级改造，为防止垃圾市…
12	2016-08-10 09:59:36	段钰佳岗位2	[授权]	答复授权	段钰佳岗位2的答复意见：不同意 意见内容：请及时处理。(授…
13	2016-08-11 10:40:51	翠屏区环卫处	区专业部门（问题处…	批转到(段钰佳岗位2)	该问题已处理完毕，请督察
14	2016-08-12 08:29:56	刘霞岗位2	市监督中心（核查结…	办结	该问题经采集员核查已处理完毕

图 13-3　取缔勾臂式垃圾箱案件

四、在过程管理中细化部门确权深化岗位确权

（一）依法和技术规范细化部门确权

一些城市管理问题，多个部门、多个主体都有管理责任，如果以消除问题为结案标准，一般只能确权到一个部门或主体。由于互相推诿，城管部门被迫成为唯一的兜底部门，长此以往，不堪重负。宜宾市依照法规和技术规范，明确相关部门或主体的职责，通过数字城管系统的流程管理和全过程记录，凝聚起各部门或主体齐抓共管的合力，引导专业部门的观念从“这个事情其他部门可以管，我就不管”不断向“这个事情其他部门是否尽职我不管，但我的责任必须履行”转变。

1. 横向细化部门确权， 形成并联合力

占道修洗车，可能同时违反了《中华人民共和国道路运输条例》关于汽车维修管理的规定、《城市道路管理条例》关于占用城市道路的规定和《中华人民共和国道路交通安全法》关于车辆停放的规定。宜宾市据此设立了违法修洗车、违法占道、车辆乱停放三个数字城管案件标准，分别由交通运管部门对未经许可或未按许可要求的修洗车行为进行规范和处罚、城管部门对违规占道行为进行规范和处罚、公安交警部门对车辆乱停放行为进行规范和处罚。三个部门按职能依法履职，对修洗车的供需双方同时规范和处罚，形成横向强大合力（表 13-1）。

占道修洗车案件派遣部门情况 **表 13-1**

图片	案件类型	问题描述	专业部门	法律依据
	店外经营	××汽修店店外占道经营。	县（区）人民政府	《四川省城乡环境综合治理条例》
	机动车乱停放	××路机××店外动车乱停放车。牌号川 Q. ×××××	市、县（区）交警部门	《中华人民共和国道路交通安全法》
	占道冲洗机动车	××路××汽修店占道修理机动车。	市、县（区）交通局	《城市道路管理条例》

2. 纵向细化部门确权， 形成串联合力

建筑工地、建筑垃圾是城市管理的重点和难点。宜宾市根据《建设工程施工现场环境与卫生标准》JGJ 146—2013、《城市建筑垃圾管理规定》（住建部 139 号令）和住房和城乡建设部有关要求，设立了工地和弃土场围挡、场地硬化、冲洗设施设备、视频监控、运渣车条件等硬件建设，材料堆放、设施设备运行、运渣车路线设定等日常管理的数字城管案件标准，在规划管理、建设管理、城市管理的纵向流程部门间实现了无缝衔接，形成了纵向强大合力。

小区居民乱堆乱放占用公共空间、毁绿占绿情况等易发多发。物管公司常以没有执法权、管理部门常以物管未履职而互相推诿。宜宾市对物管公司和管理部门的职责进行明确和细化，对这类案件首先派遣到物管公司，物管对居民进行宣传劝阻。劝阻无效，物管公司附上宣传劝阻的依据和违法行为人的基本情况申请核查结案，数字城管中心核实后对物管公司予以结案，同时将案件派遣到管理部门依法执法，形成物管公司和执法部门分工合作的合力。

（二）依法和技术规范深化岗位确权

1. 依法深化岗位确权

宜宾市对同一个主体的违法行为，要求管理部门给予不少于三次的宣传、指导并允许其自行纠正，超过三次的每次均要求在一周内行政处罚，结案依据为行政处罚决定书。简易程序案件，一周内都能结案。一般程序案件，受主客观条件影响，有的不能在一周内结案。宜宾市进一步明确，一周内不能结案的，附立案决定可申请延期，并明确延期期间须完成的如鉴定、听证、法制部门审核、集体讨论、作出行政处罚决定案件办理阶段，利用数字城管延期功能实现对行政处罚案件每个环节的岗位确权和全过程监管。有效防止了行政处罚案件一拖再拖，最后不了了之情况的发生。行政执法案件见表 13-2。

行政执法案件　　　　表 13-2

案件类型	立案标准	办理时限	结案标准	备注
城管行政处罚	同一责任主体，累计发现 5 次及以上违法现象（以交办的数字化城管案件计算数量，不区分案件类型）	7 天	已作出行政处罚（上传行政处罚决定书）	首次处罚可采用书面警告，但不能再次书面警告

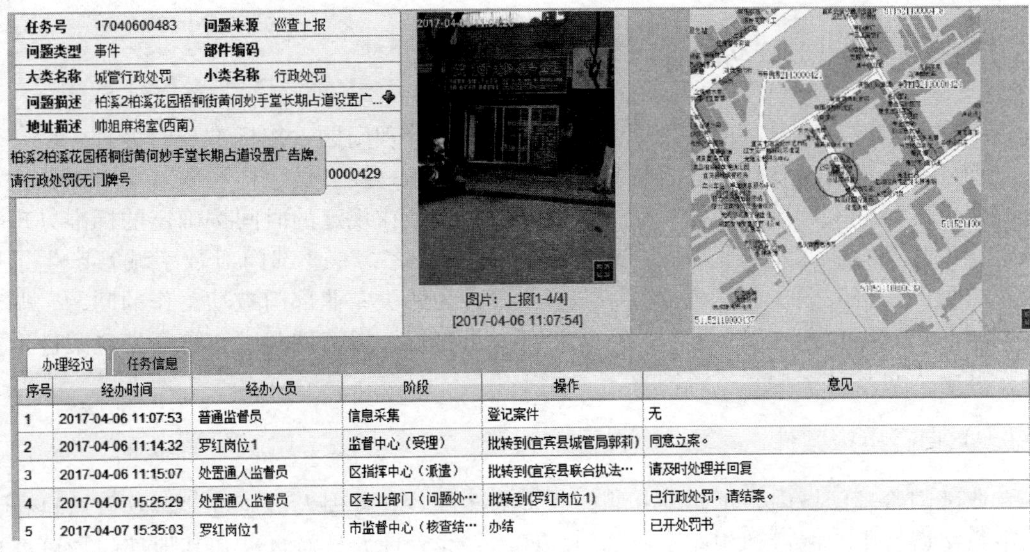

2. 依技术规范深化岗位确权

为加强环卫作业管理，保障作业安全和质量，宜宾市建设了环卫作业智能监控系统，依据车辆的技术参数对全市 300 多台环卫车辆的作业线路、作业时段、行驶速度、作业速度、作业状态、加水时长和地点、排污地点、排污时长等进行全方位精确监控。车辆只要违反设定的技术参数，系统立即报警，数字城管系统据此生成案件派遣到作业单位责令驾驶员整改。环卫智能监控系统，将环卫数字城管案件由部门确权深化到了岗位确权。经过一段时间的运行，环卫作业单位和驾驶员对智能监控的态度发生了由抵制到欢迎的大逆转，环卫作业单位纷纷依据智能监控系统的数据进行内部管理和绩效考核。宜宾市还采用由环卫作业单位安装监控设置，市上验收合格后给予经费补助，设备运行情况纳入环卫作业单位考核内容的方式，有效杜绝了环卫作业单位和驾驶员为逃避监管故意损坏监控设备的行为。环卫作业案件如图 13-4 所示。

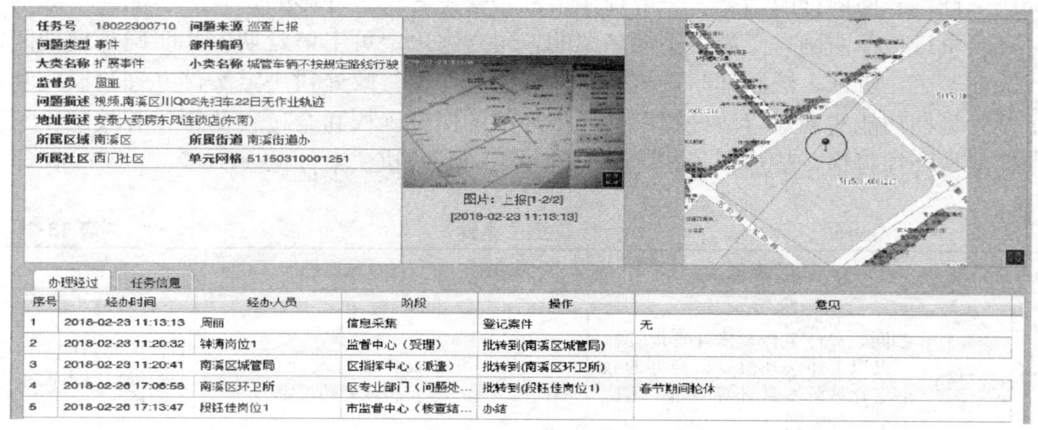

任务号	18022300710	问题来源	巡查上报
问题类型	事件	部件编码	
大类名称	扩展事件	小类名称	城管车辆不按规定路线行驶
监督员	周丽		
问题描述	视频,南溪区川Q02洗扫车22日无作业轨迹		
地址描述	安泰大药房东风连锁店(东南)		
所属区域	南溪区	所属街道	南溪街道办
所属社区	西门社区	单元网格	51150310001251

序号	经办时间	经办人员	阶段	操作	意见
1	2018-02-23 11:13:13	周丽	信息采集	登记案件	无
2	2018-02-23 11:20:32	钟清岗位1	监督中心（受理）	批转到(南溪区城管局)	
3	2018-02-23 11:20:41	南溪区城管局	区指挥中心（派遣）	批转到(南溪区环卫所)	
4	2018-02-26 17:06:58	南溪区环卫所	区专业部门（问题处…	批转到(段钰佳岗位1)	春节期间轮休
5	2018-02-26 17:13:47	段钰佳岗位1	市监督中心（核查结…	办结	

图 13-4　环卫作业案件

五、引导专业部门由被动处置向主动作为回归

依照相关规定，专业部门应依职能主动发现城市管理问题，按标准及时处理。数字城管建立前，由于没有制度化的监督机制，专业部门及其一线人员怎样履职基本上由其主观喜好决定，随意性大。数字城管建立后，专业部门必须在规定的时间按确定的标准办理数字城管案件，其履职水平普遍有了质的飞跃。久而久之，专业部门对数字城管产生了依赖，不再主动发现问题，而是坐等数字城管派案。为解决专业部门被动工作的问题，调动其主动履职，宜宾市建立了专业部门一线管理人员自行上报案件制度和自行处置案件上报制度，并纳入每月数字城管考核内容。

（一）自行上报案件

专业部门管理区域内，不属于其职能职责的案件，其管理人员通过“城管通”自行上报，市数字城管中心派遣到相应专业部门办理。一线管理人员对自己和其他部门均可办理的问题，多会主动发现上报为其他部门办理的案件。自行上报案件如图 13-5 所示。

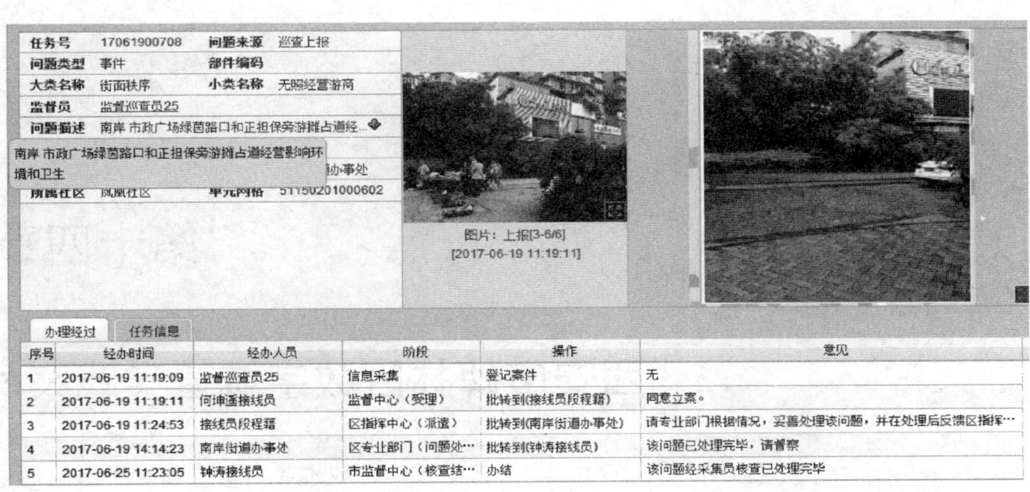

任务号	17061900708	问题来源	巡查上报
问题类型	事件	部件编码	
大类名称	街面秩序	小类名称	无照经营游商
监督员	监督巡查员25		
问题描述	南岸 市政广场绿茵路口和正担保旁游摊占道经…		
			…办事处
所属社区	凤凰社区	单元网格	51150201000602

南岸 市政广场绿茵路口和正担保旁游摊占道经营影响环境和卫生

图片：上报[3-6/6]
[2017-06-19 11:19:11]

办理经过　任务信息

序号	经办时间	经办人员	阶段	操作	意见
1	2017-06-19 11:19:09	监督巡查员25	信息采集	登记案件	无
2	2017-06-19 11:19:11	何坤遥接线员	监督中心（受理）	批转到(接线员段程籍)	同意立案。
3	2017-06-19 11:24:53	接线员段程籍	区指挥中心（派遣）	批转到(南岸街道办事处)	请专业部门根据情况，妥善处理该问题，并在处理后反馈区指挥…
4	2017-06-19 14:14:23	南岸街道办事处	区专业部门（问题处…	批转到(钟涛接线员)	该问题已处理完毕，请督察
5	2017-06-25 11:23:05	钟涛接线员	市监督中心（核查结…	办结	该问题经采集员核查已处理完毕

图 13-5　自行上报案件

（二）自行处置案件上报

一线城市管理人员在巡查管理执法过程中，将管理执法前、中、后的情况，不服从管理的情况和原因（包括文字描述、现场图像或语音、证明材料等），通过城管通上报市数字城管平台。既利用数字城管系统实现了住房和城乡建设部倡导的执法全过程记录，促进了公正文明执法，又促使一线城市管理人员主动履职，解决了一批疑难问题。自行处置案件上报如图 13-6 所示。

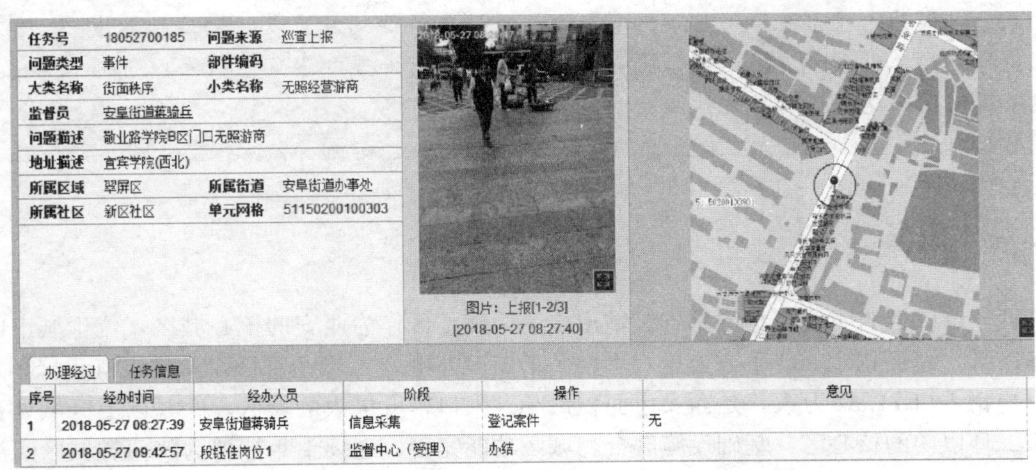

任务号	18052700185	问题来源	巡查上报
问题类型	事件	部件编码	
大类名称	街面秩序	小类名称	无照经营游商
监督员	安阜街道蒋骑兵		
问题描述	敬业路学院B区门口无照游商		
地址描述	宜宾学院(西北)		
所属区域	翠屏区	所属街道	安阜街道办事处
所属社区	新区社区	单元网格	51150200100303

图片：上报[1-2/3]
[2018-05-27 08:27:40]

办理经过　任务信息

序号	经办时间	经办人员	阶段	操作	意见
1	2018-05-27 08:27:39	安阜街道蒋骑兵	信息采集	登记案件	无
2	2018-05-27 09:42:57	段钰佳岗位1	监督中心（受理）	办结	

图 13-6　自行处置案件上报

宜宾市南溪区一对老年夫妻自称是无房无收入来源的失地农民，长达数年违法搭建占道经营茶摊，拒不纠正，引发其他经营户效仿。城管网格员按照自行处置案件办理的要求，向社区和周边群众了解核实情况，发现该夫妻确是失地农民，但在城区内有安置房且每人每月有 1000 多元的养老待遇。于是召开座谈会，老夫妻主动向社区和城管人员写下保证书，一周内拆除了违法搭建，停止了占道经营行为。

第十四章

西安市碑林区数字城管实践案例

（西安市碑林城市管理监督指挥中心　供稿）

专家点评

西安市碑林区数字城管编制了全面细致、操作性强的《城市精细化管理标准》，初步解决了“由谁来干、干成什么样子”的城市管理核心问题。出台了三项相互关联的数字化城市管理考核办法，将评比结果与责任单位的奖惩挂钩，奖优罚劣，奖勤罚懒，形成了一套行之有效的“倒逼”机制。拓展建设了移动处置、领导督办、视频监控、门前三包等多个子系统，将数字化城市管理的触角延伸到更广泛的领域。其中“门前三包”问题，做到了先发送短信提醒，再视情况进行处置，避免了执法人员与经营业主正面冲突，达到了人性化执法。

一、基本概况

西安，陕西省省会，全国副省级城市之一。碑林区作为西安的核心城区，位于城市中心东南部，总面积 23.36 平方公里，下辖 8 个街道办事处，98 个社区，常住人口 62.89 万人，户籍人口 71.32 万人，是西安市面积最小、人口密度最大的城区。95%以上区域处在全市二环以内的核心区，基础设施健全、城区功能完善，连续十年被评为陕西省城区经济社会发展“五强区”。

区域面积小，人口密集，如何在这种情况下有效提高城市管理的质量和效率成为等待解决的难题，碑林区数字化城市管理平台应运而生。

碑林区数字化城市管理平台于 2014 年 3 月底投入运行，由碑林区城市管理监督指挥中心负责平台的管理和运行工作。指挥中心有 200 平方米多功能综合大厅，是涵盖城市管理、环保、社会管理、应急指挥等多功能于一体的城市综合服务管理中心，实现了全区范围内的数字化城市管理。监督指挥中心大厅，如图 14-1 所示。指挥中心基本情况见表14-1。

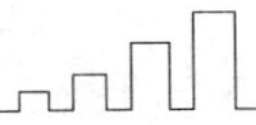

图 14-1　监督指挥中心大厅

数字城管机构基本情况表　　**表 14-1**

<table>
<tr><td rowspan="6">基本概况</td><td>单位名称</td><td colspan="5">西安市碑林城市管理监督指挥中心</td></tr>
<tr><td>单位性质</td><td>事业单位</td><td>单位级别</td><td>副处级</td><td>隶属关系</td><td>碑林区城市管理局</td></tr>
<tr><td>人员编制数（总）</td><td>11</td><td>现有人员数（总）</td><td>11</td><td>建成投运时间</td><td>2014 年 3 月</td></tr>
<tr><td rowspan="3">内设机构名称
（处、室、科、股等）</td><td colspan="3">监督受理科</td><td>人员编制及现有人员数</td><td>3</td></tr>
<tr><td colspan="3">督导指挥科</td><td>人员编制及现有人员数</td><td>3</td></tr>
<tr><td colspan="3">技术保障科</td><td>人员编制及现有人员数</td><td>3</td></tr>
<tr><td>主要职责</td><td colspan="6">（1）负责碑林区城市管理监督指挥平台建设和运行工作，研究拟定区城市管理监督指挥平台考核评价办法，建立科学完善的考核体系。
（2）负责全方位、全时段监控城市管理工作，随时对碑林区城市管理中出现的问题进行信息采集、分类、派遣和核查。
（3）负责碑林区城市管理协同平台建设工作，为区政府防灾抗灾、突发事件应急处置和指挥工作提供服务保障。
（4）负责对市民投诉的城市管理问题进行受理、交办、跟踪、督办、反馈。
（5）承办碑林区城市管理局（区城市管理综合行政执法局）、市城市管理综合行政执法总队交办的其他工作事项</td></tr>
</table>

（一）系统平台建设具体情况

碑林区数字城管平台将全区 23 平方公里划分为 650 个万米单元网格，35 个责任网格。接入全区 8 个街道办、多个相关职能处置部门。如图 14-2 所示。

碑林区数字城管平台在建设数字城管标准 9 个子系统的基础上，拓展建设了移动处置、领导督办、视频监控、门前三包等多个子系统，将数字化城市管理触角延伸到更广泛的领域。

多元化的信息采集渠道：为了更高效、全面地发现城市管理问题，在城管监督员巡查为主的方式上，建立了服务热线、固定视频监控、工地视频、流动视频监控车、单兵设备以及城管 APP 等多途径的问题上报方式，使城市管理问题的发现渠道进一步多元化，基本实现了全天候、全覆盖。如图 14-3 所示。

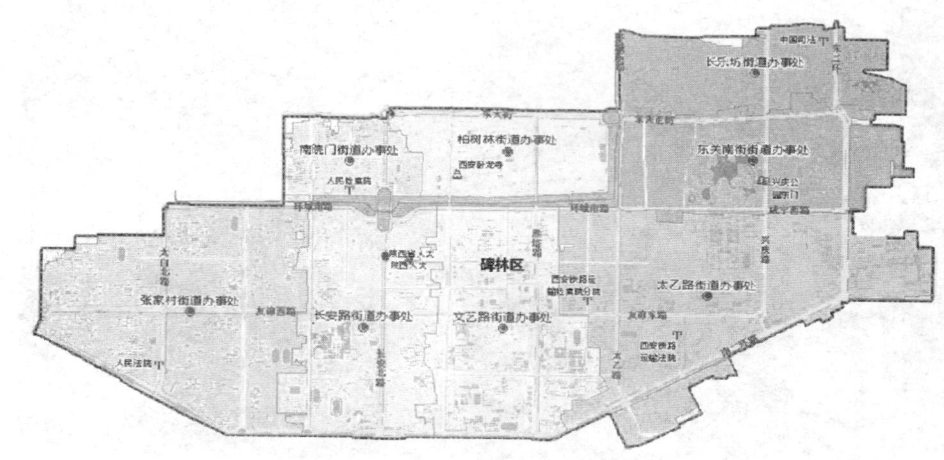

图 14-2　碑林区管辖内 8 个街道办划分

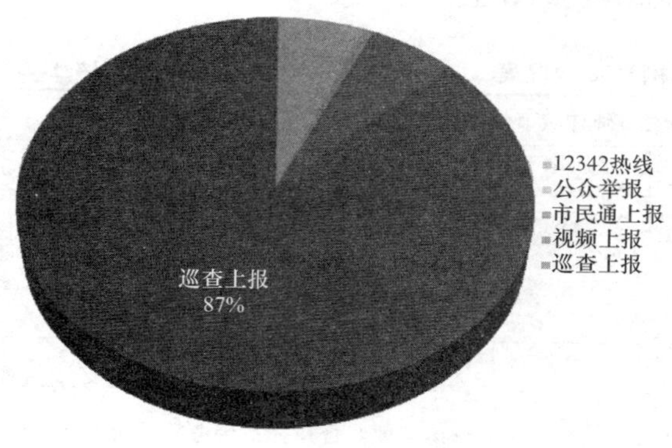

图 14-3　2017 年案件上报来源统计

移动化的办公应用终端：围绕数字城管业务全过程，设计移动终端应用 APP，通过移动终端随时随地、高效率地获取业务信息。专业部门使用“处置通”可以随时随地接收待办任务、反馈办理结果等。各级领导使用“智管通”，可实时查看城管系统中的各类案件和统计信息，了解城市管理运行情况，如图 14-4 所示。

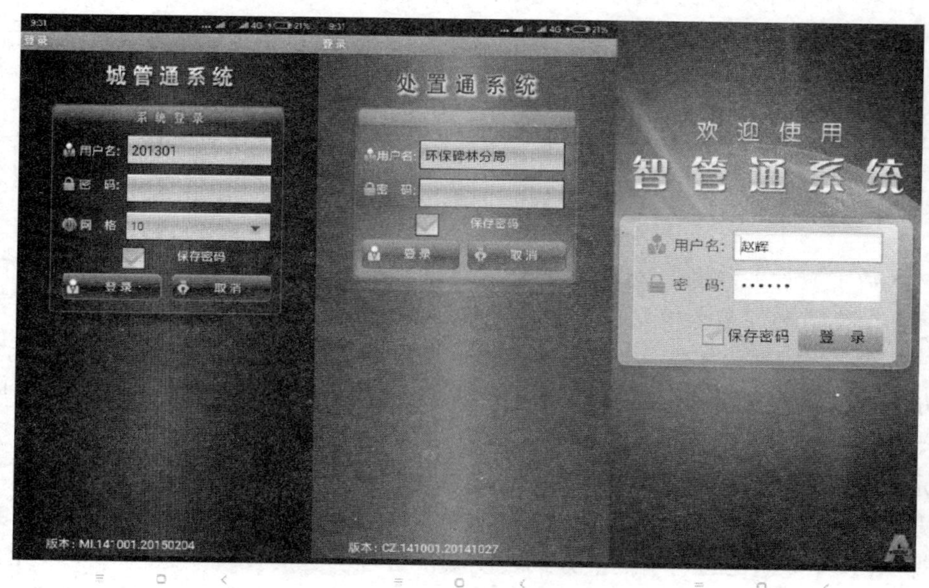

图 14-4　城管通、处置通、智管通界面

（二）创新机制，建立科学管理方式

1. 管理模式创新

2012 年 12 月，碑林区政府成立了城市管理委员会，并依托碑林区城管委办公室，成立了碑林区城市管理监督指挥中心，初步构建“大城管”格局，如图 14-5 所示。这种高位运行、监管分离的管理体制，为平台的高效运行提供了体制保障，切实提高了政府管理水平。

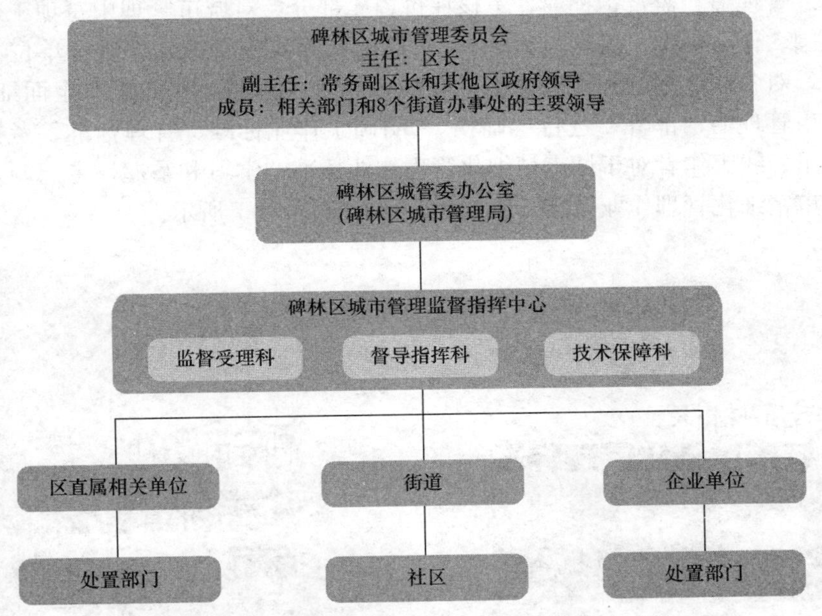

图 14-5　碑林区城市管理组织结构图

2. 人员队伍制度化管理

根据区城市管理监督指挥中心工作需要，通过劳务派遣服务的方式，面向社会公开招聘，组建了城市管理专职队伍，招聘坐席人员 25 名，监督员 70 名。通过强化专业知识、技能培训等，全面提高数字化城市管理队伍素质，通过合理的制度设置和考核激励，健全人员队伍的管理体系。

3. 日常运行的高效管理

（1）注重业务培训，提升工作效率。定期对监督员、坐席人员组织培训活动，提升业务能力和水平。

（2）定期分析研判，确保运行效果。结合城市治理工作任务和季节性工作特点，采取周、月总结的形式，定期对平台运行情况进行分析研判，及时查找运行中存在的问题。并通过短信方式将各相关单位案件处置情况发送至区委、区政府主要领导及各相关单位领导处，起到了很好的提醒督促作用。

（3）强化指挥督导，注重协同处置。通过提醒函、督查通报、现场督导等形式，强化各部门间的协同工作。针对日汇总、周小结情况，及时对案件处置率较低的街道和部门发提醒函，提高其重视程度，督促提高案件办理质量。

（三）建设特色

1. 提升科学管理水平，编制《碑林区城市精细化管理标准》

为了通过建章立制、细化标准、量化目标、明确职责，实现城市管理的无缝隙、无死角、全覆盖，碑林区编制了《碑林区城市精细化管理标准》，如图 14-6 所示，进一步完善城市管理责任分工体系、指标量化体系、检查考核体系。《碑林区城市精细化管理标准》分为作业篇、管理篇、监督指挥篇、考核评价篇 4 部分，对城市管理中每项工作的概念解释、工作范围、作业标准（处置流程）、质量标准和归属主管单位（责任单位）等内容进行详细阐述，对各职能部门和街道办事处在城市管理中的相关责任进行全面细化和分解，对每一个城市管理的“部件”进行“确权”，明确了作业标准、管理标准、考核标准。同时，为了便于一线工作者对于城市精细化管理作业标准的学习和掌握，专门制定了《西安市碑林区城市精细化管理作业标准》便携小手册，如图 14-7 所示。

图 14-6　西安市碑林区城市精细化管理标准手册

图 14-7　西安市碑林区城市精细化管理作业标准

依据数字化城市管理相关标准，结合碑林区实际情况制定了《西安市碑林区数字化城市管理信息系统指挥手册》，进一步明确管理职责，量化、细化和具体化城市管理的部件、事件，确保城市管理工作运行规范化、标准化、流程化和精细化，如图 14-8 所示。

2. 严格考核评价，构建城市精细化管理长效管理机制

为保证数字化平台的运行效率，碑林区先后出台了《碑林区数字化城市管理工作考核办法》《碑林区城市精细化管理工作考核办法》，并联合区监察局下发了《碑林区城市精细化管理工作责任追究暂行办法》，这 3 个办法相互配合、相互依存、互为补充。《数字化城市管理工作考核办法》负责每月的常态化考核，《精细化管理工作考核办法》以《数字化城市管理工作考核办法》为主要依据，《责任追究暂行办法》作为补充，起到督促和倒逼

图 14-8　西安市碑林区数字化城市管理信息系统指挥手册

作用。通过“三位一体”的考核追责方式，充分发挥出数字化城市管理在全区城市治理工作的重要作用，对全区精细化管理、城市治理工作起到了较强的监督和推动作用。

《碑林区城市精细化管理工作考核办法》是通过“大城管”的管理理念，按照“属地化、网格化、数字化、精细化”的管理原则，以区城市管理监督指挥中心（数字城管平台）的量化考核数据为主要依据，重在考核各街道办事处、各责任部门之间的相互配合、解决、落实、整改问题的城市管理综合水平。该考核办法以季考核的方式进行，各单位季度考核成绩以《数字化城市管理工作考核办法》生成的月度工作绩效数据为基础，每三个月汇总分值后取平均值，同时综合区城管委办公室日常检查得分和区级部门对各街道办事处的季度评价，监督指挥中心（数字城管平台）生成的月度考核成绩加权平均分占到了总成绩的 85%。

《数字化城市管理工作考核办法》将处置单位分为街道办事处和责任部门两个序列，考核分为月度考核、季度考核和年度考评三大部分。根据各街道办事处、各有关部门对城市管理部件的维护、城市管理事件的处置及区城市管理监督指挥中心派遣任务的完成情况，全面考虑了立案数、结案数、结案率、按时结案率、返工率等运行数据，综合生成各单位月度考核成绩。各专业部门综合评价数据如图 14-9 所示。

碑林区财政每年设立 60 万元专项资金用于对全区年度城市管理工作的奖励。月度及年度考核排名前三名奖励经费、倒数后两名扣拨经费，奖罚分明，达到了奖励先进、鞭策后进的目的。

《碑林区城市精细化管理工作责任追究暂行办法》是由区政府统一领导，区监察机关负责组织实施，负责本级行政机关领导干部以及其他工作人员的责任追究工作。行政人员在城市精细化管理工作出现在季度考评中 2 次及以上排名在较差等次，或在全区数字化城

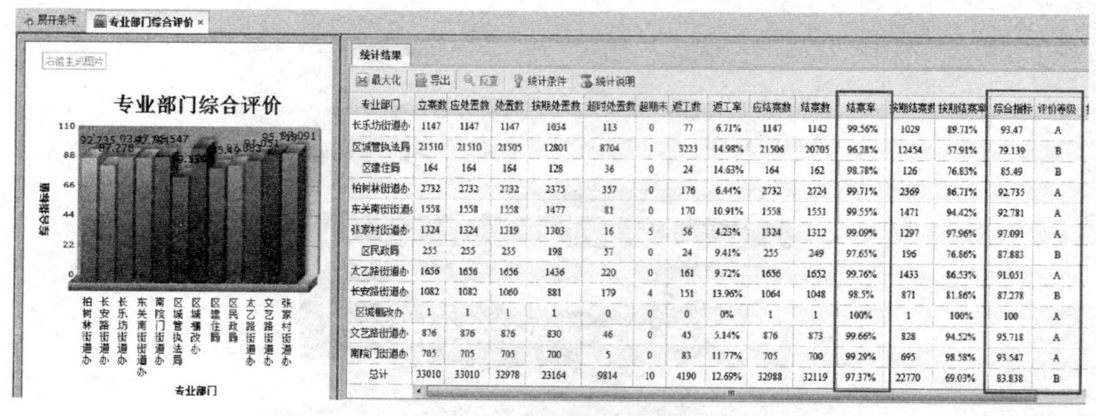

专业部门	立案数	应处置数	处置数	按期处置数	超时处置数	超期未	返工数	返工率	应结案数	结案数	结案率	按期结案数	按期结案率	综合指标	评价等级
长乐坊街道办	1147	1147	1147	1034	113	0	77	6.71%	1147	1142	99.56%	1029	89.71%	93.47	A
区城管执法局	21510	21510	21505	12801	8704	1	3223	14.98%	21506	20705	96.28%	12454	57.91%	79.139	B
区建住局	164	164	164	128	36	0	24	14.63%	164	162	98.78%	126	76.83%	85.49	B
柏树林街道办	2732	2732	2732	2375	357	0	176	6.44%	2732	2724	99.71%	2369	86.71%	92.735	A
东关南街街道办	1558	1558	1558	1477	81	0	170	10.91%	1558	1551	99.55%	1471	94.42%	92.781	A
张家村街道办	1324	1324	1319	1303	16	5	56	4.23%	1324	1312	99.09%	1297	97.96%	97.091	A
区民政局	255	255	255	198	57	0	24	9.41%	255	249	97.65%	196	76.86%	87.883	B
太乙路街道办	1656	1656	1656	1436	220	0	161	9.72%	1656	1652	99.76%	1433	86.53%	91.051	A
长安路街道办	1082	1082	1060	881	179	4	151	13.96%	1064	1048	98.5%	871	81.86%	87.278	B
区城棚改办	1	1	1	1	0	0	0	0%	1	1	100%	1	100%	100	A
文艺路街道办	876	876	876	830	46	0	45	5.14%	876	873	99.66%	828	94.52%	95.718	A
南院门街道办	705	705	705	700	5	0	83	11.77%	705	700	99.29%	695	98.58%	93.547	A
总计	33010	33010	32978	23164	9814	10	4190	12.69%	32988	32119	97.37%	22770	69.03%	83.838	B

图 14-9　2017 年第三季度各专业部门综合评价数据

市管理工作月度考核中 3 次及以上位列较差等次的，给予责任追究。责任追究方式根据不同的情况进行相应惩罚，如口头告诫、通报批评、书面告诫、停职检查、责令辞职、免职等。

3. 变商户为帮手，创建门"前三包子"系统

为了引导沿街商户、单位进一步自我约束、自我管理，变对手为帮手，开发了具有碑林特色的"门前三包"子系统。经过对全区 12700 多户门店、驻地单位等"门前三包"信息进行详实的采集，建立了全面、细致的"门前三包"基础数据库。通过"门前三包"系统，在日常巡查中一旦发现问题，系统会在第一时间向沿街店主或驻地单位联系人发送一条信息："×××同志，您已将经营物品或杂物摆放到店面以外，违反了《西安市城市管理条例》的有关规定，请您在 10 分钟之内将摆放到店面外的杂物收回……"，如果在规定时间内违法当事人仍拒不配合整改，系统会协调执法人员到现场督办处置，如图 14-10 所示。

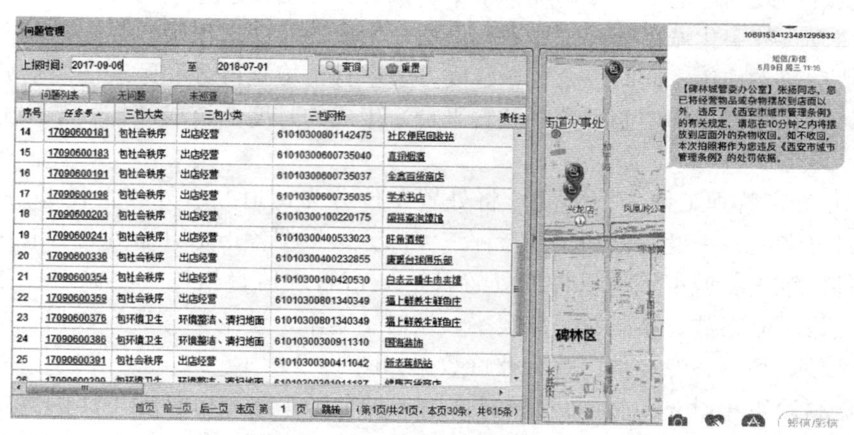

图 14-10　"门前三包"子系统

"门前三包"系统对全区统计到的所有店铺进行网格区域划分（如图 14-11 所示），当网格监督员发现问题后，通过门前三包问题上报模块，定位选择获取该网格内的商铺信息，通过对现场情况描述，将案件上报到监督指挥中心，指挥中心通过系统登记的商户信息将案件情况以短信方式发送给商户。同时，系统也对"门前三包"问题上报案件数据开展统计分析，对经常出现问题的沿街商户定期进行现场管理，大大减少了重复问题的发生次数。通过创新性建立“门前三包”管理系统，做到了对问题的及时、快速处置，也避免了执法人员与经营业主的正面冲突，达到了人性化执法。

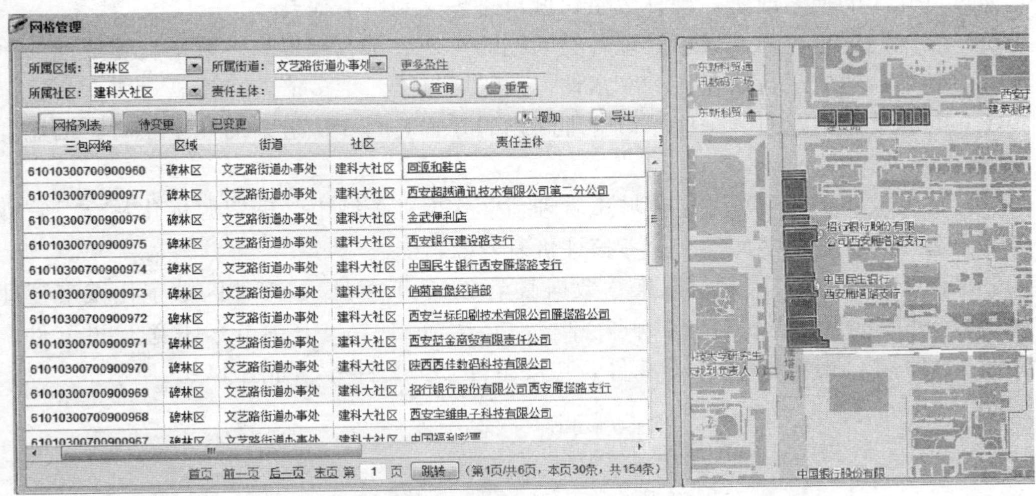

三包网络	区域	街道	社区	责任主体
61010300700900960	碑林区	文艺路街道办事处	建科大社区	回源和鞋店
61010300700900977	碑林区	文艺路街道办事处	建科大社区	西安超越通讯技术有限公司第二分公司
61010300700900976	碑林区	文艺路街道办事处	建科大社区	金武便利店
61010300700900975	碑林区	文艺路街道办事处	建科大社区	西安银行建设路支行
61010300700900974	碑林区	文艺路街道办事处	建科大社区	中国民生银行西安雁塔路支行
61010300700900973	碑林区	文艺路街道办事处	建科大社区	俏菊音像经销部
61010300700900972	碑林区	文艺路街道办事处	建科大社区	西安兰标印刷技术有限公司雁塔路公司
61010300700900971	碑林区	文艺路街道办事处	建科大社区	西安蓝金商贸有限责任公司
61010300700900970	碑林区	文艺路街道办事处	建科大社区	陕西西佳数码科技有限公司
61010300700900969	碑林区	文艺路街道办事处	建科大社区	招行银行股份有限公司西安雁塔路支行
61010300700900968	碑林区	文艺路街道办事处	建科大社区	西安宝维电子科技有限公司

图 14-11　“门前三包”商铺网格管理

4. 多途径互动、 实现全民城管

响应“互联网+”潮流，开展面向公众的应用，利用热线、APP 等模式，搭建政府与公众迅捷沟通的互动交流平台，开通城市管理问题举报热线，通过与数字城管平台对接，监督中心坐席人员通过市民通过热线反馈的各类城市管理问题，进行及时登记受理。

开发推广碑林城管 APP，市民不但可在 APP 上查询办理相关业务，也可通过碑林城管 APP 对自己身边发现的各类城市管理问题进行爆料，使市民参与到城市管理中来，如图 14-12 所示。

图 14-12　碑林城管 APP

二、建设成效

通过近几年的摸索改进，碑林数字化城市管理得到以下提升。

（1）发现问题更全面。城市管理各类问题的发现数量大幅提高，从平台建成前的每天几十件，到平台建成运行后每天 700 多件，数量增加了二十多倍。

（2）问题处置更及时。一些城市管理问题的处置时间，从过去的几个小时，缩短到现在 30 分钟以内。

（3）管理效能更显著。数字化城市管理新模式推进了城市管理资源优化整合、管理流程科学再造、管理主体多元参与、考核评价有效监督。

平台自 2014 年 3 月底运行以来（数据截至 2018 年 5 月），碑林区数字化城市管理平台共立案 589972 件，结案 579241 件，结案率高达 98.19%，其中市容环境 228636 件、宣传广告 90419 件，街面秩序 246505 件，扩展事件 12742 件等，如图 14-13 所示。

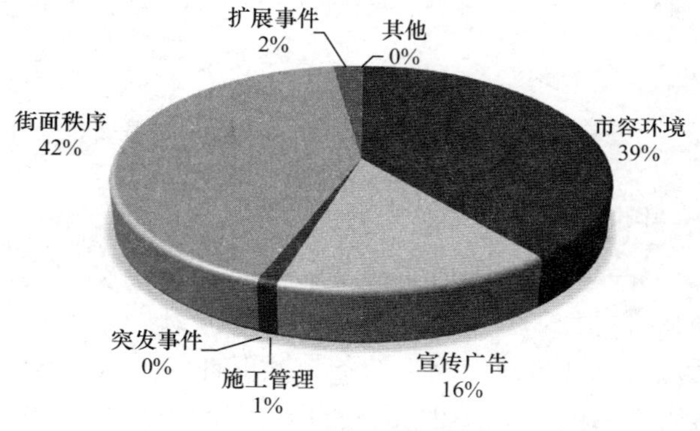

图 14-13　案件类型统计

系统运行以来的数据分析。各专业部门处置案件数、结案率情况以及 2015～2017 年立案、结案数以及结案率的统计展示，如图 14-14、图 14-15 所示。

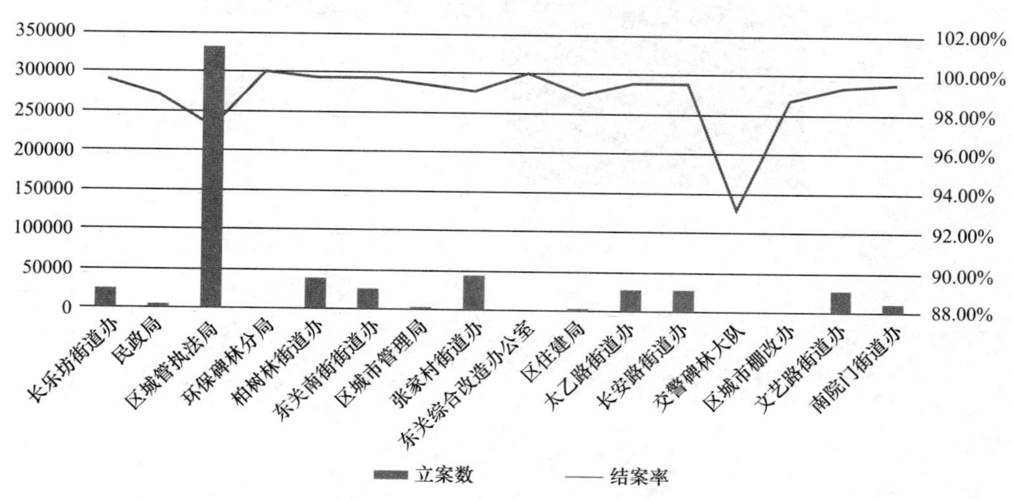

图 14-14　各专业部门处置案件情况统计

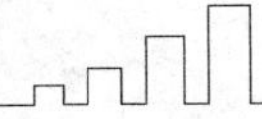

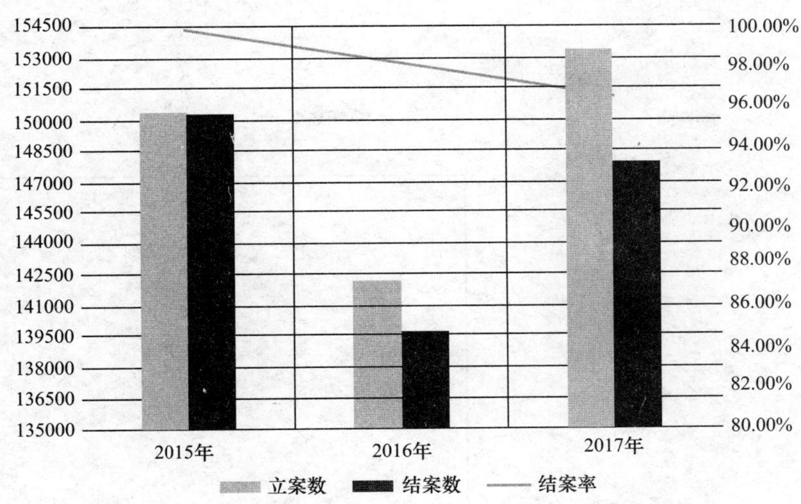

图 14-15　2015～2017 年的全年案件立案及结案率统计图

碑林区数字化城管平台先后接待国家部委和省内外考察学习团体 100 多批次。2014 年 10 月，陕西省住建厅对碑林区数字化建设工作进行经验推荐。2015 年 1 月 30 日，中央编办、国务院法制办、住房和城乡建设部三部门联合调研组来碑林区调研城市管理工作，参观了碑林区数字化城市管理平台，对碑林区城市管理工作予以肯定。2018 年 3 月碑林区城市管理局监督指挥中心被授予“碑林区巾帼文明岗”荣誉称号。

三、发展篇

第十五章

深圳市数字城管实践案例

（深圳市城市管理监督指挥中心　供稿）

专家点评

深圳市数字城管覆盖全市10个区，74个街道，是全国在线用户最多、集中化程度最高的管理平台之一。系统建成运行后立足于数字城管，结合管理的实际需求在应用和功能扩展方面进行创新和尝试，以“全采集、全智能、全调度、全接触、全用户”为目标，借助感知技术、数据分层技术、人工智能技术等新型技术，搭建了一云两平台的智慧城管新模式和环卫、绿化等多个行业精细化示范型应用；在管理创新方面大胆尝试新型市容环境主体责任制，实现了管理片区的精准确权、确责，为自动分拨和扁平化指挥奠定了坚实的基础，并制定了《深圳市数字化城市管理规范》等系列标准，为我国其他城市在智慧城管方面建设提供了可借鉴的经验。

一、基本概况

深圳市下辖9个行政区和1个新区，总面积1997.27平方公里。其中户籍人口434.72万人，实际管理人口超过2000万，截至2017年末，深圳常住人口1252.83万人，城市化率100%。

深圳市是我国数字城管首批10个数字城管试点城市之一。全市按“一级监督、二级指挥、三级管理”的运行模式，实现了统一接入、分布受理、分级处置、监管分离的运行体系，并对全国大中城市“数字化城市管理系统”建设具有示范作用。截至2018年初，近十年来已累计立案约1538万宗，结案案件数约1526万宗，结案率99.20%，为深圳的城市治理提供了有效保障。

2006年，深圳市数字化城市管理系统通过住房和城乡建设部验收，次年全市上线运行，覆盖福田、罗湖、南山，盐田、宝安、龙岗（含坪山区、龙华区、光明区及大鹏新区），行政区划如图 15-1 所示。深圳市城市管理局根据市编办《关于我市实施数字化城管工作有关机构编制问题的通知》要求，成立深圳市城市管理监督指挥中心（正处级行政事务机构），负责全市数字化城管系统具体运行管理，行政事务编制 8 名，另有 2 名工程师。依据《深圳市数字化城市管理工作规定》开展工作，全市设置 61 位坐席，配备 200 名操作员和 1727 名信息采集员。

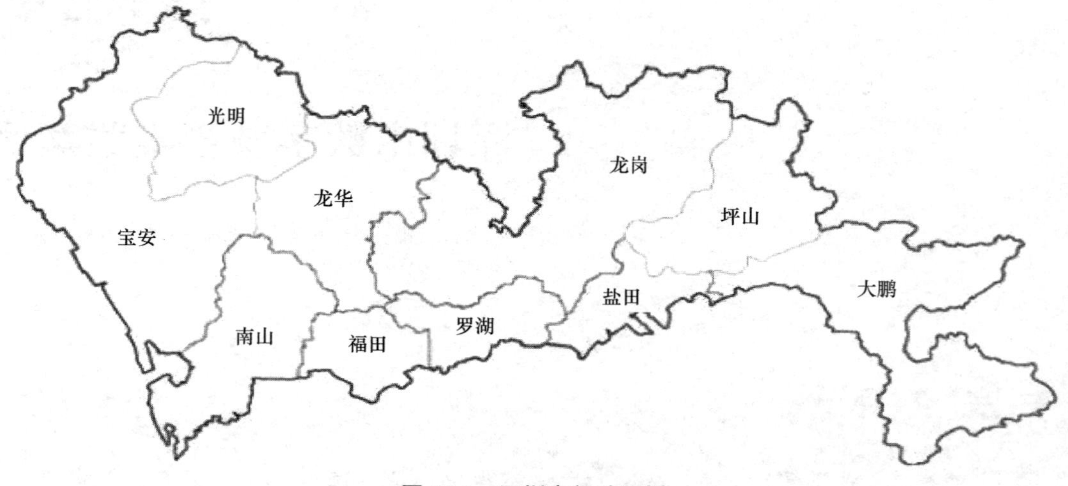

图 15-1　深圳市行政区划

（一）监管机制

1. 建章立制

2016 年，深圳市为进一步提升城市管理标准化、规范化、精细化水平，健全城市管理体系，并按照住房和城乡建设部出台的数字城管系列标准和深圳市城市管理局以“打造深圳标准”为方向，针对数字城管运行十年间暴露出的问题，组织制定了深圳市标准化指导性技术文件《数字化城市管理（1～4 部分）》（编号：SZDB/Z 300. 1-2018-300. 4-2018），文件现已正式发布，并于 2018 年 6 月 1 日起实施。后续将出台《数字城管数据交换规范》和《数字城管运行考核管理规范》等标准，形成从上而下的地方标准，为数字城管健康运行提供保障。

2. 强化管理

深圳市通过信息采集员调度系统，对全市 1727 名采集员集中监管。实现巡查轨迹电子地图实时显示采集员姓名、在线和巡查情况，对信息采集员实行网上勤务管理，建立信息采集调度系统，涉及排班、查岗、巡查、电子打卡等功能，加强对信息采集员的管理，如图 15-2 所示。通过电子地图可以清晰展示信息采集员个人信息、上报案件数、上报时间、案件详细信息、巡查轨迹、巡查公里数，管理人员对信息采集员工作情况一目了然。经过不断的完善系统功能，目前系统可自动发现信息采集员越界、脱岗、漏岗、同一位置滞留过久等异常情况，并向采集员推送提醒信息，还利用“城管通”增加视频点名功能，实现了全过程、全方位的监督和管理。2017 年信息采集员采集上报案件 1384636 宗，占数字城管案件总量 82. 38%。

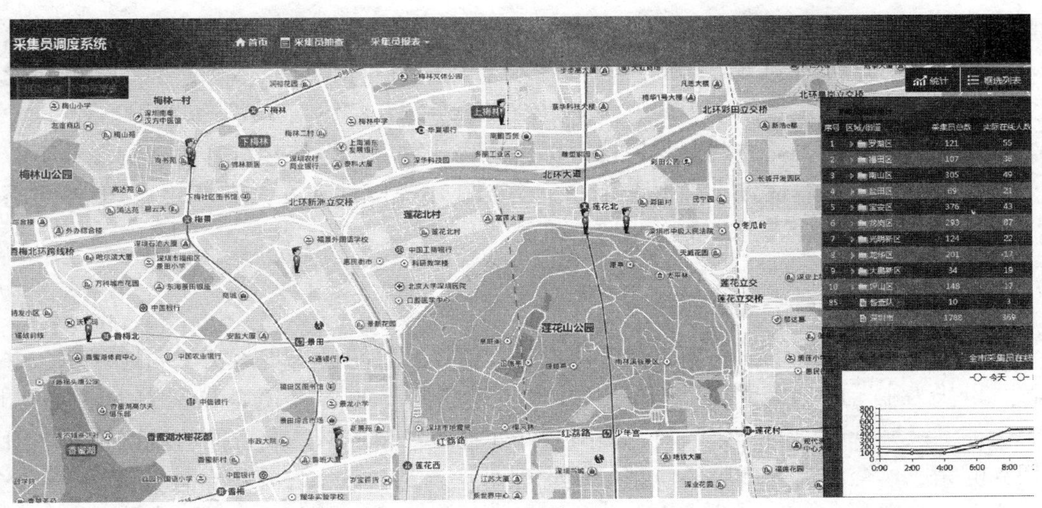

图 15-2　信息采集员调度系统

深圳市数字城管积极配合深圳创文、创卫工作的开展，通过为加强对市容环境的管理做出巨大贡献。主要涵盖创文、创卫的案件类别有街头张贴广告、共享单车乱停放、乱堆物堆料、暴露垃圾和无照经营游商等，2018 年 1 月 1 日至 5 月 27 日，深圳市数字化城市管理系统共受理案件 822780 宗（同比上升 27.46%），立案 790832 宗（同比上升 30.22%），结案 732755 宗，整体结案率 92.66%，按期处理率 97.60%。

（二）创新管理

吸引公众参与城市治理。深圳市数字化城市管理系统开放多渠道的举报方式，积极鼓励市民积极参与城市的“共建、共治”。“五位一体”上报途径，确保问题及时发现处置。市民可以通过 12319、12345 热线、美丽深圳微信公众号和 APP、微信城市服务、深圳城管官方网站多种方式对城市管理案件进行投诉，“共享”建设成果。“美丽深圳”作为一个为市民提供参与城市管理工作的开放平台，让城市管理工作接受市民的监督，倒逼城市管理服务工作，强化为民服务意识；

扩展新增案件类别，细化城市管理细胞。深圳市城管紧跟时代发展要求，强化自身责任，分别于 2016 年和 2017 年新增“共享单车”“黑煤气”和“绿化遮挡交通设施”等事件类别，并制定相应类别的采集、立案、处置和结案标准，联合多部门共同处置市容环境问题。

（三）协同处置

首先，建立联席会议工作制度。深圳市委、市政府以数字城管为抓手，治理深圳市容环境，创建联席会议工作制度，总召集人为深圳市市长，召集人为分管副市长，有效加强数字城管高位监管和协调职能。数字城管建立市、区主任联席会议制度。每季度召集各区主任召开会议，对数字城管运行情况进行总结，建立市区数字城管主任微信群，沟通工作中的问题，确保监管职责落实到位和数字城管的正常运行。

其次，建立市区两级联动协同处置机制。深圳市数字城管将 10 个区、74 个街道、20

个政府部门和驻深单位、11 家市级提供公共服务的专业集团公司，以及全市 1,500 多家企事业单位纳入数字城管系统，保证落实事事有着落，件件有回音。2017 年，全市共受理各类案件近 176 万多宗，立案 168 万多宗，结案 167 万，整体结案率 99.30%。

最后，平台与交警交委共享监控视频探头，联动数字化系统接口，实现资源共享，及时处置派遣。万名市容巡查员确保全市 5 大类 133 小类部件和 6 大类 82 小类事件问题能够及时发现，高效处置，形成常态化巡查机制。

（四）量化考核

深圳市数字化系统不断完善创新考评机制，依托互联网进一步落实“属地管理、重心下移、以块为主”的辖区管理责任制，推出“互联网＋市容环境考核”方案，强化市、区、街道三级城管部门的工作联动。提高案件处置质量和效率，大力推动城市管理各项工作任务的完成，全面提升市容环境精细化管理水平。对“数字城管平台运行情况”“处置单位信息采集案件”、“处置单位公众案件”和“主体责任制落实及公众参与情况”4 个二级指标、“操作员对数字城管案件操作的准确率、及时率，及案件的延时、督办、挂账等”和“信息采集员被发现在责任网格中越界、脱岗、漏岗、同一位置滞留过久等空巡、空转的情况，网格巡查覆盖率未达 100%”等三级指标进行考核，成绩列入政府绩效考核内，如图 15-3 所示。

序号	责任单位	立案派遣数	应结案数	结案数	提前结案数	超期结案数	案件未处理扣分	案件超时处理扣分	按期处理率[%]	公众反馈满意加分	公众投诉扣分	综合得分	评价等级	考核排名	进步率[%]	进步率排名	日均立案数	平均个案处理时间(时)	结案率[%]	加权平均案件处理时间(时)
1	+市公安局交通警察局及下属单位	490	304	312	8	0	0	0	100.0000	1.54	-1.54	100.00	A+	1	0.00	4	70.00	2.4888	100.0000	2.4888
2	+深圳市供电局有限公司及下属单位	109	0	10	10	0	0	0	100.0000	0	0	100.00	A+	1	0.00	4	15.57	63.4150	100.0000	63.4150
3	+市公安局及下属单位	15	3	4	1	0	0	0	100.0000	0	0	100.00	A+	1	0.00	4	2.14	40.6950	100.0000	40.6950
4	深圳市燃气集团股份有限公司	7	1	4	3	0	0	0	100.0000	0	0	100.00	A+	1	0.00	4	1.00	9.8675	100.0000	9.8675
5	深圳天威视讯有限公司	5	5	5	0	0	0	0	100.0000	0	0	100.00	A+	1	0.00	4	0.71	11.2440	100.0000	11.2440
6	深圳市信息管线有限公司	2	2	2	0	0	0	0	100.0000	0	0	100.00	A+	1	0.00	4	0.29	14.4100	100.0000	14.4100
7	深圳报业集团	1	1	1	0	0	0	0	100.0000	0	0	100.00	A+	1	0.00	4	0.14	15.2000	100.0000	15.2000
8	+市交通运输委员会及下属单位	851	132	333	208	3	-1.24	-1.21	97.0588	0.48	-0.48	97.55	A+	2	17.99	2	121.57	40.2813	97.9412	41.1280
9	深圳市水务（集团）有限公司	87	39	65	26	5	0	-2.56	92.3077	0.56	-0.56	97.44	A+	3	-0.73	5	12.43	16.2962	100.0000	16.2962
10	+广东联通深圳分公司	20	11	12	1	3	0	-3.39	75.0000	0	0	96.61	A+	4	28.21	1	2.86	39.8775	100.0000	39.8775
11	+广东移动深圳公司及下属单位	60	13	27	17	0	-6.00	0	90.0000	2.86	-2.86	94.00	A	5	-6.00	6	8.57	18.1426	90.0000	20.1584

图 15-3　责任单位统一评价图

二、智慧城管再创新篇

2014 年，深圳市以国际化视野审视城管问题，着力打造“法制城管、智慧城管、品质城管和人文城管”，推动工作方式由“管理”向“治理”转变，由“管理”向“服务”转变，由此正式拉开了智慧城管建设序幕。2015 年市中心组建战略发展顾问团队，聘请中科院深圳研究院、中兴、华为、腾讯、图元、移动、联通、电信等 15 家知名企业及机构担任发展顾问，积极推进数字化城管向智慧化转型。目前正在积极推进之中，并取得了实质性进展。

（一）打造“五全”系统当好城市管家

数字城管是“规范流程、摸清家底、网格管理、主动发现、分清职责”；智慧城管是“管理互联、服务互动、动态感知、数据共享、流程再造”。深圳市数字城管转向智慧城管，主要以“全采集、全智能、全调度、全接触、全用户”为目标，打造“五全”的智慧城管系统，如图 15-4 所示，当好城市管家。

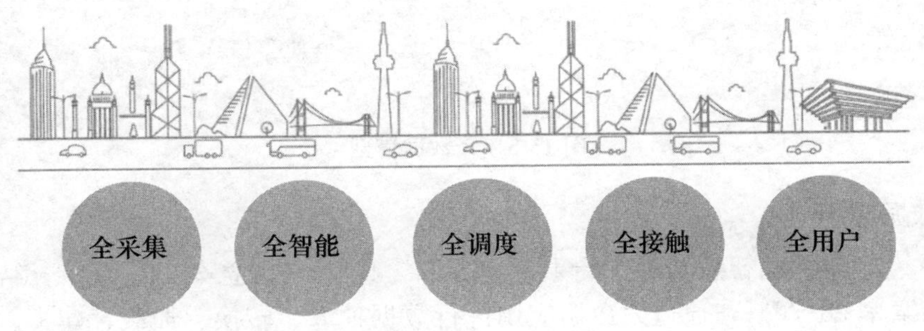

图 15-4 “五全”智慧城管系统

1. 全采集

全市统筹考虑所有的数据采集渠道，包括各类传感器、摄像头、手持终端、卫星遥感数据等。并且把这些数据汇聚在智慧城管系统中充分使用发挥其最大价值。

2. 全智能

多源数据的集中处理能力、海量数据的分析能力，实现大数据结果应用与业务融合，用业务反馈调整分析模式并指导具体业务。

3. 全调度

借助先进的管理调度技术手段，把城管打造成为一支“呼得通、看得见、调得动”的特别能战斗的队伍，确保在日常巡查或重大行动中都可以实现实时调度、扁平指挥。

4. 全接触

统一市民与城管打交道的接触渠道，通过微信、网站、12319 热线电话等途径，都会得到及时受理、及时处置、及时反馈，极大提升广大市民的获得感和对城市品质的认同感。

5. 全用户

通过解决不同类型用户之间的信息不对称问题，实现用户与平台之间端对端、点对点的互通机制，减少中间数据流通环节，解决应用数据与服务对象之间的时效性问题。

（二）智能大数据历练深圳“最强大脑”

深圳智慧城管通过城市管理案件中心，引入离线式大数据模型和多维分析技术，向用户提供强大的云计算结果和调度、运营一体化平台，涵盖人工智能（AI）、云图计算、有针对性的为巡查任务提供依据，提供数据的可视化，让用户直接从海量数据中快速获取所需数据。大数据模型如图 15-5 所示。

图 15-5 大数据模型

1. 大数据应用-Ⅰ

2015～2017 年深圳智慧城管平台共受理案件 447 万宗、立案 413 万宗、结案 407 万宗，整体结案率 98.76%，通过大数据应用进行数据抽取、转换、加载、建模、分析、报表呈现、数据治理等数仓建设环节，在公有云、私有云、非云化环境快速建设 TB 到 PB 级的企业数据仓库和数据集市，搭建专属的大数据应用。2015～2017 年案件量展示如图 15-6 所示。

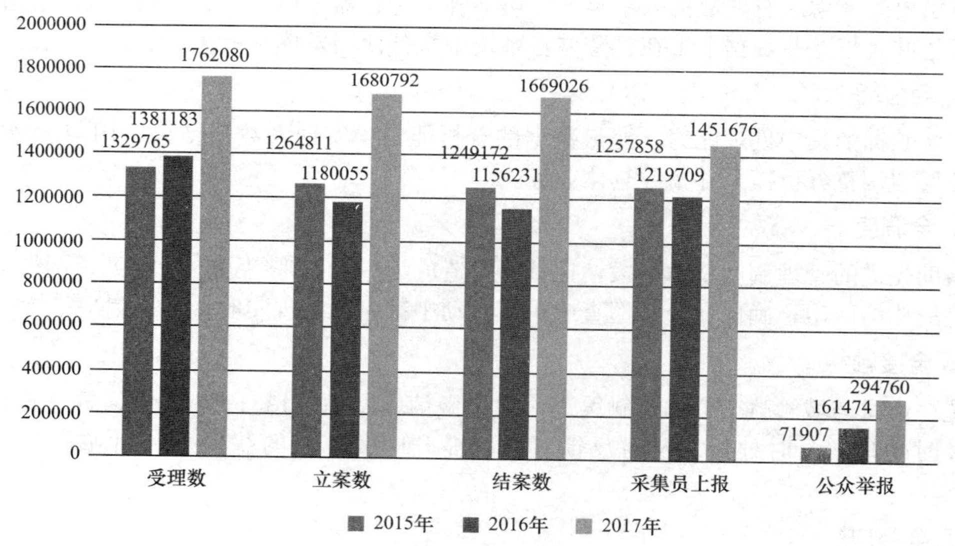

图 15-6 2015～2017 年案件量展示

2. 大数据应用-Ⅱ

智慧城管智能分析技术，打造城管行业黑点地图，如图 15-7 所示，对城管涉众案件多维度（时间、类型、处置情况、区域等）抽取、分析，将环卫黑点、执法黑点全面分析出来，建立黑点处置预案与机制，形成全流程的黑点处置机制；并通过电子责任片区划分、电子合同书、推行新型主体责任制，建立“细胞网格”，实现了全市范围的市容环境家具、养护单位以及监管单位，红线辖区的物业公司等，建立的精细、精准的权责清单。

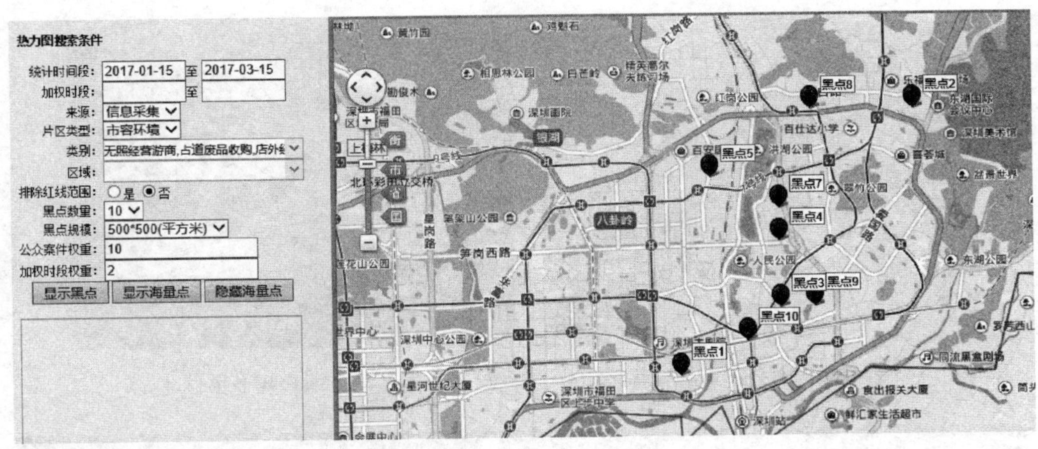

图 15-7　黑点地图

3. 开通“美丽深圳”公众服务号，形成“共建、共治、共享”新格局

2016 年，深圳市推出《深圳市城市管理微信红包奖励实施办法》对市民投诉的 32 类城市管理问题实施奖励，每宗案件按 2～15 元标准，通过微信红包及时发放，极大的鼓励市民积极参与城市管理工作，培养城市主人意识。美丽深圳公众号平均每天受理市民爆料案件 2000 余宗。目前，服务号粉丝量已达到 34.4 万余人，市民成功领取红包金额 72 万余元，这极大调动了市民参与城市治理的积极性。

建立城市管理文明使者成长计划，月均组织文明使者活动 100 余场，吸纳文明使者 8 万多人。同时公众号重点推出便民服务功能，例如公园在线购票、公厕查找、公园游玩指南、在线电子政务等，深受市民喜爱，实现了全民共享发展成果，形成了市民“共建、共治、共享”的新格局。

4. 精细化管理应用（环卫、绿化）

2015 年，深圳市城管局运用物联网感知、北斗卫星定位、云计算、数据库、大数据分析等技术，建立了环卫和绿化 2 个精细化作业管理系统，进一步提高了城市管理水平。

（1）统一分级管理的精细化作业标准、统一的运行监管模式、统一的合同管理、统一的信息评价和奖惩机制，形成“分项管理与单项核算”相结合，“投入的过程管理与质量的结果考评”相结合，“量化监管与效果监管”相结合的精细化监管体系。

（2）构建绿化、环卫养护履约诚信评价体系，对接全市商市诚信平台，将城市管理中的不良行为纳入诚信记录，有效提高了市场化条件下的履约约束力。

（3）建立基础信息库，包括责任街道信息、绿地基础信息、指标企业信息等，以此为依据进行科学、全面的数据分析，做出统筹决策。2016 年获得《住房和城乡建设部科学技术计划项目示范工程》奖项。

截至 2018 年 5 月环卫完成基础数据有 188 个标段、27650 人，1456 辆车，城中村 1117 个，市政道路 2113 条，垃圾中转站 399 个，垃圾收集点 638 个。绿化录入管养企业 145 家，管辖 153 个标段，养护面积共 2331.76 平方米，养护人员 5200 人，车辆 290 台。清扫作业现场如图 15-8、图 15-9 所示，环卫作业系统如图 15-10 所示。

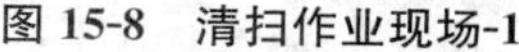
图 15-8　清扫作业现场-1

图 15-9　清扫作业现场-2

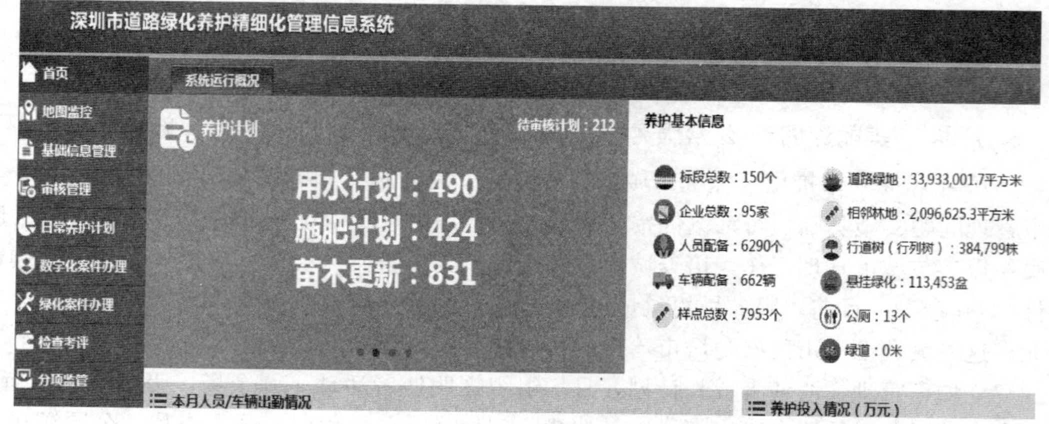

图 15-10　环卫作业系统

深圳智慧城管通过部署环卫、绿化精细化作业管养系统，提升环卫、绿化精细化水平，促进环卫、绿化行业服务单位与管理单位共赢，倒逼企业强化内部管理，提高了一线作业工人工资福利。

5. 推行新型主体责任制，实现案件自动分拨、扁平化指挥调度

2017 年全面落实新型市容环境管理主体责任制，通过“主体责任制”配套信息系统，签订电子“门前三包”合同，将主管部门、监管单位和维护单位有机结合，明确责任地图和权责清单，签订履约责任书，实现城市管理问题事件的扁平派遣；修订新标准，实现了考核至责任人，考核各级责任主体所辖范围内的市容环境情况。督促街道将辖区管理责任落实到位，业主将红线管理责任落实到位，外包企业将履约责任落实到位，形成市容环境齐抓共管的格局。

可视化电子地图系统显示全市 1836 个城中村基本信息以及相关考核任务完成情况。目前城管电子地图已覆盖全市 74 个街道，涉及的监管单位 2405 个，维护单位 6850 个。城中村可视化电子地图如图 15-11 所示。

深圳智慧城管建设涵盖市政园林、环卫、爱卫、绿化、灯光、公园城管执法、林业和野生动物保护等多项业务，为城市管理插上了依靠科技手段腾飞的翅膀，加强对城市的有效监管，提升了深圳的城市品质，得到了上级业务部门和社会各界的普遍好评，历年都有大批同行前来参观学习，深圳市任职书记、市长均莅临市城管监督指挥中心检查指导工作，该中心为打造全国最干净城市和世界著名花城做出了巨大贡献。

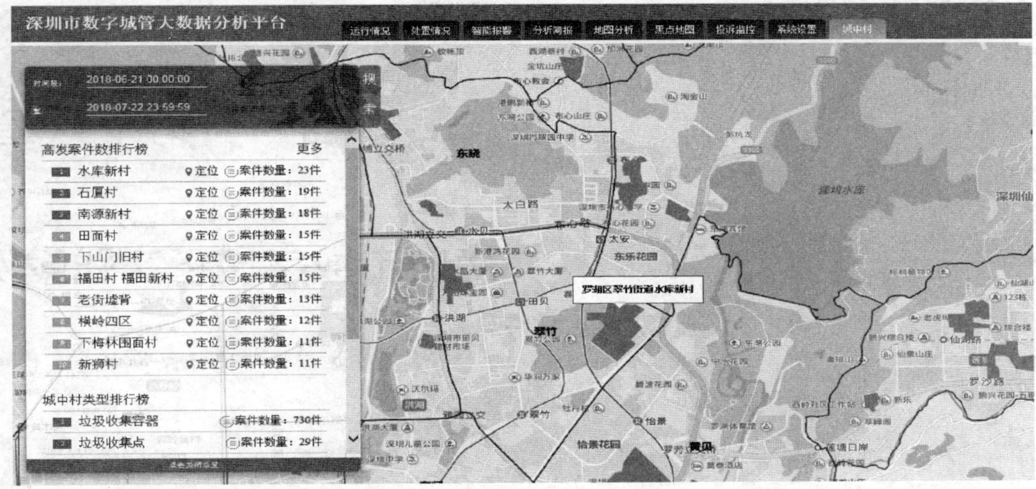

图 15-11　城中村可视化电子地图

第十六章

南宁市数字城管实践案例

（南宁市城市管理监督评价中心　供稿）

专家点评

南宁市建立数字城管“挣工分”机制，城区、街道和社区城管和网格巡查人员主动发现、认领、处置责任网格内的问题，按照“工分”标准得分，反之将被扣“工分”。个人所挣“工分”与绩效考核挂钩，按照“工分”多少实施经济绩效奖励。通过建立挣“工分”的竞争与激励机制，打破了城市运行领域的“大锅饭”，实现了问题发现与处置无缝隙、实名制、常态化的网格化责任落实，城市管理问题逐步减少的管理目标得到了实现。南宁建立挣“工分”机制，通过考核倒逼责任主体个人主动履职尽责，是数字城管制度智慧的成功实践案例。

一、基本概况

南宁，简称“邕”，是广西壮族自治区首府，现辖5县10区（含3个国家级开发区），辖区面积2.21万平方公里，人口755万。2013年以来，南宁深入开展“美丽南宁·整洁畅通有序大行动”活动（以下简称“大行动”），建立起高位推进城市治理机制，依托数字城管系统创建“大行动”专项考评和扬尘污染治理考评体系，深入推进网格精细化管理，全面加强考评结果运用，提高“互联网＋城管”服务水平，有效推动城市环境实现整体跃升。

（一）南宁数字化城市管理系统建设概况

2007年南宁建成数字城管系统，系统覆盖全市50多个责任单位、6个城区、2个开发区。2017年南宁完成数字城管系统整体升级改造，构建“资源整合、信息共享，应采尽采、全面覆盖，高效监督、精准指挥，科学评价、为民服务”的数字城管综合信息平台。

目前，南宁数字城管系统部署到市电子政务大数据机房和云平台，实现大数据、云资源和信息安全体系整合共享。基于大数据中心及云平台构建新型数字城管专用数据库体系，实现海量数据管理和大数据智能统计与决策分析。依托云平台网络体系构建新数字城管专用网络平台，市级与城区/开发区二级指挥中心专网达千兆传输。

南宁数字城管创新建设“大行动”专项考评系统（如图 16-1 所示）、扬尘污染治理考评系统，推进考评工作信息化，固化考评流程，实现考评各个工作环节的规范化、高效化、透明化，确保考评公正公平、科学合理。

图 16-1　“大行动”考评系统及扬尘污染治理考评系统

（二）城区数字化城市管理拓展建设情况

各城区（开发区）在市级数字城管系统应用基础上拓展建设了内部使用的“城管通”系统。如青秀区开发的“青秀通”，可自动将市级数字城管平台派遣的案件精准推送到网格责任人进行处置，解决城市管理案件派遣“最后一公里”问题。“青秀通”具有案件上报、案件流转、指挥调度、数据分析、绩效管理和人员考勤等功能。

（三）南宁数字化城市管理机构设置概况

2007 年 9 月 23 日，南宁市城市管理监督中心正式挂牌成立，为市人民政府直属，相当正处级事业单位，主要承担我市开展数字化城市管理工作职能，2010 年 2 月，调整为市城市管理局直属事业单位。2013 年 10 月，市委、市政府将市城市管理监督中心恢复为市人民政府直属事业单位，更名为南宁市城市管理监督评价中心，与市城市管理指挥中心合署办公。

全市 8 个城区（开发区）设立了相当正科级事业单位的城市管理指挥中心，负责指挥街道、社区的城市管理问题处置工作；全市涉及城市管理的 50 多家单位都组建了城市管理问题处置工作小组。12319 热线受理大厅如图 16-2 所示。

图 16-2　南宁数字城管 12319 热线受理大厅

二、建立高位推进城市治理机制，强化责任落实

2013 年南宁成立“大行动”指挥部，指挥长、副指挥长分别由市委副书记、副市长担任，指挥部每两个月召开一次专题工作会，实现高位统筹、高位指挥；成立“大行动”指挥部办公室，负责开展“大行动”及扬尘治理工作的日常指导协调，实现高位组织、高位协调；为避免在“大行动”专项考评中出现既当运动员又当裁判员的监督缺位问题，2013 年 10 月市委、市政府决定由南宁市城市管理监督评价中心作为独立监督机构参与“大行动”日常考评工作，监督考评与管理分离，实现高位监督、高位评价，突出南宁数字化城市管理监督、考评两大重要职责。

各城区、开发区也相应成立“大行动”指挥部，形成城区相对高位指挥、高位协调、高位评价的城市治理机制。

三、创新城市治理考评体系，提升城市综合治理水平

南宁数字化城市管理负责具体实施“大行动”专项考评和扬尘污染治理考评工作，从 2013 年 9 月～2017 年 12 月，进行了 52 次“大行动”考评、17 次扬尘考评。同时，在“大行动”专项考评基础上，整合全国文明城市、全国卫生城市、国家园林城市等考核评价指标，形成“考评＋”开放体系。

（一）构建精细化多维考评体系

2013 年以来，南宁数字城管建立了“大行动”考评和扬尘污染治理考评体系。“大行动”考评对象为 8 个城区、9 个涉及“大行动”的市直重点责任部门（单位），考评内容为市容整洁、交通畅通、文明有序三大问题，考评方法是一发现问题即扣分的严管重罚方式；扬尘污染治理考评对涉及工地、道路运输、消纳场、堆场、搅拌站等的责任单位进行考评，并纳入环保 PM2.5、PM10 监测数据进行考核。

南宁“大行动”专项考评根据不同的考评对象，建立 4 类不同的考评模型——城区（开发区）考评、市直重点责任部门考评、市属平台公司考评、城区责任网格考评模型（见表 16-1），达到了运用考评杠杆作用撬动城市治理，实现市容环境整体跃升的效果。2015 年市级数字城管平台有效上报案件数 423492 件，2016 年有效上报数 376540 件，2017 年有效上报数 491374 件（2017 年新增共享单车采集内容，并且全市新增 7 个监督网格，使案件量同比增加 30%）。考评排名媒体公示如图 16-3 所示。

“大行动”城区、开发区考评细则　　**表 16-1**

一级指标	二级指标	三级指标	考评内容	计量标准	扣分标准
一、市容环境整治工程（50 分）	（一）重要街区场所、城市出入口治理（10 分）	1. 违法占道	（1）占道经营	无占道摆摊设点、沿街叫卖现象	有占道摆摊设点、沿街叫卖的，每处扣 0.2 分
			（2）跨门槛经营	临街店铺经营者规范经营，无跨门槛（窗）经营	临街店铺经营者跨门槛（窗）经营的，每处扣 0.1 分
			（3）违法经营、违法作业、乱摆乱放	在规划道路红线或者现状道路边线与建筑物外缘之间的开放式场地无经营、作业、摆放广告牌、灯箱或者展示商品和堆放物品现象	在开放式场地进行经营、作业、摆放广告牌、灯箱，或者展示商品和堆放物品的，每处扣 0.1 分
			（4）人行道车辆停放	人行道无车辆乱停放	车辆在人行道上乱停放且未处罚每辆扣 0.1 分；未经审批设置人行道停车泊位每处扣 0.2 分
	……	……	……	……	……

4 南宁日报 县区新闻

以“扶贫周”“扶贫日”对标治贫

——邕宁区创新政策推动脱贫攻坚工作落到实处

横县统筹资金助推义务教育均衡发展

南宁经开区突击检查规范夜市经营秩序

发挥后盾单位优势　助力帮扶贫困村脱贫

青秀区着力解决农村环境突出问题

良庆区依法拆除两处违法建设

西乡塘区拆除逾万平方米违法建设

南宁日报社公开招聘人员启事

图 16-3　考评排名媒体公示

（二）针对“差异化”难题制定精细化考评办法

南宁数字城管创新引入“网格系数”概念破解城区（开发区）的区域差异化；通过“变化率”＋“贡献率”破解市直部门的职责差异化；通过“单位面积最大案件密度变化率”破解市属平台公司的业务差异化；通过项目关联扣分体现市直部门与城区（开发区）的“同网同责”；通过同一个考评项目子项关联扣分体现配合部门与牵头部门“同项同责”，使考评工作更显科学和公平。破解差异化的举措，在城市管理考核评价领域为全国首创，如图 16-4 所示。

表 1：城区（开发区）网格系数表

城区（开发区）	网格数	网格系数
青秀区	30	6.76
兴宁区	14	3.15
西乡塘区	16.48	3.71
江南区	11	2.48
邕宁区	4.44	1
良庆区	8	1.8
高新区	7.52	1.69
经开区	6	1.35

注：青秀山风景区不考虑网格系数。

变化率计算

	各城区合计扣分				扣分基数	9月政策系数	6月变化率	7月变化率	8月变化率	9月变化率	月变化率得	9月排名
	6月	7月	8月	9月								
市城管局	1098.01	807.765	757.7825	538.47	887.8525	1	0.236703	-0.0902	-0.1465	-0.39351	89.1262	4
市住房局	60.885	68.605	64.74023	121.27	64.74341	0.4253	-0.0596	0.059645	-4.9E-05	-0.20338	87.73498	7
市交警支队	39.72	49.76	18.25	2.46	35.91	1	0.106099	0.385686	-0.49179	-0.9315	89.99879	1
市园林局	24.2	24.56	42.23	33.55	30.33	1	-0.20211	-0.19024	0.392351	0.106166	86.44403	8
市工商局	219.5223	144.0897	161.8665	99.14357	175.1595	1	0.253271	-0.17738	-0.07589	-0.43398	89.3288	3
市城乡建委	9.85	18.08	26.08	46.35	18.00333	1	-0.45288	0.004258	0.448621	1.574523	83.6	9
市食药局	24.02927	15.57223	14.85895	8.72	18.15348	1	0.323673	-0.14219	-0.18148	-0.51965	89.62765	2
市公安局	26.4575	20.72184	30.38564	20.12071	25.85499	1	0.023303	-0.19854	0.175233	-0.22179	87.38328	6
市交通运输局	26.42706	20.89517	23.83908	14.91143	23.72044	1	0.114105	-0.11911	0.005002	-0.37137	88.99776	5

根据6月、7月、8月的变化率计算sigma 0.234848

得分最大值 89.9

得分最小值 83.6

贡献率计算

	9月份各城区加权贡献率								部门加权贡献度	9月份贡献率得分	
	兴宁	江南	青秀	西乡塘	邕宁	良庆	高新	经开			
市城管局	-0.01436	-0.01342	-0.03675	-0.0697	-0.00442	-0.01515	-0.00088	-0.00233	-0.15701	86.97212	5
市住房局	0.019292	0.001311	0.09072	-0.16077	-0.00295	0.022904	-0.04027	-0.02336	-0.09312	86.82998	6
市交警支队	-0.0731	-0.05975	-0.10374	-0.17364	0.01819	0.005165	-0.01454	0.007571	-0.39384	87.91163	1
市园林局	-0.02432	-0.01835	0.617058	-0.17346	0.017589	0.043605	-0.01776	-0.0158	0.428554	85.42692	8
市工商局	-0.02216	-0.01996	-0.06363	-0.18068	0.003575	0.001909	-0.00119	0.005987	-0.24615	87.26815	3
市城乡建委	0.132217	-0.0392	-0.09529	-0.17353	0.011372	1.135324	0.011578	0.001158	0.983623	83.77863	9
市食药局	-0.02976	-0.04935	-0.0909	-0.17213	0.018	0.081774	0.010402	-0.03222	-0.2642	87.33909	2
市公安局	0.03118	-0.0287	0.080554	-0.16648	0.007656	0.057422	0.019178	-0.03389	-0.08308	86.76021	7
市交通运输局	-0.00156	-0.01867	-0.02334	-0.16871	0.021342	0.007871	-0.04316	0.011719	-0.21451	87.15188	4

图 16-4　破解差异化举措

（三）精细化叠加“创城”数据，打造“考评＋”模式

为保障南宁创卫生城、创文明城、创生态园林城工作需要，在城市管理常态化考评基础上，分别叠加创卫生城、创文明城、创生态园林城数据，形成“考评＋”模式，服务各项专项整治行动，如表 16-2 所示。

“考评＋创卫”等　　　　**表 16-2**

考评对象	明察［得分＝(100－扣分)×0.35］		暗访［得分＝(100－扣分)×0.40］		社会监督［得分＝(100－扣分)×0.15］		公众评议（得分＝卷面分×0.1）	“三车”考评扣分	创卫叠加扣分	最终得分	排名
	扣分	得分	扣分	得分	扣分	得分					
邕宁区	0.15	34.95	26.68	29.33	0.40	14.94	8.06	0.00	－0.20	87.08	1
西乡塘区	0.00	35.00	25.52	29.79	0.83	14.88	7.40	0.00	－0.09	86.98	2
青秀区	0.00	35.00	26.85	29.26	0.78	14.88	7.58	0.00	－0.09	86.63	3
高新区	0.16	34.94	27.60	28.96	0.48	14.93	7.46	0.00	－0.11	86.18	4
经开区	0.08	34.97	28.00	28.80	0.39	14.94	7.29	0.00	－0.11	85.89	5
江南区	0.00	35.00	28.59	28.57	0.64	14.90	7.44	0.00	－0.07	85.84	6
良庆区	0.02	34.99	28.60	28.56	1.32	14.80	7.55	－0.01	－0.25	85.64	7
兴宁区	0.00	35.00	29.59	28.17	0.80	14.88	7.35	0.00	－0.07	85.33	8
青秀山风景区	0.00	35.00	2.92	38.83	0.00	15.00	8.84	0.00	0.00	97.67	不排名

四、深化网格管理机制，夯实数字城管解决问题能力

南宁以社区为基本单元划分 490 个工作责任网格，明确责任部门和网格责任人，建立“纵向到底、横向到边”的城市管理责任落实体系。每个网格由社区负责人、城区相关职能部门负责人担任，网格员由包括城管、食药、工商、住建、交警、市政、环卫、社区工作人员和志愿者等城市管理一线人员组成，既厘清专业分工，又明确合作要求，形成网格内联动的“基层一张网”。实行同网同责，任务到网、责任到岗、奖惩到人的网格管理制度，充分调动一线工作人员的积极性，激励立足岗位、主动作为，实现“发现问题人人有责，处置案件专人负责，处置效率人人监督”，小案件即时办结，大案件及时转办的高效运转机制。

网格人员必须第一时间处置市级数字城管派遣的案件，同时还必须主动通过城区的“城管通”采集上报非自身职责可处置的案件，由网格一线工作人员领取处置，使城市管理问题第一时间得到发现、第一时间得到处置。这一做法相当于城区责任网格叠加了数字城管监督网格，极大激发了社区数字城管天天发现问题、天天处置问题的工作力量，基本达到大量的城市管理问题在网格内部得到发现和解决的良好工作效果。据统计，2016 年青秀区自我发现和处置的案件量为 164.17 万件，2017 年为 68.65 万件。这些案件由青秀区自身消化解决，大量减少了市级数字城管系统平台对青秀区的监督数据采集数量。2014 年市级数字城管平台在青秀区共采集案件 12.59 万件，2015 年采集 11.02 万件，2016 年采集 10.43 万件，2017 年采集 13.81 万件，除 2017 年由于新增共享单车采集内容和新增监督网格使案件量增加之外，基本上总体呈下降趋势。网格化区域分工如图 16-5 所示。

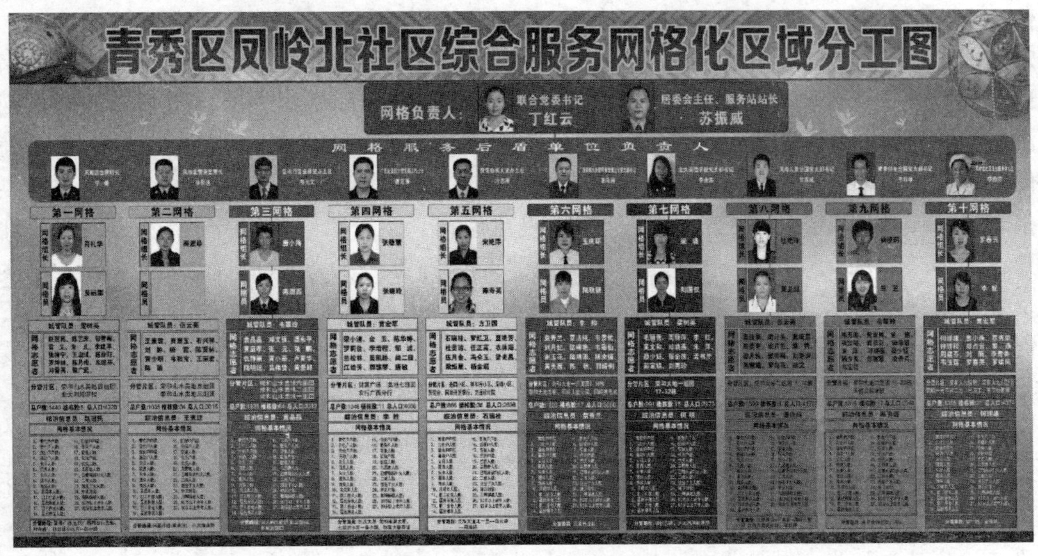

图 16-5　青秀区凤岭北社区网格

五、强化考评结果运用，促进责任主体主动发现和处置问题

考核评价是城市管理的最后环节，是落实城市管理责任、完成城市管理目标、建立城

市管理长效机制必不可少的重要保证，强化考评结果的运用是一条成功经验。

（一）市“大行动”考评结果运用

一是实行考评问责制度。连续考评得分在85分以下且2次排名末位的，该城区（开发区）主要领导在全市整洁畅通有序专题会议上作检讨，并通过新闻媒体向全市人民检讨，同时对该城区（开发区）主要领导及分管领导诫勉谈话，年度内不得评为全市绩效考评优秀单位和文明城区（单位）荣誉称号；连续3次考评得分在85分以下且3次排名末位的，对该城区（开发区）主要领导及分管领导按任免权限免职。对出现重大城市综合管理问题的城区（开发区），追究主要领导及分管领导责任。二是实行奖惩制度。建立城市整洁畅通有序工作专项奖励资金，用于城市综合管理工作：城区、开发区排名前两位的分别奖励50万元/月、30万元/月，排名最后一位的处罚30万元/月。年终对先进个人给予表彰。三是纳入年度绩效考评。将城区（开发区）及市直部门“大行动”专项考评结果纳入年度绩效考评，以考评倒逼责任落实。

（二）城区实行差异化考核机制，与绩效工资挂钩

以青秀区为例，实行城区、街道、网格“三级”内部考核机制，城区考评街道、街道考评网格、网格考评个人。城区考评街道，以市级数字城管案件实际扣分值占全城区比重和贡献力计算，考评结果运用包括奖励、问责、确定社区（村）工作经费、确定社区“两委”班子副职以上领导及城中村定工干部绩效工资等次、确定各街道（开发区）城管协管员绩效等次分配比例等，通过严格的奖惩措施，倒逼街道注重城市管理实效。街道考评网格，根据网格市级数字城管案件情况和网格处置案件总体情况计算，考评结果运用一是确定社区（村）工作经费发放额度以及各社区（村）“两委”班子成员及定工干部绩效工资发放额度，二是确定社区工作者、城管（市容）协管员、保洁员绩效工资等次在网格的名额分配比例。网格考评个人，一是考评归属个人责任的市级数字城管案件数，即凡属于网格范围的问题，网格员没有及时发现，一旦被市级监督员发现的就扣责任人的“工分”；二是考评个人主动处置案件数，即通过主动发现、积极领取处置网格案件又可以挣“工分”，比如网格保洁员主动上报非自身保洁职责范围的跨门槛经营案件是可以挣“工分”，其中主次干道的一个案件可以挣0.05分，背街小巷的一个案件挣0.03分。以“挣工分”为导向，结合网格员上报案件以及处置案件能力等进行量化评定，最后根据“工分”排名评定绩效考评等级，分配绩效工资。此外，青秀区还出台了市民参与城市管理微信红包奖励实施办法，市民或网格员上报非自身职责可处置的案件，得到受理的每条奖励1元钱。如表16-3、图16-6所示。

新竹街道各社区（村）美丽案件数汇总 **表16-3**

统计时间：2018.04.23								制表时间：2018.04.24	
责任街道	责任社区	3月案件累计数	3月扣分累计数	4月案件累计数	4月扣分累计数	监督员案件数	门前三包案件数	五大区域案件	备注
新竹（11个社区1个村）	新竹社区	33	0.64	31	1.03	2			
	民生东社区	114	2.26	69	1.65	2	1		
	星湖社区	79	2.06	68	1.445	1			
	纬武社区	158	5.14	118	3.27	5			

续表

统计时间：2018.04.23								制表时间：2018.04.24	
责任街道	责任社区	3月案件累计数	3月扣分累计数	4月案件累计数	4月扣分累计数	监督员案件数	门前三包案件数	五大区域案件	备注
新竹（11个社区1个村）	民主路社区	71	1.54	59	1.26				
	民族宫社区	113	3.045	86	2.5	4	1		
	建政社区	55	1.295	55	1.2	4			
	建园社区	37	0.95	21	0.54				
	思贤社区	75	2.36	61	2.14	4			
	民族中社区	57	2.05	68	2.48				
	东葛路社区	80	1.87	62	1.25	2		3	
	葛麻村	104	3.48	86	2.465	3		2	
	合计	976	26.69	784	21.23	27	2	5	

说明：请各社区（村）每天核对好前一天的表格相关案件数，如有疑异，请当天及时致电 5883315 核对数据，月底不再单独重新复核每天数据，直接累加作为对各社区、村“大行动”目标考核数据。

图 16-6　市民上报城市管理问题得到微信红包奖励

六、搭建“互联网+城管”服务，充分调动市民参与城市管理积极性

南宁数字城管建设和完善 12319 热线、12319 微信、微博、便民通、扬尘污染有奖举报平台、门户网站等功能，提高市民参与城市管理监督的便捷度。2007 年 9 月～2017 年 12 月，12319 热线共受理群众来电约 47.7 万件。2017 年，市民通过微信、微博投诉的城市管理问题达 3000 余件。2017 年，市民通过扬尘污染有奖举报 809 件，立案查处 636 件，

合计处罚金额350400元。

各城区（开发区）都开通微信上报端口，或开发“城管随手拍”等系统，积极拓宽市民参与渠道。如青秀区开发“智慧青秀”微信端口，市民关注“智慧青秀”微信公众号进入网上大厅，点击“城管随手拍”，即可拍照举报城市治理问题，系统自动案件转投到责任网格，由网格一线工作人员优先领取处置，第一时间结案反馈，市民可对问题的处理情况进行追踪与评价。

七、南宁数字化城市管理工作成效

（一）初步形成城市综合治理长效机制，大量城市管理问题在网格一线得到有效解决，提升城市管理水平

高位监督、考评、问责机制，推动各责任主体在网格一线主动天天发现问题、天天解决问题，有效降低市级数字城管平台的案件监督量。2017年“五乱”问题市级监督案件量月均1.04万件，比“大行动”考评开展前的2013年上半年月均5.27万件下降80.17%；2017年“非法三车”问题市级监督案件量月均30件，比2014年月均484件下降93.8%。

（二）破解城市综合治理处置滞后等问题，一批重点难点问题得到突破解决

推进园湖南路沿线市容市貌专项改造提升工作，解决该道路扩建人行道历史遗留问题；彻底整治昆仑大道“脏、乱、差、堵”问题，初步建成环境整洁、交通顺畅、景观和谐的示范性道路；推进那考河湿地公园周边生态环境维护；全市设置452条道路6840多个共享单车停车泊位，强化违规停放车辆清理整治，加强规范管理，共享单车乱象得到初步遏制；治理施工围挡不规范、破损、歪斜等“硬伤”，传统的中国水墨画配以倡导文明公益的标语，施工围挡“变身”为靓丽的城市风景线。

（三）城市综合治理由单一执法向服务管理转变，以人为本，提高服务市民和服务企业的能力和水平

网格巡查服务生主动开展法制宣传、咨询服务、教育劝阻等服务工作，不断提升城市文明程度和市民文明素质；堵疏结合，引摊入市，在不影响车辆及行人通行的空地等区域，规范设置便民早市点，不仅满足群众生活的需要，还整治乱摆卖现象；开展服务企业，加快重点项目建设行动，对全市消纳场地统一协调、统一安排，通过跨区域运土、24小时开放等方式，确保工程土方及时外运；开辟重点项目服务“绿色通道”，全力保障五象新区、轨道交通等全市重点项目建设。

（四）打造城市综合治理品牌，“礼让斑马线”和智慧治尘工作得到广泛好评

“礼让斑马线”活动是南宁城市综合治理的重要创新，成了南宁的一个形象品牌，受到全国人民热烈关注和点赞。2017年南宁扬尘污染治理取得显著成效，空气质量优良率达到92.3%，PM10、PM2.5值分别较上一年下降9.7%、2.8%，市区空气质量综合指数在全国各省会城市（含直辖市）中排名第6，全体市民都为“南宁蓝”点赞。

第十七章

太原市数字城管实践案例

（太原市数字化城乡管理指挥中心　供稿）

专家点评

太原市数字城管运行流程规范、基础扎实。在国标基础上，对城市管理部件和事件编码进行拓展，编制了《太原市城市公共设施管理部件编（代）码规则》，持续开展部件摸底与确权确责工作。创建学习型知识型单位，加大对各岗位业务培训，整理汇编了业务管理系列手册（共 13 册），并通过 ISO9001 质量管理、ISO27001 信息安全、OHSAS18001 职业健康的认证工作。在取得成效的基础上，研发了“城镇排水防涝管控信息系统”、“零散部件数据在线实时更新系统”，“市政产品在线监测（燃气、供热、供水）系统”、“市政公用行业数据共享平台”、“数字城管历史数据分析与挖掘系统”等实用、易用、好用的软件系统，不断拓展业务功能，向智慧化升级，进一步提升“大城管”综合效能。

一、太原市概况

太原市辖 6 个市辖区、3 个县，代管 1 个县级市，市境总面积 6988 平方公里，其中，太原市区总面积 1460 平方公里，中心城区建成区面积 400 平方公里，总人口 437.97 万。

二、太原数字城管发展历程

太原市城市管理从 20 世纪 90 年代中期推行城市管理服务承诺制，到 2004 年推出 12319 城建服务热线，再到 2009 年推行数字化城市管理新模式，经历了城市管理的三步式发展。城市管理水平从自我约束、到公众参与和监督、再到主动发现与解决问题，上了三个台阶。

2004年3月19日，太原市12319城建服务热线开通。其主要职责是受理市民对城市规划、建设、管理工作的投诉建议，限期责成有关责任单位办理，并进行监督、反馈、考核。

2008年，太原市政府在借鉴南宁经验的基础上，同步启动“数字城管工程”与“城乡清洁工程”，经过近10个月的建设，先后完成了设计方案评审、部件普查、网格划分、硬件建设、软件开发、模拟测试、人员培训等工作，2009年1月1日，数字化城市管理信息系统投入运行，标志着太原市迈入了网格化城市管理的时代。

2011年11月，太原市数字化城乡管理指挥中心成立，隶属于太原市城乡管理委员会，机构规格为副县级全额事业单位，内设办公室、财务科、受理立案科、指挥科、监督科、技术考评科、政工科7个科室，人员编制146名，主要职能是承担全市数字化城市管理平台的建设和运行管理工作。办公环境如图17-1所示。

图17-1 太原市数字化城乡管理指挥中心办公环境

2012年2月，太原市在推行城市精细化管理的基础上，创新性地将便民服务与城市管理进行有机结合，将12345政府便民热线整合并入数字城管平台，24小时为市民提供信息咨询、政务导办、监督投诉、谏言建议、电话转接、生活服务等方面的服务，城市管理与便民服务合二为一。

太原市数字化城乡管理指挥中心挂牌成立以来，共收集各类城市管理问题1266.65万件，处理办结1216.74万件，总体结案率达到96.06%。数字城管业务工作流程如图17-2所示。

（一）在城市管理问题收集方面

采取信息采集市场化运作模式，通过政府采购招标确定6家信息采集公司，核定560名信息采集监督员，每天13小时对全市315平方公里城市公共区域内的事部件问题进行巡查上报。与此同时，24小时受理12319城管热线和12345政府便民热线，通过门户网站留言板、数字城管公众微信、微博、“城事帮手”APP等多渠道受理市民诉求，并组织专人关注电视、报纸、广播以及国内主流网站、论坛上涉及的太原城市管理舆情，核实情况后，全部纳入数字城管工作流程，构建了主动与被动相适应、全方位、多渠道的信息采集模式，如图17-3所示。

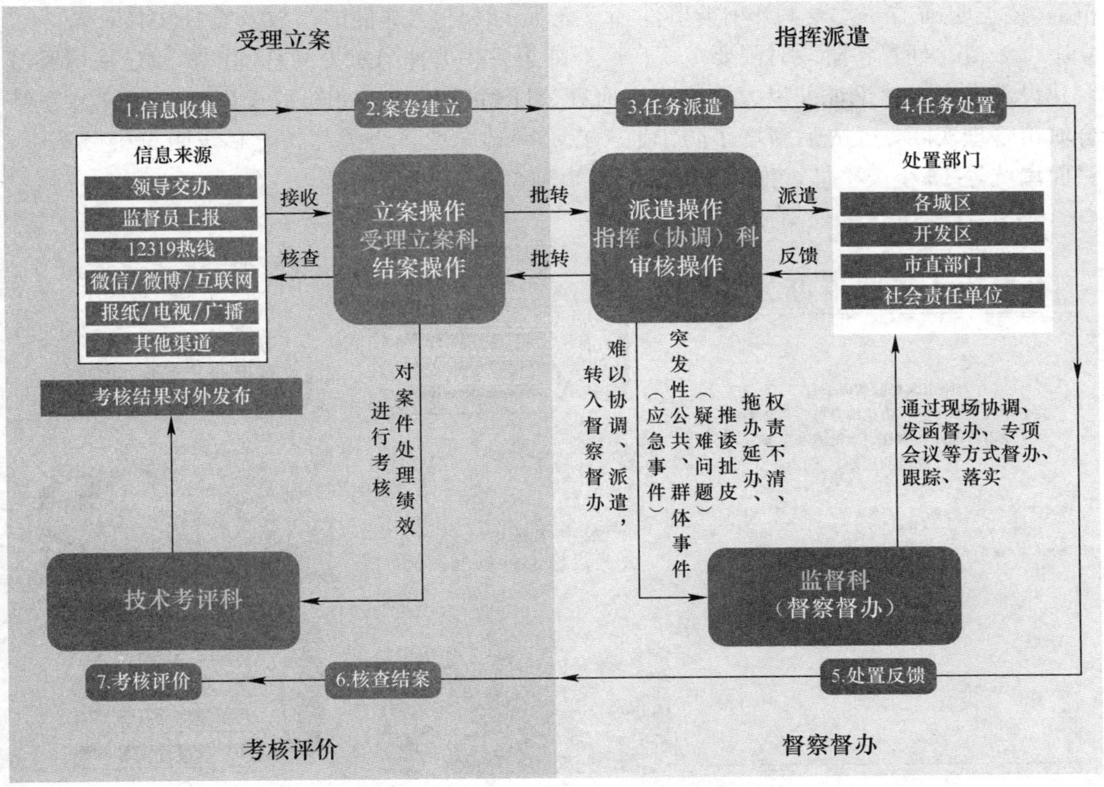

受理立案　　指挥派遣

1.信息收集 → 2.案卷建立 → 3.任务派遣 → 4.任务处置

信息来源：领导交办、监督员上报、12319热线、微信/微博/互联网、报纸/电视/广播、其他渠道

接收　核查

立案操作　受理立案科　结案操作

批转　批转

派遣操作　指挥（协调）科　审核操作

派遣　反馈

处置部门：各城区、开发区、市直部门、社会责任单位

对案件处理绩效进行考核

难以协调、派遣，转入督察督办

突发性公共、群体事件（应急事件）

权责不清、拖办延办、推诿扯皮（疑难问题）

通过现场协调、发函督办、专项会议等方式督办、跟踪、落实

考核结果对外发布

技术考评科

监督科（督察督办）

7.考核评价 ← 6.核查结案 ← 5.处置反馈

考核评价　　督察督办

图 17-2　太原数字城管业务工作流程

图 17-3　多渠道受理城市管理问题

（二）在运行管理标准建设方面

该城市针对原12319热线服务事项与数字城管事部件处置标准、时限要求不一致的问题，编制《太原市城市市政综合监管信息系统城市管理部件和事件立案、处置和结案规

范》，逐类明确了6大类112小类事件和5大类134小类部件的产权及责任主体，统一了立案、派遣、处置各阶段时限要求，在广泛征集各相关部门意见的基础上，通过住房和城乡建设部专家审核论证并以太原市市政府办公厅名义下发，如图17-4所示。2017年，结合城市管理实际，又先后新增了防汛监测点、园林绿地2小类部件，私设阻车桩减速带、路面塌坑等13小类事件，推动了城市管理事项全覆盖、精细化。

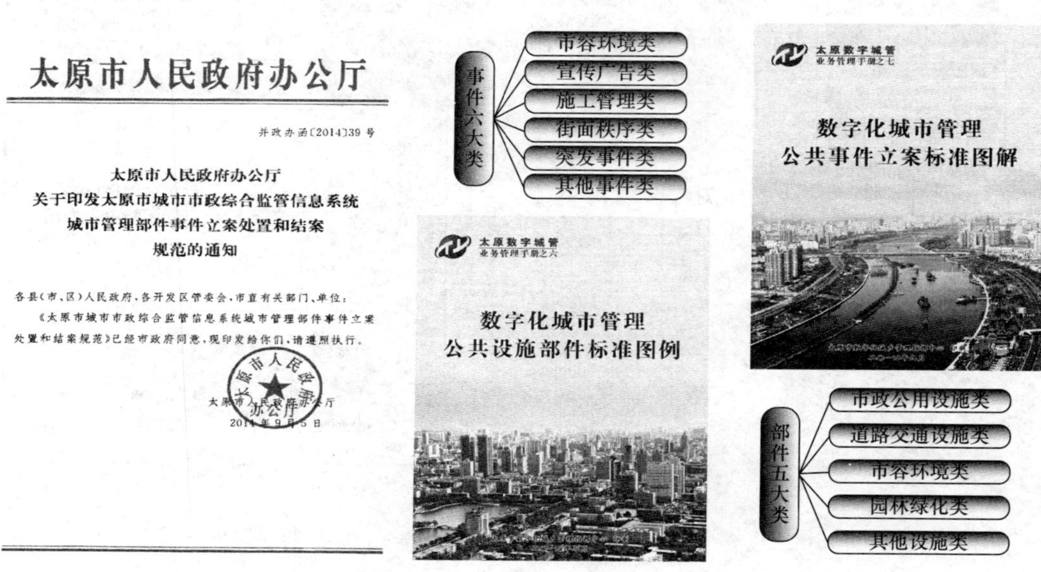

太原市人民政府办公厅

并政办函〔2014〕39号

太原市人民政府办公厅
关于印发太原市城市市政综合监管信息系统
城市管理部件事件立案处置和结案
规范的通知

各县（市、区）人民政府、各开发区管委会、市直有关部门、单位：

《太原市城市市政综合监管信息系统城市管理部件事件立案处置和结案规范》已经市政府同意，现印发给你们，请遵照执行。

太原市人民政府办公厅
2014年9月5日

图17-4 《太原市城市市政综合监管信息系统城市管理部件事件立案处置和结案规范》及该单位编制的部、事件立案标准图例

（三）在考核评价体系建设方面

太原数字城管建立了“日统计、周分析、月考核”制度体系，重点以周为单位，对信息采集、指挥派遣、督查督办情况每周进行梳理和分析，并形成《统计周报》，帮助各部门寻找工作短板，不断改进工作。与此同时，太原数字城管《考核月报》每月报送市委、市政府、市人大、市政协主要领导，在《太原新闻》、《太原日报》上向社会公布考核结果，并与省内主流媒体合作，开辟工作专栏，充分发挥群众、社会、政府监督的合力作用。2016年，在太原市政府下发的《太原市城市精细化管理考评办法》中，明确将数字城管考核指标做为太原市精细化管理日常考核的主要指标，纳入各区、各市直部门年度目标考核。目前，太原数字城管考评结果已纳入太原城乡清洁工程考评体系（占比40%）、太原市城乡管理委员会内部考评体系（占比5%）。

（四）在协同运行网络建设方面

太原数字城管按照“监督、指挥”两轴分离体制要求，设立受理立案和指挥派遣两个业务平台，直接监督考核67个二级平台，包括古交市、城6区政府、不锈钢园区和综改示范区、19个市直部门和39家社会责任单位；间接协调和联动49个区级部门、49个街办、15个乡镇、510个社区、317个村庄，协同工作单位和部门总数达到1276个，构建了全市最大的城市管理公共服务网络，形成了“统一监督、分级指挥、以块为主、条块兼容”的工作模式，实现了城市管理重心下移、上下联动、横向联合、社会监督、齐抓共管。

(五) 在资源融合和数据应用方面

太原数字城管以住建部规定的 9 大基础子系统为依托，以实用、易用、管用为原则，自主研发了采集公司管理及审核子系统、“城事帮手”子系统、“掌上云”子系统、专项普查子系统、业务知识库子系统等 5 个应用拓展子系统。同时，有效结合本市工作实际，先后搭建了城市防洪排涝管控平台、部件数据在线实时更新平台、市政公用行业服务质量监控平台、数字城管历史数据分析与挖掘平台等 4 个业务拓展子平台，如图 17-5 所示。

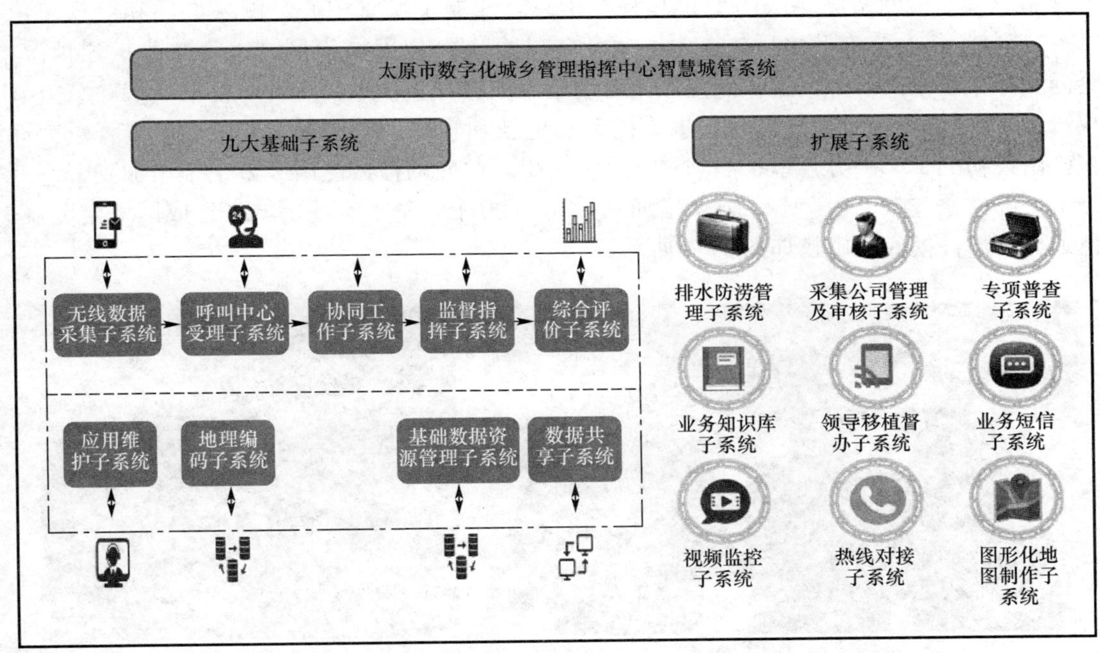

图 17-5　太原市数字化城市管理信息系统建

三、主要特色

近年来，太原数字城管中心始终本着“学习创新、务实应用”的工作态度，坚持以问题为导向，围绕提升“热线接通率、问题发现率、派遣准确率、任务办结率”四个基本指标为核心，狠抓内部管理提升，不断进行自我修正，形成了“对标、学习、整改、提升”的持续改进氛围，有效地提高了系统运行效能。总体归纳，太原数字城管主要有四大特色：

（一）基础工作扎实

国内诸多城市在数字城管初期建设和试运行阶段，由于城市建设和扩张速度快、基础设施建设和维护部门多、城市管理部件类别广基数大等因素，往往导致系统运行部门来不及验证部件普查数据成果的准确性，随着运行时间的推移，部件权属不准、新增或拆除部件增多等问题日渐暴露，造成大量的无产权案卷重复积压，平台运行效能不足等问题。为了解决好这一实际问题，太原数字城管开展了大量的基础性工作。

1. 持续开展城市管理部件摸底与核实确权工作

从2014年开始，该中心历时3个多月，首次组织信息采集员和单位职工600余人，在全市范围内开展了城市管理部件“大排查”活动，在逐类、逐项摸清底数的基础上，按照道路产权、设施养护主体划分部件产权单位，广泛征求各处置单位意见，对权责明确的部件组织太原市勘察测绘部门更正和补充信息，建立了城管中心、测绘部门和产权单位“三方确权”机制。在此之后，该中心每年还结合上一年度城市区域、道路改扩建情况，会同太原市勘察测绘部门逐年制定城市管理基础数据普查计划，有针对性的开展“三方确权”，实现了城市基础地理信息数据库的动态更新和管理。近年来，太原数字城管覆盖面积已由最初的107平方公里扩展到315平方公里，单元网格数已由2万余个增加到2.9万余个，部件普查数已由71.84万个增加到146.57万个，基本实现了城乡建成区域全覆盖、精细化。部件摸底与确权如图17-6所示。

图17-6　部件摸底与确权

2. 编制《太原市城市公共设施管理部件编代码规则》

在全面梳理城市部件底数的基础上，参照国家质量监督检验检疫总局和国家标准化管理委员会发布的《数字化城市管理信息系统第2部分：管理部件和事件》GB/T 30428.2—2013，结合太原市实际，对城市公共管理部件和事件专业责任部门进行认定及编码，并编制了《太原市数字化城市管理信息系统管理部件和事件专业部门编码规则、分类及编码》手册。该手册超前规划部件编码，将部件基础信息与管理维护信息“捆绑”，部件“身份证”编码由16位升级到26～30位，涉及16个行政区名称编码，收集整理了涉及数字化城市管理工作的61个主管单位及其所属的385个权属/责任单位、507个养护/处置单位，厘清了每个部件的主管部门、产权部门、养护部门以及养护人信息，方便快速查询和追溯，为加快协调处置城市管理问题奠定了基础。

3. 重视创建学习型、知识型单位

在整理汇编《太原市城市市政综合监管信息系统城市管理部件事件立案处置和结案规范》的同时，先后编制了《业务知识手册》《市政设施产权速查手册》《燃气燃油服务网点速查手册》《公共交通速查手册》《联建井具立杆速查手册》《公共设施部件标准图例》《公共事件标准图解》《采集员工作手册》等共 13 本系列知识手册，如图 17-7 所示。根据不同岗位特点，不断强化培训力度。一方面定期组织信息采集员开展采集作业与绩效评价指标应用等通用业务能力培训，不断完善信息采集上报、核实、核查以及专项数据普查工作标准；另一方面针对平台日常运行实际，组织受理、指挥、监督大厅一线人员定期开展语言沟通技巧、心理疏导、普通话、工作礼仪等一系列特色培训，不断提升职工岗位业务技能，增强团队凝聚力。

图 17-7　太原数字城管业务管理系列手册

（二）工作流程规范

太原数字城管的特殊性在于其 12319 城管服务热线开通较早（2004 开通），后期又将 12345 政府便民热线纳入数字城管（2012 年），24 小时为市民提供服务，赢得了群众口碑。据初步调查，太原 12319、12345 两条热线的市民日均呼入总量达到 3000 件左右，在国内同行业中位居前列。为此，将 12319 热线受理平台与数字城管运行体系进行高度融合，实行一体化运行模式成为太原市提升系统运行效能的一把“金钥匙”。媒体报道如图 17-8 所示。

6 地方新闻　责编/版式　范文君　校检　红卫　文玲　电话:(0351)8222057　2015年11月4日　星期三　太原日报

让水利工程更好地服务发展造福群众

全省冬春农田水利基本建设电视电话会议召开
郭迎光参加

本报讯　11月3日下午，全省冬春农田水利基本建设电视电话会议召开，副省长郭迎光参加。副市长魏民以及相关部门负责人在太原分会场收听收看。

会议传达了省委副书记、省长李小鹏对农田水利基本建设的批示。各级各部门要认真贯彻落实党的十八大和十八届三中、四中、五中全会精神，深入学习贯彻落实习近平总书记系列重要讲话，特别是关于做好"三农"扶贫工作，加强和巩固农业基础地位以及切实保障水安全等重要指示精神，以大水网和汾河流域生态修复工程为核心，完善配套设施，推进民生水利，大力深化改革，持续加大投入，动员社会力量，全面加强我省农建工作，为促进农业增产、农民增收和农村发展，确保全省与全国同步全面建成小康社会，全省农村特别是贫困地区和城镇同步全面建成小康社会，作出新的更大的贡献。

郭迎光指出，太原盆地是我省粮食和经济作物主产区，但水资源相对较少，要通过对老灌区节水改造和水资源重新配置、大力发展节水灌溉农业，认真搞好旱作农业节水工程，让水利工程更好地服务发展、造福群众。　（王勇）

我市公安机关开展"秉公执法人民公安为人民"主题教育活动

本报讯　11月3日，全市公安机关"秉公执法人民公安为人民"主题教育活动动员部署会召开。市委常委、政法委书记、市公安局局长任凡出席。

今年10月至12月，全市公安机关开展为期3个月的"秉公执法人民公安为人民"主题教育活动，以窗口单位为重点，重点整治对群众态度生硬、推诿扯皮、耍特权和"门难进、脸难看、话难听、事难办"的服务态度问题，以及违规办事、故意刁难、"吃拿卡要"等侵害群众利益的问题。以违法违纪案件查处为重点，严格落实"两个责任"和队伍管理责任制，对有警不接、打击不力，推诿塞责等不作为问题，对弄虚作假、包庇纵容等乱作为问题，对乱收乱罚等执法不公问题，以及严重损害群众利益的违法违纪行为和贪腐案件，依法依纪严肃查处。

我市两部热线受理量创出历史新高

日均突破1.6万件　去年供暖期间一天最多5000余件

进入供暖期，没有暖气以及暖气不热，成为市民关注的焦点。来自市数字城管中心的数据，供热以来，该中心受理的话务量，日均达1.6万件，是平日话务量的10倍，近些天12319、12345两部热线，基本被供暖问题所覆盖。

三大片区供热投诉最多

市数字城管中心相关负责人表示，每年供暖初期，都是市民来电咨询或反映供热问题的高峰期。去年供暖期，该中心一天最多受理来电5000余件，而今年在供热初期便出现了快速飙升，日均达1.6万件，远远超出平台运行负荷，并创出12319、12345热线开通以来的单日接听最高记录。

据了解，市民来电咨询或反映供热问题，主要集中在3大片区：一是二电厂供热区域。由于二电厂发电负荷低，影响了供热效果。目前，我市已协调增开1台发电机组，预计在两天内供暖温度恢复正常，受影响范围涉及市热力公司第二供暖分公司管护区域，主要区域为滨河东路以东，府东、府西街以北，胜利街以南。二是民营区。由于这一区域新加入集中供热，新管网运行调试，预计一周后管网可升温至正常状态。三是东山华能电厂供热区域。由于电厂还在运行调试新设备，家里暖气片要热起来，相关区域的居民仍需等待几日。另外，个别热力站处于施工收尾阶段、修路不慎挖断管道、小区管网跑冒滴漏等，也成为居民家中暖气热不起来的原因。

市数字城管中心有关负责人强调，市民咨询供暖问题数量大，但相当数量的问题属于区域性问题。

千方百计保证热线畅通

连日来，市数字城管中心一名话务员一天要接听200余个电话。两天下来，很多人嗓子都哑了。"市民向市数字城管平台反映一个供暖问题，要经过受理、记录立案、落实责任派单、收集反馈意见、回复等过程，高强度的工作是我们从来没有遇到过的。"一话务员表示，"除了说话说到口干舌燥，工作紧张到连上厕所的时间都没有。"

据了解，市数字城管受理大厅有30个人工坐席，120路热线满负荷运行来接听市民来电，但仍难以满足社会需求。市民拨打热线遇人工坐席全忙，会自动进入语音导航，留下来电记录。市数字城管中心将确保100%的接听率，对留下的来电记录，会主动去电询问，协调解决相关问题。

市数字城管中心有关负责人介绍，话务员已延长每班工作时间，由8小时增至12小时，通过倒班确保全天24小时电话的畅通。即使超负荷运转，但仍无法满足市民的呼入需求，对此，该中心已动员全员上岗，组织科室管理人员接听市民来电。由于受理大厅坐席热线应接不暇，该中心只好安排人员，临时用场外行政办公电话联系市民，满足更多百姓来电诉求。

解决供热问题有多条渠道

市民咨询或反映供暖问题，遇高峰拨打12319、12345热线，打不进去怎么办？其实，解决供热问题有多条渠道，通过这些渠道，同样可以实现快速沟通。如供暖问题得不到有效解决，不妨再拨打热线，向市数字城管中心反映。

按照我市供热企业的承诺，在各自负责供热区域，这些企业会在小区庭院、居民楼及单位等公共场所，张贴公示牌，上面有所属片区供热站名称、相关负责人以及服务电话。居民遇到供暖问题，应首先去物业公司了解，并确认所属片区供热站负责人联系方式，快速找到暖气不热原因。相比拨打12319、12345热线反映供暖问题（由市数字城管中心派单到责任单位，收到反馈核实后再回复市民，时间较长），既节省时间，又方便可行。此外，市数字城管中心回访中发现，一些住户发现暖气不热，但对于管道是否已排气却并不知情，一些住户管道排气后，暖气温度便恢复正常。一些住户因装修，将回水的阀门关闭，也会造成该单元居民暖气不热的问题，最明显的表现是暖气片内水不流动，居民可协调物业解决。此外，一些暖气罩也会影响散热效果。市数字城管中心提醒，供暖初期，一些管网还处于设备调试期，升温需要时间，有关供暖最新进展，市数字城管中心将及时向市民发布。

任曦明　张启爽

链接：小区暖气不热还可拨哪些电话

我市集中供热按区域划分，由多家企业负责，设有供暖服务电话。您所在的小区由哪家供暖企业服务，请对号入座。

市热力公司供热范围：汾河以东，西起滨河东路，东至范卉路、东中环、大橡路，北起北中环，南至龙城大街、电子街；小店地区，西起太茅路，东至大运路，北起富康街，南至正阳街。汾河以西，西起和平路，东至滨河西路，北起漂村槐荫街，南至南内环西街，局部延伸至丽华苑。迎新街地区，西起大同路，东至新兰路，北起迎新北三巷，南至迎新南三巷。服务电话：4158000、4158330。

双良热力公司供热范围：南中环以南、滨河西路以西，晋源南边界以北，西环高速以东。今年新增服务区域包括海天世纪城、绿地世纪城、文锦苑、太化晋阳湖片区、山西射击管理中心。服务电话：7031018。

城北热力公司供热范围：胜利街以北，滨河东路以东，东山过境高速以西，迎新街以南及不锈钢工业园区。迎新街范围为青椿社区、红椿社区、102小区、103小区、新城建安宿舍、华晋宿舍、尖草坪建安公司、迎新华苑、迎曦苑小区、东泰家园、迎新街小学、迎新街三校、五十四中及周边商铺。胜利街以南范围为大铁北河湾、党校、怡景苑、中专、技校、化工路小学、胜发金属制品厂宿舍、太原市未来有限公司、七一机械厂宿舍、杨家峪街办小东沟村委会、利达苑、金林家园。服务电话：2863023。

第二热力公司供热范围：北起南内环街，南至一电厂，东起滨河西路，西至西环高速。包括十二院城、圣心苑、华龙苑、西山院墅、远晨新境界、和平家园、棠棣假日、万科蓝山、富力现代、琳琅苑、怡林苑、国投小区、化建家园、新庄南小区、丽景苑、太化磷肥、太化和平苑、万科金域、太药社区、都市E线、学城、时代花园、御湖城、紫竹苑、丽都美墅、格林花园、康林滨河花园、晋阳湖畔、吴家堡小区、龙泉花园、星威堤北岸、锦绣苑、龙泉寺、西峪煤矿等。服务电话：6091699。

365 一家专门做特价房的

图 17-8　媒体报道

1. 着力提高热线系统运行效率

（1）该中心通过升级改造语音呼叫系统，实现 12319 城管服务热线、12345 政府便民热线 120 路人工坐席共享，并根据热线受理"晴雨表"分析规律，先后制定了话务员"规范用语"，推出了"错峰交接班"，建立了"遇忙主动回拨"等一系列内部制度，努力确保不漏接每一个群众诉求。

（2）与太原市其他行业热线建立了信息互联互通机制，对市民求助的紧急事项，立即转接太原市 110、119、120、122 等紧急类热线，确保市民诉求能够快速、妥善解决。

（3）对市民拨打热线反映的城市街面公共区域内的问题，联动辖区内的采集员第一时间到问题现场进行拍照、核实，确保热线信息的客观性与准确性，有利于责任单位快速处置，如图 17-9 所示。

图 17-9　接听市民来电后联动立即辖区内的采集员现场进行拍照、核实

2. 着力提高主动发现问题能力

为保证信息采集的主动性、准确性和及时性，太原数字城管逐步建立了政府、市场、社会多方参与的工作机制。

（1）以政府采购招标方式，重新规范信息采集行业行为，通过科学配置城市管理网格、规范采集员巡查路线、引入半机械化作业理念、采取快速路车辆巡查模式、提高采集巡查工作效率。通过引入采集员岗前培训、统一着装、配备电动车工具包等标准化装备、倡导举手代劳等措施，不断树立采集员的社会形象；通过增加采集公司预审核环节、强化对采集公司的监督检查和考核，提高采集公司自我改进能力，促进提升信息采集质量。

（2）不断进行内部挖潜，在单位 140 余名职工中创新性的开展了“出门就上班，人人都是采集员”活动，推行“一线工作法”，鼓励职工利用工余时间上街采集信息，了解掌握城市管理一线工作。同时结合城市大规模改扩建实际，对采集公司提出“上班早一点、下班晚一点，采集范围大一点”的工作要求，将施工改造区域纳入采集范围，提前消除上下班高峰期路面上的安全隐患。

（3）不断拓展公众参与渠道，先后在单位门户网站上开辟市民留言板，开通了数字城管公众微信、微博，研发“城事帮手”APP，推出“市民开放日”活动，鼓励市民争当城市管理的“啄木鸟”。同时，组织专人关注电视、报纸、广播以及国内主流网站、论坛上涉及的城市管理舆情信息，核实情况后，纳入数字城管工作流程，搭建了多元化的信息收集工作模式。

3. 着力强化协同督办能力

为加强工作协同，促进城市管理工作有效解决。首先，坚持每月组织各城区、开发区以及相关部门召开业务工作例会，根据部门责权清单和事权范围，共同探讨解决工作中存在的问题。2015 年至今，中心共组织召开业务例会 30 余次，协调推诿扯皮事项 500 余项；其次，分批组织受理、指挥、监督一线员工及采集公司骨干，先后走进供水、燃气、供热、市政等 40 余家城市管理、养护一线“拜师学艺”，通过主动走访，面对面沟通，了解掌握各二级平台的工作职责、业务处置流程，避免错派单、乱派单。细化督查内容，明确工作要求、流程和步骤，针对设施产权不明、管理界限不清、推诿扯皮等问题，组织相关责任单位现场协调、督查取证，尤其是对责任难以界定、长期无人处置、影响市民生活及日常受理 3 次以上仍未能处置的案件进行重点督办和应急处置，促进城市管理问题有效解决。2015 年至今，中心现场督办各类城市管理疑难问题、突发事件 3153 件。

4. 强化专项数据普查结果应用

通过建立完备的数据分析机制，以问题为导向，对市民反映强烈的同一类问题及时安排好数据普查计划，针对问题处置的难易程度、专业性和反弹多发性等特点，分类制定信息普查标准，结合问题处置情况进行周期性的反复核实“回头看”，并及时形成动态的数据分析结论，辅助城市管理各部门决策。近年来，太原数字城管先后配合太原市园林局、太原市交警支队、太原市语委办等 40 余家单位，对行道树缺失、交通护栏损坏、广告牌文字使用不规范等 171 项问题进行了 200 余次专项普查，发现问题 33 万件，全部发函交办责任单位处置，为各部门快速集中整治城市管理问题提供了数据保障。例如：在太原市露天烧烤和占道经营整治工作中，对市民反映的露天烧烤问题安排采集员先行核实，再派单城区执法部门处置，极大地缓解了一线执法人员的工作压力。针对露天烧烤、占道经营问题反弹回潮等特点，每周不定期对摊点整治情况进行核查“回头看”，仅 2017 年，中心分别开展了 33 轮露天烧烤核查，53 轮占道经营摊点摸底，为执法部门集中整治提供了数据支撑，整治成效显著；在城市防汛工作中，根据省市气象部门汛期预警信息，主动协助防汛部门汛前对雨箅子、雨水井、池渠河道等排洪设施堵塞情况组织专项普查，为防汛部门提供协助；在太原市开展的环境卫生专项整治工作中，积极配合太原市环卫局开展了“公厕革命”信息普查，落实公厕检查“三看、两查、一闻”制度，对全市 485 座公厕卫生进行不定期普查；在太原市文明城市创建过程中，中心联合太原市文明办对语言文字不规范、通信设施损坏、违法建设等 10 余项问题开展专项普查，分类整理后全部移交太原市创城办“挂牌督办”，批量解决了涉及 19 个部门 21 类城市问题。该中心利用网格化优势协助城市管理各部门提供专项数据普查数据，已成为批量解决城市管理难题、减少行政管理内耗、降低作业部门养护成本的重要举措。

（三）考核体系完善

太原数字城管考核体系的核心，在于建立了科学完善的“日统计、周分析、月考核”制度体系，在做好每月、每季度、每年度系统总体运行情况考核分析的基础上，重点以周为单位，每周对各环节工作进行梳理和分析，帮助和指导各相关部门不断改进工作。

数字城管信息采集

周　报

2018年4月23日　　第15期（总第286期）

一、信息采集工作重点

太原市数字化城乡管理指挥中心

受理周报

2018年4月23日　　第14期（总第23期）

一、受理情况

太原市数字化城乡管理指挥中心

指挥派遣周报

第14期（总第27期）　　2018年4月19日

一、派遣情况

太原市数字化城乡管理指挥中心

督查周报

2018年4月17日　　第9期（总第109期）

一、督查工作动态

1、4月10日，中心组织召开六城区、综改示范区、二级平台工作例会，各区对近期工作中存在的问题进行了汇报，会上议定了解决方案。同时，中心对近期开展的露天烧烤和经营整治工作提出具体要求。

图 17-10　周报

1. 建立信息采集周报

每周对各采集公司工作情况进行汇总分析，对上一周工作完成情况进行通报，对采集工作重点进行部署，形成了采集公司比学赶帮的氛围，促进提升信息采集质量。

2. 建立受理周报

每周对全市信息采集、热线受理方面的问题进行汇总分析，对市民投诉热点、问题高发地段进行分类汇总，每周汇总后报单位主要领导和分管领导了解掌握情况。

3. 建立指挥派遣和督查督办周报

每周对派遣各二级平台的案卷进行分析，对热点难点问题逐类分析原因，对现场督查督办情况进行通报，帮助各单位寻找问题根源，指导解决同一类疑难问题。

4. 建立舆情专报制度

舆情监控工作小组每日对全市城市管理方面的媒体和网络舆情信息进行收集整理，对涉及暴露生活垃圾、污水外溢、道路积水等方面的信息立即安排采集员核实派单，并纳入工作流程，每日形成《舆情日报》报送上级主管部门。如图 17-10 所示。

5. 注重发挥媒体监督作用

太原数字城管先后与省、市主流媒体合作，开辟工作专栏，一方面通过媒体渠道了解市民群众关注的热点、难点问题，共同

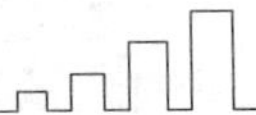

分析解决民生问题的办法和渠道，另一方面对市民反映强烈但未能及时有效处置的事项进行追踪报道，对不作为慢作为及时曝光，充分发挥群众、社会、政府监督的合力作用。

6. 注重专题数据的分析挖掘

通过引入文本挖掘智能分析，紧密结合城市管理现状和政策因素，对反复投诉、重复上报等同一类问题进行重点分析，剔除无用信息，客观分析城市运行情况，建立用数据说话、用数据决策、用数据管理、用数据创新的新机制。如图 17-11 所示。

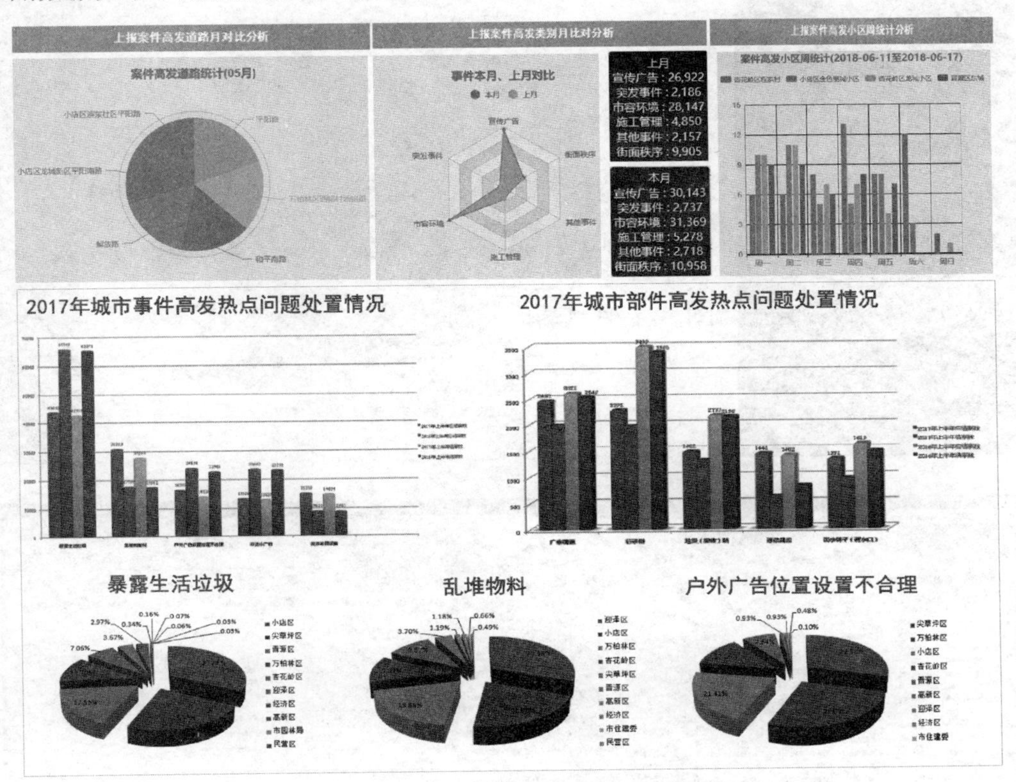

图 17-11　太原市数字城管 2017 年数据分析图

（四）系统研发务实

随着数字化城市管理行业的不断发展，各类新技术、新应用层出不穷，技术水平日趋成熟，软件功能愈发强大。在软件研发成本逐渐降低的情况下，太原数字城管在住建部技术规范中规定的数字城管 9 大基本子系统的基础上，充分结合地方经济实力和城市管理实际，从使用者角度出发，逐年制定软件研发需求，以打造好用、管用、实用的信息系统为目标，不断扩展和优化平台功能。

1. 不断完善太原市智慧城市管理信息系统建设

基于原有数字城管与 12319 热线平台整合运行的实际，将不同部门、不同时期筹建的两套系统软件进行有效整合作为技术创新突破点。太原数字城管中心自主研发的太原智慧城市管理信息系统于 2015 年正式上线，该系统将 12345、12319 热线投诉、采集员巡查上报、媒体舆情收集、微信微博等 8 个渠道的受理界面进行了统一，新增了案卷预审核、地址查询定位、在线发送核实指令、部件权属查询等功能，解决了两套系统重复派单、资源浪费、工作效率不高等问题，实现了“多个渠道受理、一套系统转办、一套标准考核”。太原市智慧城市管理信息系统如图 17-12 所示。

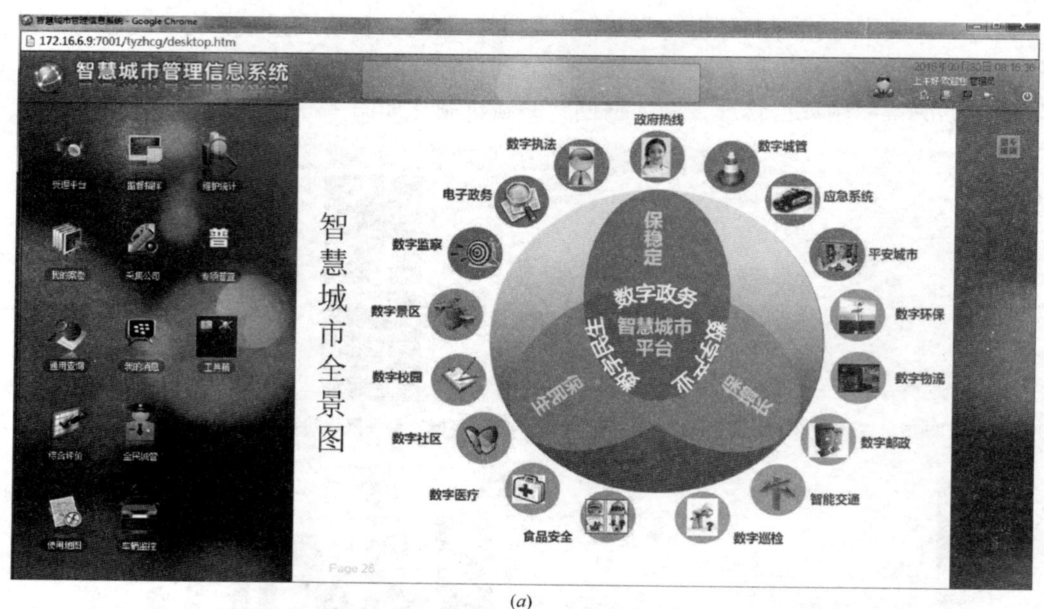

(*a*)

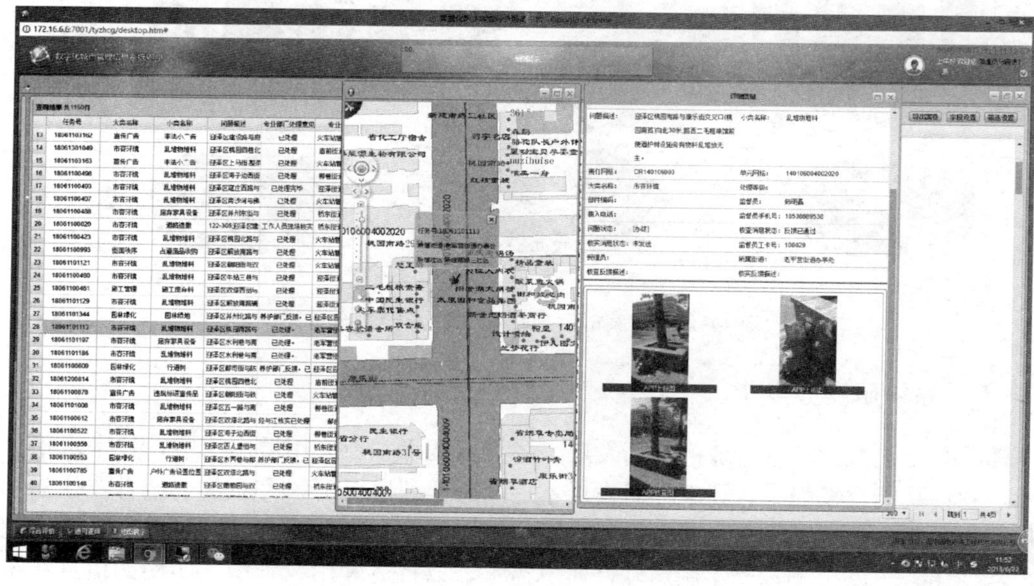

(*b*)

图 17-12　太原市智慧城市管理信息系统

2. 完成城镇排水防涝数字化信息平台建设

针对市民反映的汛期积水问题，依托原有工地视频监控系统设备资源，完成了太原市城市防洪排涝管控平台建设。通过在易积水的路口、桥涵以及重要泵站出水口位置安装水位传感器、监控摄像头以及 IP 广播系统，实现防汛点位水位自动测量预警、视频实时监控、远程呼叫指挥等功能，有效提升了防汛指挥能力。如图 17-13 所示。

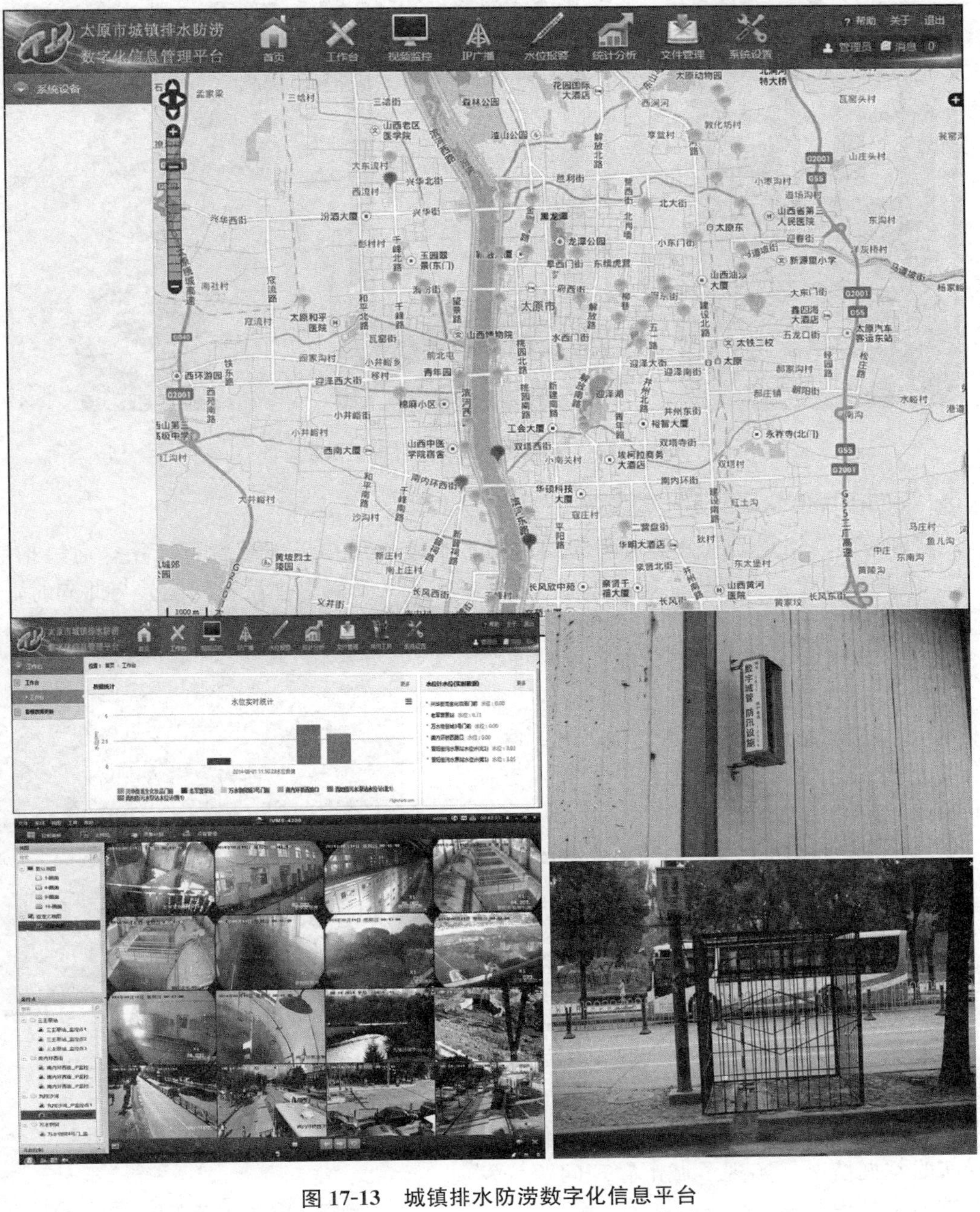

图 17-13　城镇排水防涝数字化信息平台

3. 研发部件数据在线实时更新系统软件

针对采集员巡查过程中发现的新增部件未普查入库问题，中心自主研发了具有自主知识产权的城管部件数据在线实时更新软件系统，利用部件普查终端，对新增部件进行实时上传，有效解决了采集员在日常巡查过程中新增或缺失部件与后台数据不匹配问题。如图 17-14 所示。

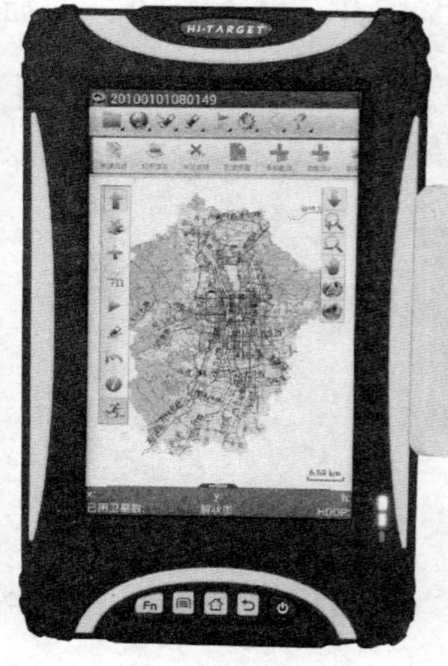

图 17-14　部件数据在线实时更新系统

4. 面向市民群众研发了“城事帮手”手机 APP

“城事帮手”拓宽了市民反映问题的途径，市民仅需扫码下载就可使用，通过拍照、摄像、视频、录音、文字和音频 6 种上传方式，实现无障碍上报反映问题。与此同时，搭建了新媒体监督平台，整合了市民网上留言、微博、微信、舆情监控等各类新媒体信息受理渠道，统一了服务信息发布路径，可同时向微博、微信、手机客户端及网站用户发布水、电、气、暖及修路等生活实用信息，实现线上线下融合，方便市民群众参与城市管理。如图 17-15 所示。

图 17-15　城事帮手 APP

5. 推出数字城管“掌上云”APP 软件

“掌上云”融合城管通、处置通、领导通于一体。在发现问题环节，信息采集员安装“掌上云”取代原“城管通”新增摄像、录音取证手段，增加离线自动保存功能；在解决问题环节，二级平台处置利用“处置通”功能，满足一线处置人员户外作业需求，实现问题在线办理；在问题跟踪环节，“掌上云”担当“领导通”角色，便于部门领导实时掌握情况。实现了城市管理问题从发现到办结的全过程监控。

6. 推进市政公用行业数据共享平台一期建设

太原数字城管借助物联网、大数据等现代信息技术，在对供水、供热、燃气、照明、市政等 20 余家市政公用行业单位进行信息资源调研摸底的基础上，启动了太原市市政公用行业数据共享平台一期建设。截至目前，已将太原市热力公司、第二热力有限责任公司、太原市城北热力有限公司、太原市天然气有限公司、太原市天然气有限公司、山西国新科莱天然气有限公司、太原燃气集团有限公司 7 家企业运行实时数据接入，实现城市供热、燃气等公用企业与数字城管平台、短信平台数据的实时交换，形成了集预警监控、应急指挥、协调调度、科学决策为一体的综合智能监管平台。如图 17-16 所示。

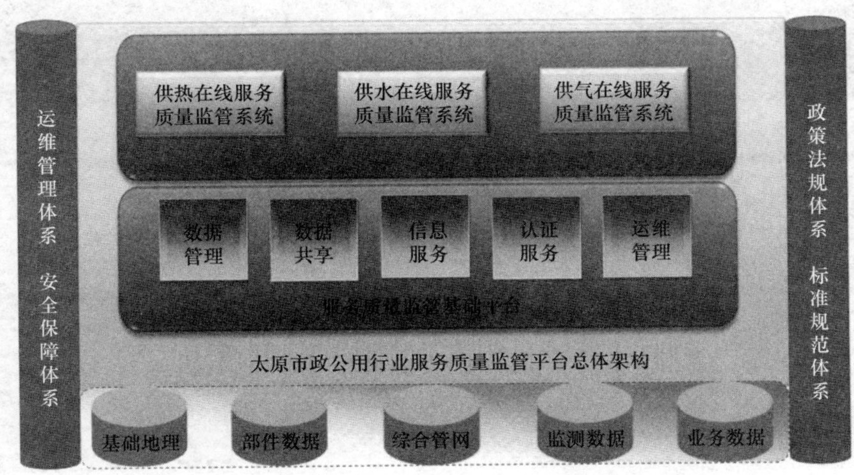

图 17-16　市政公用行业数据共享平台

7. 完成数字城管历史数据分析与挖掘系统一期建设

通过引入文本挖掘智能分析、大数据全文库、搜索引擎技术等大数据技术，围绕太原市城管中心 6 年多的各类业务数据，搭建了数字城管数据分析与挖掘平台，完成了城市管理词库、智能信息处理、数字城管综合平台优化等 3 个子系统及文本挖掘、数据清洗加工、自然检索、智能检索、多维数据展示等 25 个子功能的研发，为提升中心行业分析评价和城市管理数据挖掘能力奠定了基础。如图 17-17 所示。

8. 通过数字城管信息系统安全三级等保测评

根据《信息安全等级保护管理办法》要求，通过招标确定专业等保测评机构对中心信息系统物理安全、网络安全、主机安全、应用安全、数据安全与备份恢复、安全管理制度、机构、人员安全管理、系统建设管理、运维管理等十个方面进行测评，对 54 项安全隐患问题逐一进行了整改，经复检合格后，顺利通过信息系统安全三级等保测评。

近年来，太原数字城管不断加强单位内部管理，先后通过 ISO 9001 质量管理、ISO 18001 职业健康安全管理以及 ISO 27001 信息安全管理的体系认证工作，在保持国家级青年文明号的基础上，荣获中华全国总工会“职工书屋”示范点、全国妇联“巾帼文明岗”中国最佳客户服务中心，山西省“创建国家卫生城市先进单位”“五四红旗团委”“爱国卫生先进单位”，太原市“文明单位标兵”“安全隐患有奖举报工作先进单位”“双拥先进单位”“三八红旗集体”“工人先锋号”“妇女之家示范点”等多项荣誉。中心组织研发的“太原市智慧城市管理信息系统”两次荣获中国地理信息产业优秀工程银奖，并被山西省科技厅列入山西省科技成果转化与推广计划火炬项目（2015～2017 年）。

在下一步工作中，太原市数字化城乡管理指挥中心将紧紧围绕“学习创新、务实应用”的发展思路，充分利用先进的智能化管理手段，进一步提升数字化城市管理服务水平，为建设文明开放富裕美丽太原做出应有的贡献。

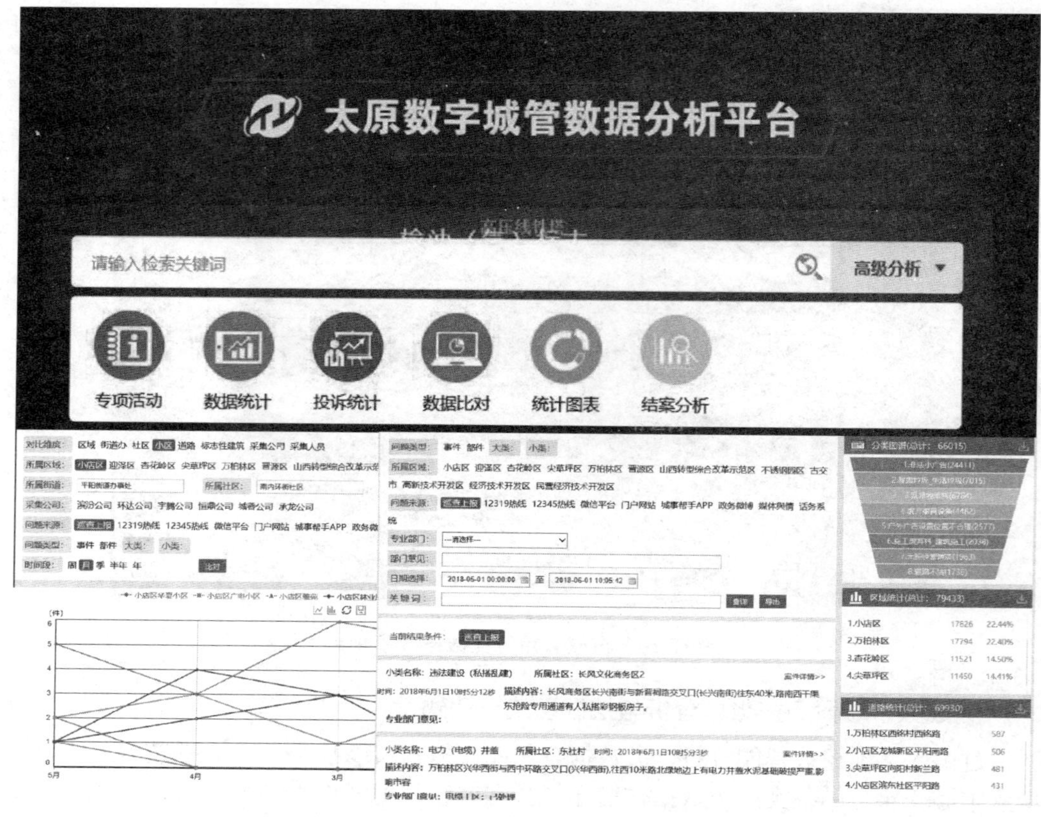

图 17-17　数字城管历史数据分析与挖掘系

第十八章

合肥市数字城管实践案例

（合肥市数字化城市管理指挥中心　供稿）

专家点评

合肥市按照市县一体化建设模式，市一级建设基础数据库，核心应用系统和主网络，县（市）负责信息系统及特殊需求的业务系统，确保主要数据上下一张网，全市共用一平台。数字城管严格按照国家和行业标准，全面建设系统平台，并根据本市实际，研发拓展了餐厨垃圾管理、工地和渣土车管理等15个应用系统。一边抓运行一边抓完善，不断创新举措，强化采集监管，立足解决问题，完善考核机制等，有效地解决了运行中的各种瓶颈障碍，使之健康有效，持续地向前发展。市人大立法将数字城管的建设运行工作列入《合肥市城市管理条例》，数字城管有了法律保障，绩效评价等监督考核制度落到实处。

一、基本概况

合肥是安徽省省会，全市总面积约 1.14 万平方公里，拥有常住人口共 796.5 万人，下辖 4 个市辖区、4 个县，1 个县级市，设有 4 个开发区，城区建成面积 428 平方公里，建成区常住人口 422 万人。

合肥市数字化城市管理监督指挥中心于 2015 年初经市编办批复成立，为市城管局直属的正科级事业单位，主要承担数字城管系统平台的运行管理和维护职责，包括对数字化城市管理系统各类城市管理问题分类、处理和报送工作，以及对各类信息的汇总统计并提供考核评价数据，同时负责 12319 热线、市长热线咨询、投诉、转办、领导交办等问题的跟踪督办、反馈，系统软硬件和网络维护等工作。中心内设监督考评科、指挥协调科、技术保障科和综合科 4 个科室，现有在岗人员 18 名。中心大厅、机构基本情况如图 18-1、表 18-1 所示。

图 18-1　合肥市数字化城市管理监督指挥中心大厅全景

数字城管机构基本情况表　　表 18-1

<table>
<tr><td rowspan="7">基本概况</td><td>单位名称</td><td colspan="5">合肥市数字化城市管理监督指挥中心</td></tr>
<tr><td>单位性质</td><td>事业单位</td><td>单位级别</td><td>正科</td><td>隶属关系</td><td>合肥市城市管理局</td></tr>
<tr><td>人员编制数（总）</td><td>26（含 12 名政府购买服务人员）</td><td>现有人员数（总）</td><td>18</td><td>建成投运时间</td><td>2015 年 1 月</td></tr>
<tr><td rowspan="4">内设机构名称（处、室、科、股等）</td><td colspan="3">综合科</td><td>人员编制及现有人员数</td><td>3</td></tr>
<tr><td colspan="3">指挥协调科</td><td>人员编制及现有人员数</td><td>3</td></tr>
<tr><td colspan="3">监督考评科</td><td>人员编制及现有人员数</td><td>7</td></tr>
<tr><td colspan="3">技术维保科</td><td>人员编制及现有人员数</td><td>3</td></tr>
<tr><td>主要职责</td><td colspan="6">1. 负责数字化城市管理信息系统的运行管理和维护升级。
2. 根据委托研究拟订数字化城市管理系列标准规范和监督评价办法。
3. 根据委托负责数字化城市管理系统各类城市管理问题的信息采集、受理立案、指挥派遣、结果反馈以及分类、处理和报送工作，对数字化城市管理工作进行全方位、全时段监控，实时准确掌握城市管理现状。
4. 负责数字化城市管理各类信息汇总和统计，在此基础上对各区（开发区）、市直有关部门（企事业单位）履行城市管理职责情况进行评价。
5. 负责数字化城市管理系统呼叫中心坐席员、平台管理维护人员的配置、培训、监督、考核及日常管理，加强对城市管理信息采集服务外包公司的监督、考核工作。
6. 负责数字化城市管理基础数据库管理及组织基础数据的普查更新。
7. 负责指导协调区级数字化城市管理信息系统平台维护管理工作，对各区（开发区）、县（市）城市管理监督指挥中心进行业务指导。
8. 负责 12319 热线咨询、投诉、转办、领导交办等问题的跟踪督办、反馈等工作</td></tr>
</table>

二、建设和运行情况

（一）严格依据标准，全面建设系统平台

合肥市数字化城市管理系统项目，经过大量前期调研、立项、方案征集设计、论证审批等各项准备工作，项目于 2013 年 6 月启动建设，2014 年上半年建成，2014 年 9 月开始试运行，2015 年 1 月 1 日系统正式投入运行。

系统严格按照住房和城乡建设部数字城管标准建设，覆盖全市约 400 平方公里建成区，包括 4 个主城区和 3 个开发区。在基础数据建设方面，普查城市管理部件 138 万个、地理编码点 8 万个，采集实景影像数据约 1900 公里，划分万米单元网格 14746 个、按照国家标准，建设了无线数据采集等 9 大核心子系统，同时根据合肥市实际，扩展研发了餐厨垃圾管理、工地和渣土车管理等 9 个业务应用系统，延伸研发了领导移动督办等 6 个辅助系统。如图 18-2、图 18-3 所示。

建设中共享了合肥市电子政务专网、国土基础地理信息和公安天网视频等已建成信息化资源。同时，出台县（市）级数字城管建设指导意见，采取市县一体化建设模式，由市级统一建设基础数据库、核心应用系统和主网络，县（市）负责信息采集工作和建设自身特殊需求的其他业务应用系统，确保主要数据上下一张网，全市共用一平台。

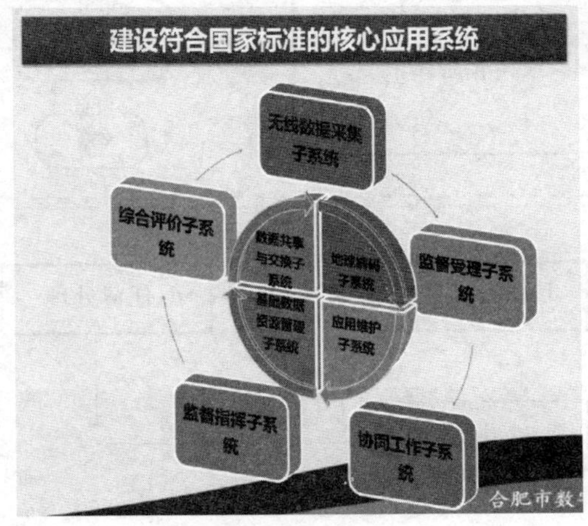

图 18-2　大核心子系统

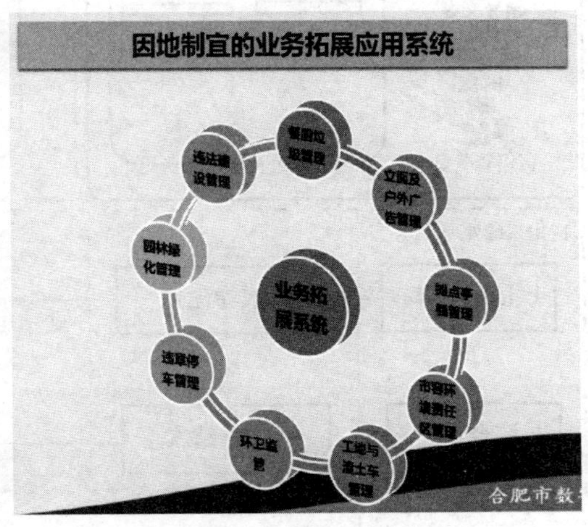

图 18-3　大辅助系统

（二）健全体制机制，保障系统正常运转

一是以合肥市委、市政府名义联合出台《关于全面推行数字化城市管理工作的实施意见》，作为数字城管在全市运行的依据；二是成立由市长任组长、多位市领导任副组长、66 个承担城市管理职责的单位或部门负责人为成员的城市管理委员会，负责组织、指导、协调、监督和考核城市管理工作，并在合肥市城管局设立办公室负责具体工作；三是以合肥市委市政府两办名义联合印发城市管理工作考核办法；四是通过市人大立法，将数字城管的建设和运行工作写入《合肥市城市管理条例》。

（三）规范系统流程，高效处置各类问题

合肥市数字化城市管理系统平台运行采取“两级监督、两级指挥”模式，工作业务流程按照行业标准，分为信息收集、案卷建立、任务派遣、任务处理、处理反馈、核查结案、综合评价七个环节并实行闭环运行，如图 18-4 所示。目前通过网络接入系统的单位超过 900 个，登录系统的固定及移动终端账户超过 3000 个，包括区、街（乡）及其管辖的社居委、市直部门和企事业单位，基本囊括了城市建成区范围内所有涉及城市管理的部门和单位。

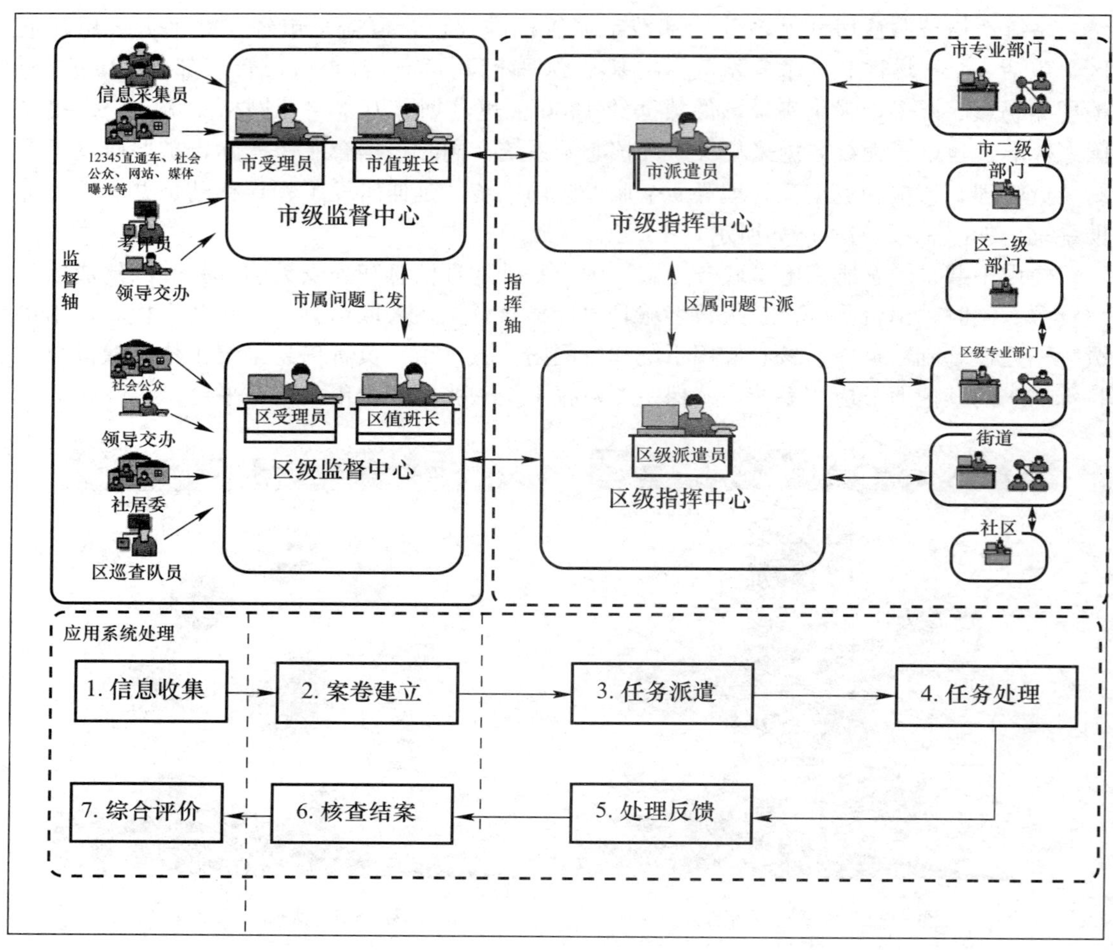

图 18-4　工作业务流程

将全市覆盖范围划分为东、西两块采集工作区域，在万米单元网格划分的基础上，划分为 215 个重点和非重点巡查责任网格，如图 18-5 所示。由市级统一采取服务外包方式，经公开招标，确定两家信息采集服务外包公司，组建专职信息采集监督员和坐席员队伍，分别负责城市管理问题的发现上报、核查核实以及监督指挥大厅的案件受理、立案、派遣以及 12319 热线接听等工作。

按照“应采尽采”要求，同时根据合肥市城市管理工作的部署和要求，按计划有重点组织开展信息采集工作，系统运行以来，至 2017 年 12 月底，三年时间系统平台共受理立案各类城市管理问题 452.25 万件，日均受理量为 4130 余件，经派至相关部门或单位，得到有效处置并结案 451.83 万件。如图 18-6 所示。

（四）突出考核抓手，保证运行取得实效

根据合肥市城市管理考核办法，数字城管占考核权重的 70%，在考核中起到了主导作用。具体实施中，依据数字城管系统立案、处置等工作开展情况，分别对全市 7 区、56 个街镇以及 22 家市直部门和企事业单位实施考核，每月发布数字城管考核通报，报送市主

图 18-5　合肥市信息采集责任网格划分图

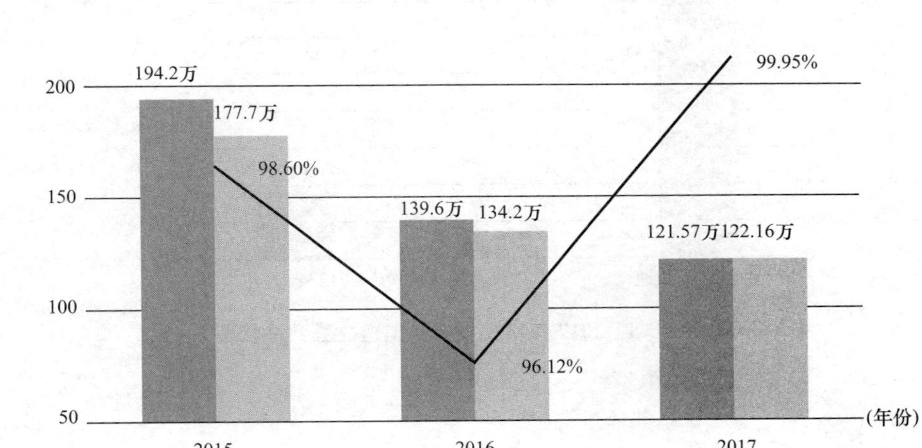

图 18-6　2015～2017 年三年来立结案情况图

要领导和分管领导，并在市级党报刊登考核结果和排名（图 18-7），设立市对区考核奖励基金，与考核成绩相挂钩。

（五）开展市民互动，推动城市综合治理

在设立“12319”城管热线的同时，开通“文明合肥”微信公众号市民举报城市管理问题的功能模块，研发了市民通 APP 平台，建立市民有奖举报城市管理问题实施办

合肥日报 HEFEI DAILY　专版　2018年1月30日 星期二　联系电话 63528836　5

城市管理

关于2017年12月份城市管理工作考核情况的通报

各区、开发区，市直相关部门、企事业单位，省、部属有关单位：

根据《合肥市城市管理考核暂行办法》规定，市城管委办公室对全市12月份数字化城市管理工作进行了考核，现将全体考核对象的月度考核成绩和分类排名情况予以通报：

一、数字城管平台立案和处置总体情况

12月份数字城管平台共立案全市各类城市管理问题94784件，按照责任主体属于各区（开发区）的有84587件，占89.24%；属于市直相关部门的10001件，占10.55%；属于相关企事业单位的196件，占0.21%。各类考核对象应结案数95797件，共结案95248件，总结案率99.43%，按期结案率97.71%。

二、区（开发区）考核情况

12月份，各城区、开发区应结案数85104件，结案85102件，总结案率为100%，按期结案85081件，按期结案率99.88%。国家调查队本月分别抽取瑶海区嘉山路街道、铜陵路街道，庐阳区林店街道、双岗街道，蜀山区荷叶地街道、西园街道，包河区烟墩街道、义城街道，高新区兴园社区，经开区临湖社区，新站区瑶海社区等测评样本点开展了城市管理测评工作，共发现城市管理问题 666 处。包河区、蜀山区、庐阳区分列本类考核对 象一、二、三名。

市城市管理委员会办公室

2018 年 1 月 19 日

图 18-7　2017 年 12 月数字城管考核通报

法，市民通过两个平台可直接举报 3 大类 9 小项城市管理突出问题，所有市民投诉举报问题均进入系统立案并纳入考核，截至 2018 年 4 月底，便民平台共受理立案并处置各类城市管理问题 5.58 万余件，有效解决了一批市民关注的城市管理突出问题。如图 18-8 所示。

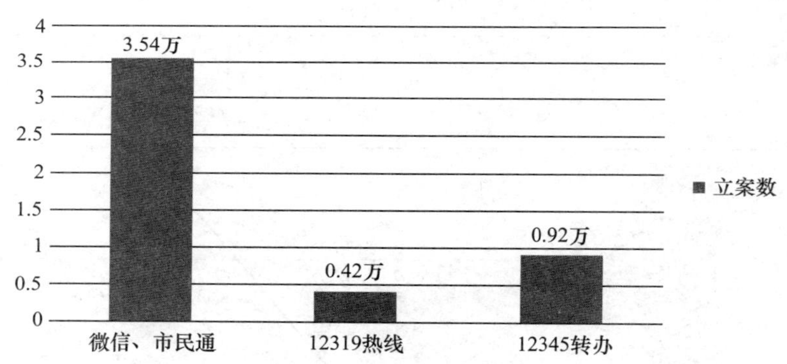

图 18-8　2017 年市民投诉各渠道立案数柱状图

三、工作成效

1. 规范了城市管理工作标准

结合合肥市实际，编制了《监督指挥手册》，明确了 115 类城市管理部件、96 类事件属性以及立结案时限标准，通过数字城管部事件的确权确责，各级各部门的城市管理工作责任得到了进一步明晰。如图 18-9 所示。

2. 城市管理压力实现了层层分解传递

将街道（乡镇）纳入考核对象，建立城市管理分类考核新机制，充分体现了“管理重心下移”的城市管理工作原则，夯实了“以块为主、属地负责”的管理基础，实现了压力分解和精准传递。

3. 推动城市管理工作步入长效

通过数字城管运行，城市管理工作步入了长效常态，改变了过去创建打突击、阵风式的工作方式，在合肥市创建文明城市和一些重大活动保障中发挥了积极作用。

4. 初步建立了城市管理问题数据库

几年来，通过数字城管采集并督促处置了大量城市管理问题，同时也形成了一个问题数据库，对于研判问题、开展工作提供了重要的数据支撑。

图 18-9　合肥市数字化城市管理监督指挥手册

四、完善举措

数字城管运行中始终存在信息采集上报不全面、不及时、不准确的问题，造成这些问题的主要原因是：信息采集人员业务能力不强，少数考核对象对采集员进行拉拢或阻挠，公司监管无法全面到位等。针对存在问题，几年来，合肥数管中心一边抓运行，一边抓完善，着重采取了以下措施：

（一）不断创新举措，强化采集监管

1. 重点考评漏报

工作中，一方面组织中心人员加大对漏报的考评力度，深入网格现场检查采集人员履责真实情况，另一方面建立互查制度，每天组织各区人员开展抽签考评，所有漏报考评案件均直接进入系统，计入对公司处罚。此外，市民投诉举报、媒体曝光的问题也一并纳入漏报考核。考核办法中对公司按每件漏报扣分的同时，也测算整体漏报率，达到 1%即进行处罚。通过漏报考核，对公司加强人员和内部管理发挥了积极作用。

2. 合理设定任务

为了确保工作质量，引导采集员上报城市管理阶段性重点问题，从 2016 年始中心改变了以往按上报数量设置网格采集任务的方式，采取了以分值定任务的方法，即把案件分为重点、较重点和一般三类，其中采集过程中直接面对当事人采集、容易引发纠纷以及被纳为城市管理月度专项整治工作的问题案件，如游商、出店以及存在安全隐患的案件等定义为 0.5 分，一些轻微案件定义为 0.1 分，其他案件定义为 0.3 分，按重点网格每天 6 分、非重点网格每天 3 分设定基础任务，并明确案件类型分值可根据工作需要随时进行调整。此举既能防止采集员出工不出力的情况发生，也能确保我们所关注的案件类型做到应报尽报，而且通过系统对采集员三类案件的分值统计，可直观显现其工作质量。

3. 坚持人员定期轮岗

为有效解决采集员长时间在同一网格工作，从而与被考核对象发生非正常联系和往来、影响采集工作质量问题，每隔 2～3 月，按照重点网格和非重点网格必须互换、部分人员跨行政区划调整原则对全体采集员进行网格轮岗。同时为了便于采集员在进入新网格

时能够快速了解网格基本情况，尽快投入正常工作，要求公司对每个网格的边界、道路及路程、易发问题地段等情况建立相关档案。

4. 严查违规违纪

一方面加大对违规采集员的查处，通过同网格和同类型网格重点案件的上报分值比对，及时分析发现采集员是否存在不履责问题或违规行为并查处。同时对被考核对象提供采集人员有“吃拿卡要”行为线索的，经查实给予一定的考核加分奖励。在此基础上建立违规人员黑名单制度，抄告公司并且明确规定违规人员不得再从事我市信息采集工作；另一方面加大对干扰采集工作的打击力度，与纪检部门联合出台严肃信息采集工作的纪律文件，强化工作保障。

（二）立足解决问题，完善考核机制

考核是指挥棒，通过数字城管开展城市管理工作考核，是保证系统高效运行和发挥数字城管作用的主要抓手，几年来结合工作实际，从以下几个方面不断对考核工作进行完善。

1. 尝试解决同类考核对象差异化问题

坚持同城同标的考核原则，一把尺子量到底。首先以路程优先的原则，统一设定划分标准，重新对全市覆盖网格进行划分优化，解决原巡查网格划分标准不一致的问题。其次解决考核对象差异化导致的问题数量多少的问题，设计“按期结案占比率”指标，在考核分值中专门拿出 2 分，以考核对象的按期结案数在同类考核对象的全部按期结案数中的占比计算得分，这项指标既兼顾案件量较多的处置部门利益，同时也督促其保证处置质量。

2. 努力建立多元化考核数据渠道

一是搭建视频采集系统平台，在公安部门的大力支持下，实时共享全市近 2 万多路天网监控探头，通过视频巡查，三年共采集立案各类城市管理问题 11.22 万条，视频采集上报系统如图 18-10 所示；二是开通了微信公众上报功能，如图 18-11 所示，将 12319 和市长热线

图 18-10　视频采集上报系统页面

图 18-11　微信公众号投诉上报页面

两个渠道投诉反映的问题纳入考核；三是引入国家统计局合肥城市调查队参与城市管理测评工作，每月开展一次，测评分值占数字城管成绩的 20%并纳入对区街考核。以上考核评价渠道，对单一考核数据发挥了修正的作用，取得了积极的效果。

3. 不断完善考核指标

每年结合城市管理实际，对考核办法进行优化。一是设立“反复立案率”考核指标，即一个月内在一定范围内同一类型案件的立案数占考核对象案件量的比率，该指标主要目的就是要求处置部门要建立长效管理机制，避免同一个问题的反复发生；二是增加了月度重点专项工作整治指标，按照全市阶段性工作部署，一个月确定一类案件纳入该项考核。推动重点工作快速开展落实；三是对街镇考核方式进行了优化调整，提升区级指挥协调力度，将市级数字城管直接考核街镇调整为市区两级考核，考核分值各占对街镇考核成绩的 50%，排名也由原来 56 个街镇共同排名调整为以区为单位各自排名。

五、下一步工作

不断强化管理，完善制度，延伸触角，拓展功能，努力提升合肥数字城管工作运行水平。

1. 在智慧运用上下功夫

一是通过合肥市正在建设的大数据平台，强化城市管理部门间的数据互联和共建共享；二是启动数字城管二期项目建设，建立数据分析系统，重点从时间、地点、类型、指标等多角度对城市管理问题的人和事进行研究分析；三是尝试利用视频、传感等技术，以人机结合的方式，提升问题发现效率；四是在现有基础上，进一步完善提升业务系统功能，真正发挥效用。

2. 在做好服务上下功夫

一是通过 12319 热线、微信、APP 等多平台，完善有奖举报机制，方便并鼓励市民参与城市管理工作，进而推动问题解决；二是进一步利用系统对城市管理工作人员和单位的绩效作出科学评价，通过信息采集员做好专项普查，为处置部门提供第一手全面详实的问题数据，同时将采集员举手之劳制度化，有选择的协助解决一些如共享单车摆放等难点问题；三是运用数据分析系统，尝试研究城市管理问题规律，为工作开展和领导决策提供依据。

第十九章

昆明市数字城管实践案例

（昆明市网格化综合监督指挥中心　供稿）

专家点评

昆明市委书记按照数字城管“两个轴心”机制建设要求，依法调整完善监督协调机制，将市区两级监督指挥中心机构由城管部门调整为市区政府直属机构，保证了数字城管高位监督、协调和考核工作的落实。通过将区政府主要领导和分管领导个人绩效与数字城管工作考核挂钩，领导主动履责得到提升，压力得以层层传递，数字城管运行能力得到增强，昆明市区两级数字城管系统发现问题数量和处置效能较调整前呈现几倍增长。昆明做法证明，党委一把手领导高度重视并将各级领导个人城市管理工作纳入数字城管绩效评价考核体系是数字城管取得成功的重要保障。

一、基本概况

昆明市辖区总面积 21473 平方公里，建成区面积 414 平方公里，辖 10 区 9 县（市），其中包括 1 国家级经济技术开发区、1 个国家级高新技术产业开发区、1 个滇池国家旅游度假区、1 个阳宗海旅游度假区，全市常住人口 667.7 万人。

昆明市紧紧围绕建设区域性国际中心城市、打造新型智慧城市的目标任务，以加强体制、机制创新为重点，以条块融合、无缝衔接的城市管理网格为载体，以网格化管理为手段，着力创新城市管理理念，创建具有昆明特色的城市网格化服务管理新模式。

二、推进网格化管理体制改革

为适应昆明市城市现代化发展战略的需求，进一步创新体制机制，全面提升昆明城市治理和经济运行水平。2017 年 3 月，根据《关于调整昆明市数字化城市管理办公室机构编制有关事项的批复》（昆编复〔2017〕15 号）要求，将昆明市数字化城市管理办公室更名为昆明市智慧城管服务指挥中心，核定内设机构 4 个，核定人员编制 31 名；核定领导职数 3 名，其中主任 1 名由市城管执法局局长兼任，专职副主任 1 名（正县级），副主任 1 名。

2017 年 8 月，为进一步理顺网格化管理体制，在区级层面实现网格化管理“监管分离”，根据《关于昆明市及主城八区网格化监督指挥机构设置等相关事项的批复》（昆编复〔2017〕35 号）（图 19-1），在昆明市智慧城管服务指挥中心加挂“昆明市网格化监督指挥中心”牌子。在区级层面独立设置昆明市网格化监督指挥中心盘龙、五华、官渡、西山、呈贡、高新、度假、经开分中心，分中心与区城管部门脱离，直属于区政府，实行“市中心和区政府双重管理、以区为主”的管理体制”，撤销各区数字化城市管理机构，其职能整合到各区网格化监督指挥分中心履行。同时明确了各区分中心的领导职数和人员编制。各区结合实际，制定印发了区级网格化管理机构设置的文件，明确隶属关系、领导职数和人员编制，并于 2017 年底实现了区级网格化管理机构的“监管分离”。

昆明市机构编制委员会文件

昆编复〔2017〕35 号

昆明市机构编制委员会
关于昆明市及主城八区网格化监督指挥
机构设置等相关事项的批复

中共昆明市城市管理综合行政执法局党组：

你们报来《关于昆明市及主城八区网格化监督指挥机构设置的请示》（昆城管党组〔2017〕29 号）收悉。经研究，现将有关事项批复如下：

一、同意在昆明市智慧城管服务指挥中心加挂“昆明市网格化监督指挥中心”牌子（以下简称市中心），增加城市网格化监督管理相关职能，不再新增机构及人员编制。

二、昆明市网格化监督指挥中心下设五华、盘龙、官渡、西山、呈贡、高新、经开、度假 8 个分中心，名称为“昆明市网格

图 19-1 关于昆明市及主城八区网格化监督指挥机构设置的批复

为推进市级网格化监督指挥机构改革，确保市级层面实现监管分离，按照昆明市委、市政府工作部署，2018 年 2 月 27 日，市编委印发《关于调整昆明市网格化监督指挥机构设置的批复》（昆编复〔2018〕15 号）（图 19-2），将昆明市智慧城管服务指挥中心（昆明市网格化监督指挥中心）更名为昆明市网格化综合监督指挥中心（加挂“昆明市城市运行综合监督指挥中心”牌子），并将隶属关系从市城管执法局调整到市政府办公厅。随着市、区两级网格化综合监督指挥机构的建立，形成了监督与管理相对独立的管理体制。跨部门

协同联动能力得到进一步加强，实时指挥调度效率得到进一步提高，为全面推进昆明市网格化管理工作，打下了坚实的基础。

昆明市机构编制委员会文件

昆编复〔2018〕15号

昆明市机构编制委员会
关于调整昆明市网格化监督指挥机构设置
的批复

昆明市城市管理综合行政执法局：

你们报来《关于昆明市网格化监督指挥机构设置有关问题的请示》（昆城管请〔2018〕18号）收悉，经2018年2月27日市编委2018年第二次会议研究，现将调整昆明市网格化监督指挥机构设置的有关事项批复如下：

一、调整机构名称

将昆明市智慧城管服务指挥中心（加挂“昆明市网格化监督指挥中心”牌子）名称调整为昆明市网格化综合监督指挥中

图19-2　关于调整昆明市网格化监督指挥机构设置的批复

三、创新网格化监督模式

昆明市根据管理重点、经费投入、人口数量、城市规划特点的不同，采取分级分类的方式，将主城区603平方公里的区域分为三类区，共划分管理网格1272个。要求各区按照每个网格配置1名监督员的标准，足额配置专职监督员队伍开展网格巡查、问题上报等工作。

将网格化监督模式从原来的“市级监督，区、街道处置”变更为“市级监督（抽查）、区级监督（巡查）、街道处置”。市级监督员通过漏报案件、假错案件和重复案件等督促区级监督员全面巡查、如实上报网格内发生的各类问题；主城八区共有近千名区级监督员负责对网格内的问题进行常态巡查；街道和专业部门发挥问题处置的基础性作用，及时按标准处置各类问题，形成了“区级专业监督＋市级专业再监督”的两级专业监督体系。在新的模式下，市、区两级监督员各司其职，为网格巡查全覆盖、及时发现问题提供了保障。目前，主城八区网格监督员每天巡查上报案件超过25000件，案件数量已从2017年11月的251892件增长到今年4月的883692件，增长到3.51倍。2017年11月～2018年4月市、区两级受理案件量，如图19-3所示。

图 19-3　2017 年 11 月～2018 年 4 月市、区两级受理案件量

四、建立健全网格化考评机制

1. 优化考核体系

昆明市紧紧围绕推进“体制、机制、领导、人员、考核”的目标，以建立健全网格化管理体制机制为根本，制定印发了网格化考核实施方案。新的考核体系在内容上侧重于各区机制体制建设运行情况，并将监督员受威胁作为考核指标纳入考核范围。根据案件影响范围和处置的难易程度为每一类问题设置案件权重（基本案件数），引导各区优先处置重点、难点问题。考核工作实行动态考核，实时公开考核结果。新的考核体系，将更好的发挥考核的“指挥棒”、“风向标”作用，促进全市网格化管理工作规范运行。

2. 强化结果运用

制定印发了《昆明市城市网格化管理综合考核办法》（昆政办［2018］63 号）。《考核办法》将城市管理网格化考核结果和第三方考核评估结果汇总形成昆明市城市网格化管理综合考核结果，并将考核结果作为领导干部监管的依据，对一年内月综合考核结果累计 3 次在 85 分以下且 3 次排名末位的，按照干部管理权限给予主要领导及城市管理领域的分管领导责令辞职、降职或免职问责。将考核结果与领导干部年度评优评先及绩效兑现挂钩，对第一年考核得分低于 85 分的区政府主要领导和分管领导，扣除年度目标考核个人奖励的 30%；第二年考核得分仍低于 85 分的，扣除年度目标考核个人奖励的 50%；连续三年考核得分都低于 85 分的，扣除全额年度目标考核个人奖励。将考核结果作为领导干部提拔任用的重要参考，由市网格化综合监督指挥中心定期将各区考核结果和领导干部城市网格化管理方面的个人实绩分析报告报送组织部门，作为组织部门在动议干部时的重要参考之一。

五、构建城市运行指挥调度体系

按照市委、市政府对城市运行指挥调度体系建设的部署，为提高全市城市运行日常预警和突发事件的指挥调度和快速处置能力，强化对城市运行中各类问题的常态化监管，昆明市制定印发了《实施意见》，启动了城市运行数据监测预警和指挥调度系统的建设，将城市管理、大气污染和滇池水环境治理作为第一期试点专题，实时监测城市运行动态。建立分级分类的预警指挥调度机制，明确市、区、街道三级的预警范围、响应时限、预警流程、初步处置措施等标准，要求各区各部门在接收到预警指挥调度指令后第一时间响应，充分发挥网格中心监测、预警、指挥、协调、调度作用。城市运行数据监测预警界面，如图 19-4 所示。

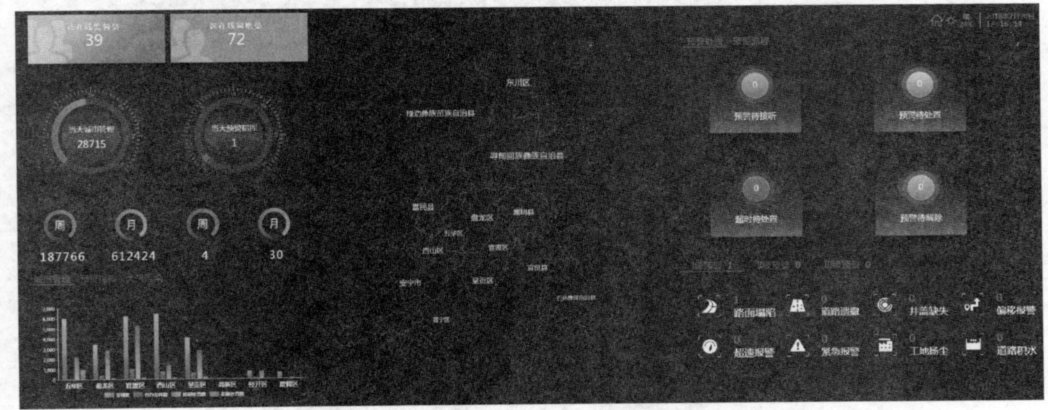

图 19-4　城市运行数据监测预警界面

六、拓展网格化监管内容

随着市、区两级网格化管理机构的改革，昆明市网格化管理的监管内容也从城市管理部事件拓展到其他领域。目前，主城区除了对 282 类城市管理问题进行常态化巡查上报、派遣和协调处置外，还将创建国家卫生城市、园林绿化城市、全国文明城市、食品安全示范城市和滇池水环境治理、大气污染防治等内容纳入了监管范围，系统界面如图 19-5 所示。运用卫星遥感技术定期获取昆明市重点区域影像数据，通过图斑比对，对城市综合治理和生态环境保护中裸地、违法建设、水污染、矿山、开山毁林等 22 个专题进行监管，对发现的问题及时派遣和督促整改，如图 19-6 所示。截至 2018 年 5 月，已通过卫星发现并整改滇池周边垃圾堆放点 30 处、面积 1.124 公顷，整改新增建筑施工裸地和裸露土地 723 处、551.68 公顷。

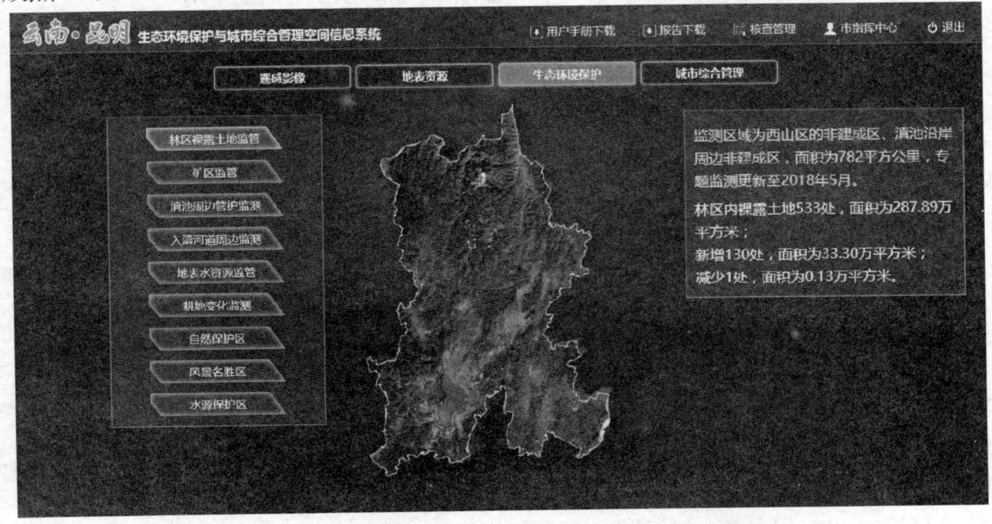

图 19-5　生态环境保护与城市综合管理空间信息系统

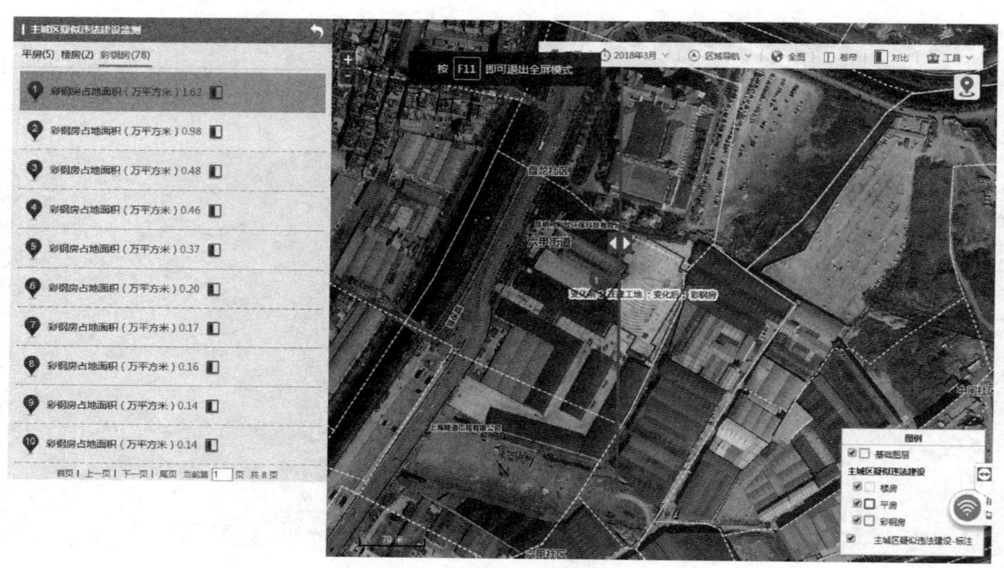

图 19-6 运用卫星遥感技术开展违法建设监管

七、实施城市网格化社区治理

昆明市拟定了《依法推进城市网格化治理工作的实施方案》，采取“共治＋网格化”的方式，在社区层面开展“滇池水环境治理”“大气污染防治”和“门前三包”三个专题的网格化治理工作，持续推进城市治理领域相关法律法规的落实，实现社区的自我管理和自我服务。

1. 强化组织领导

成立了以市委、市政府主要领导为指挥长，市政府分管领导为副指挥长，各区和市级相关部门主要领导为成员的指挥部，统筹推进城市网格化治理试点工作。

2. 更新基础数据，完善信息系统

在现有数据库的基础上，建立以土地、水域和房屋等数据为基础，以人口、单位数据为重点的大数据库；拓展基础数据更新系统、大屏公示系统、滇池水环境治理系统、门前三包管理系统、大气污染防治系统等，依托网格化管理系统建立数量化决策支持系统。

3. 制定工作标准

以法律法规为依据，依法共同制定“滇池水环境治理”“大气污染防治”“门前三包”等方面的立案结案标准、任务确定和完成标准、核实核查标准、处置流程标准、考核评价标准，明确责任主体、管理主体、执法主体和监督主体的法定责任。

4. 建立常态化、闭环的工作责任制

在社区依法成立以楼长、门长为骨干的志愿者协会和以各类单位为主体的城市管理等各类行业协会，负责将社区居民和单位有效组织起来，按标准对居民和单位遵守法律法规的情况进行检查和督促处置；对于解决不了的违法违规行为，由系统派发至管理主体督促整改；仍然拒绝整改的，由系统派发至执法主体依法进行处罚；对拒不履行处罚决定的，依法强制执行或申请法院强制执行。通过信息化手段将四类主体有机联系起来，建立以“包保到户、责任到人”为基础的网格化工作责任制。

现阶段，昆明市正在开展将滇池水环境治理纳入网格化管理的前期工作，拟运用专业的仪器对入滇河道进行断面检测，对水质异常区域进行关联性分析，分析结果作为各级各部门滇池水环境治理的重要参考；梳理出涉及入滇河道的部（事）件共 46 类，组织对入滇河道及周边开展常态化巡查；鼓励市民通过微信公众号、12319 等积极投诉各类问题，拓展群众参与滇池水环境治理的渠道。

第二十章

海口市数字城管实践案例

（海口市数字化城市管理指挥监督中心　供稿）

专家点评

海口市在数字城管模式规范运行过程中，以城市创建为契机，将创建国家卫生城市和全国文明城市的体制机制、标准、监督考评与数字城管的体制机制、事部件立案处置结案标准、绩效考评等创新结合，扩展了部件、事件类别，采取了“上图入库”的方法，实现了扁平化派单和“门前三包”责任制信息化管理，推广微信企业号、“海口城市管家”公众号及“随手拍”应用，扩大了处置队伍，服务了市民，建立了常态考评机制，发挥了数字城管对各级政府、各部门的统筹指导、指挥协同、监督考评作用，做到了精细化和全覆盖管理。还依托数字城管平台建立了巩固创建成果的长效机制，获得创建和管理效果双丰收。来自全国各地的学习参观考察也络绎不绝。

一、基本概况

海口是海南省省会城市，同时也是滨江滨海港口城市、北部湾城市群中心城市、国家“一带一路”战略支点城市。至 2016 年底，海口市总面积 3134.84 平方公里，其中陆地面积 2304.84 平方公里，海域面积 830 平方公里，海岸线 136.23 公里，建成区面积 140.59 平方公里，数字城管网格化覆盖面积 142.56 平方公里。下辖 4 个行政区、2 个开发区和 1 个综合保税区，全市共 22 个镇、21 个街道办事处、190 个社区、245 个行政村、2203 个自然村。截至 2016 年底，海口市常住人口 224.6 万人，其中户籍人口 167.03 万人，流动人口 57.57 万人。

1988 年海南建省初期，率先在全国实行“小政府、大社会”的行政管理体制改革，作为新起步的省会城市，海口市从“没有一个红绿灯”的海边小镇发展成为国际旅游岛的省会城市，历史欠账较多、城市基础设施相对薄弱，给城市管理带来很大难度。如何快速提升城市管理水平、改善城乡居民人居环境，是海口多年来面临的难题。2015 年海口市把创建全国文明城市和国家卫生城市作为改善城市面貌、提升城市建设质量的重要途径和民生工程，海口数字城管紧紧抓住这一历史机遇，和创建工作紧密结合，以快速、高效解决问题为目标，运用数字城管平台强化过程监管，促进职能单位主动履职，提高管理效能，使数字城管模式在创建中得到进一步推广应用，取得明显成效，并在 2017 年海口市成功获评国家卫生城市和全国文明城市后，成为城市管理常态长效监管的主要平台。《国家卫生城市标准（2014 版）》对数字城管运行提出要求，如图 20-1 所示。

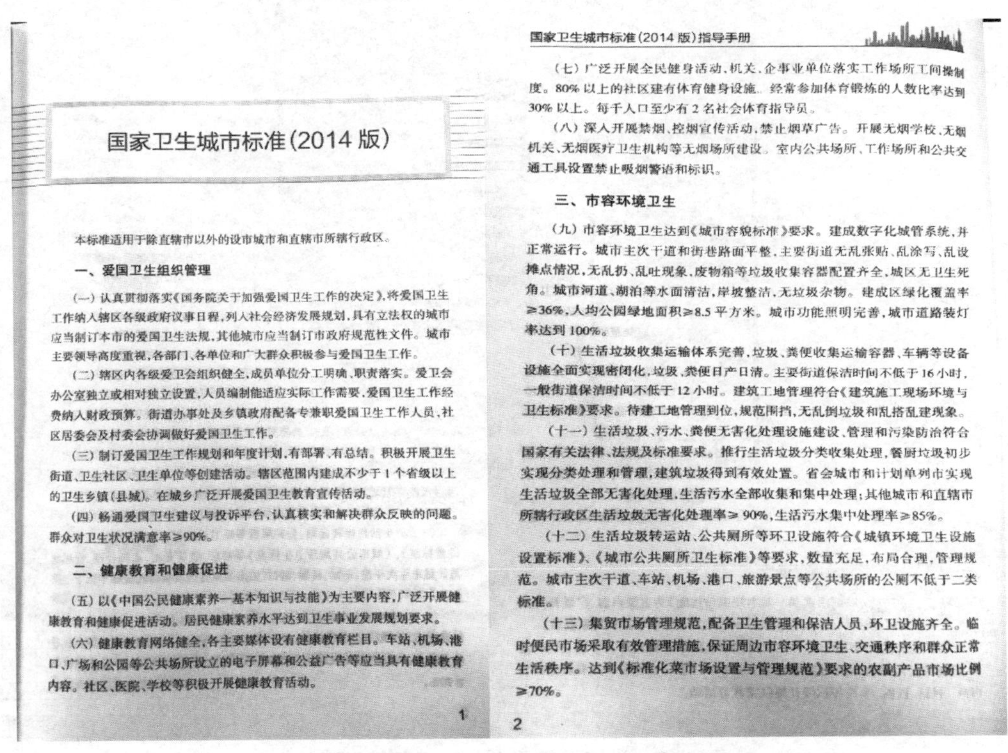

国家卫生城市标准(2014 版)

本标准适用于除直辖市以外的设市城市和直辖市所辖行政区。

一、爱国卫生组织管理

(一) 认真贯彻落实《国务院关于加强爱国卫生工作的决定》,将爱国卫生工作纳入辖区各级政府议事日程,列入社会经济发展规划,具有立法权的城市应当制订本市的爱国卫生法规,其他城市应当制订市政府规范性文件。城市主要领导高度重视,各部门、各单位和广大群众积极参与爱国卫生工作。

(二) 辖区内各级爱卫会组织健全,成员单位分工明确、职责落实。爱卫会办公室独立或相对独立设置,人员编制能适应实际工作需要,爱国卫生工作经费纳入财政预算。街道办事处及乡镇政府配备专兼职爱国卫生工作人员,社区居委会及村委会协调做好爱国卫生工作。

(三) 制订爱国卫生工作规划和年度计划,有部署,有总结。积极开展卫生街道、卫生社区、卫生单位等创建活动。辖区范围内建成不少于 1 个省级以上的卫生乡镇(县城)。在城乡广泛开展爱国卫生教育宣传活动。

(四) 畅通爱国卫生建议与投诉平台,认真核实和解决群众反映的问题。群众对卫生状况满意率≥90%。

二、健康教育和健康促进

(五) 以《中国公民健康素养—基本知识与技能》为主要内容,广泛开展健康教育和健康促进活动。居民健康素养水平达到卫生事业发展规划要求。

(六) 健康教育网络健全,各主要媒体设有健康教育栏目。车站、机场、港口、广场和公园等公共场所设立的电子屏幕和公益广告等应当具有健康教育内容。社区、医院、学校等积极开展健康教育活动。

1

国家卫生城市标准(2014 版)指导手册

(七) 广泛开展全民健身活动,机关、企事业单位落实工作场所工间操制度。80% 以上的社区建有体育健身设施。经常参加体育锻炼的人数比率达到 30% 以上。每千人口至少有 2 名社会体育指导员。

(八) 深入开展禁烟、控烟宣传活动,禁止烟草广告。开展无烟学校、无烟机关、无烟医疗卫生机构等无烟场所建设。室内公共场所、工作场所和公共交通工具设置禁止吸烟警语和标识。

三、市容环境卫生

(九) 市容环境卫生达到《城市容貌标准》要求。建成数字化城管系统,并正常运行。城市主次干道和街巷路面平整,主要街道无乱张贴、乱涂写、乱设摊点情况,无乱扔、乱吐现象,废物箱等垃圾收集容器配置齐全,城区无卫生死角。城市河道、湖泊等水面清洁,岸坡整洁,无垃圾杂物。建成区绿化覆盖率≥36%,人均公园绿地面积≥8.5 平方米。城市功能照明完善,城市道路装灯率达到 100%。

(十) 生活垃圾收集运输体系完善,垃圾、粪便收集运输容器、车辆等设备设施全面实现密闭化,垃圾、粪便日产日清。主要街道保洁时间不低于 16 小时,一般街道保洁时间不低于 12 小时。建筑工地管理符合《建筑施工现场环境与卫生标准》要求。待建工地管理到位,规范围挡,无乱倒垃圾和乱搭乱建现象。

(十一) 生活垃圾、污水、粪便无害化处理设施建设、管理和污染防治符合国家有关法律、法规及标准要求。推行生活垃圾分类收集处理,餐厨垃圾初步实现分类处理和管理,建筑垃圾得到有效处置。省会城市和计划单列市实现生活垃圾全部无害化处理,生活污水全部收集和集中处理;其他城市和直辖市所辖行政区生活垃圾无害化处理率≥ 90%,生活污水集中处理率≥85%。

(十二) 生活垃圾转运站、公共厕所等环卫设施符合《城镇环境卫生设施设置标准》、《城市公共厕所卫生标准》等要求,数量充足,布局合理,管理规范。城市主次干道、车站、机场、港口、旅游景点等公共场所的公厕不低于二类标准。

(十三) 集贸市场管理规范,配备卫生管理和保洁人员,环卫设施齐全。临时便民市场采取有效管理措施,保证周边市容环境卫生、交通秩序和群众正常生活秩序。达到《标准化菜市场设置与管理规范》要求的农副产品市场比例≥70%。

2

图 20-1　《国家卫生城市标准（2014 版）》

二、扩展部件、事件类别，助力精细化管理

为了精准解决城市管理问题，海口数字城管对照国家卫生城市和全国文明城市共性目标的具体指标，对数字城管原有的 5 大类 84 小类部件和 5 大类 86 小类事件的类别进行了拓展和细化，对创建工作需要但原数字城管类别中没有的以及分类不够细化的类别分别进行补充、拆分和细化，将数字城管系统的网格化巡查类别扩展到 630 个，其中城市管理部门常用类别增加了 121 个，相关创建单位专项类别增加了 460 个。巡查员按照细化后的扩展类别上报，既保障数字城管部件、事件管理法正常运行，又使创建扩展的各类问题得到及时发现和有效处理，用数字城管模式推进创建工作见成效。2015～2017 年创建期间，海口市运用数字城管模式发现和处理了 630 个类别的 145.91 万个问题，结案率 99.95%。“门前三包”拓展类别、综合评价，如图 20-2、图 20-3 所示。

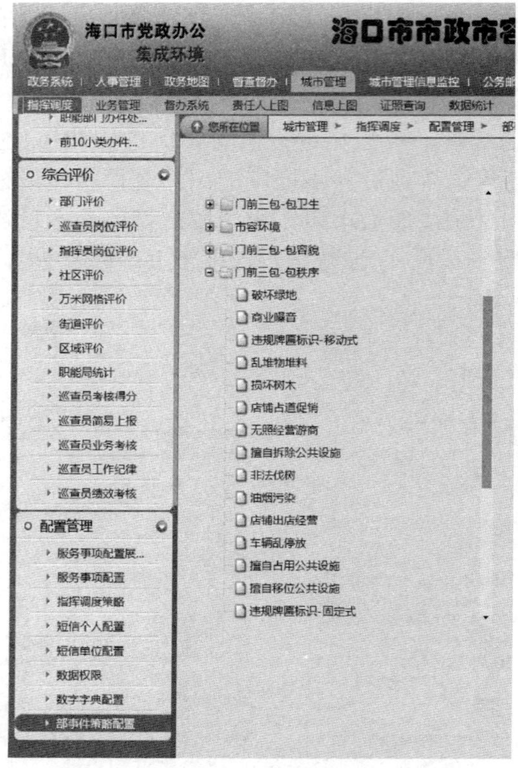

图 20-2 “门前三包”拓展的部分类别

上报时间：2015-01-01　2017-12-31　查询　导出

海口市数字化城市管理指挥监督中心综合评价表

区域	上报数	巡查员上报数	其它来源	受理数	应立案数	立案数	立案率	处置数	处置率	按期处置数	按期处置率	超期未处置数	真实处置数	真实处置率	[illegible]处置数	应结案数	已结案数	结案率	按期结案数	按期结案率	超期结案数	超期结案率	应反馈数	按期反馈数	按期反馈率	超期反馈数	超期反馈率	综合指标值	评价等级
秀英区	172926	149935	22991	172926	172926	172568	99.79%	171035	99.11%	155580	90.98%	1533	169304	98.99%	1731	171035	170945	99.95%	155915	91.21%	15030	8.79%	125336	104827	83.64%	20509	16.36%	96.8	A
龙华区	457253	412797	44456	457253	457253	456339	99.8%	450073	98.63%	417028	92.66%	6286	444612	98.79%	5461	450073	449942	99.97%	417454	92.78%	32488	7.22%	286036	231885	81.07%	54151	18.93%	97.2	A
琼山区	323994	276373	47621	323994	323994	323523	99.85%	321842	99.48%	296868	92.24%	1581	319754	99.35%	2088	321842	321813	99.99%	299136	92.95%	22678	7.05%	215844	183411	84.97%	32433	15.03%	97.6	A
美兰区	416301	353111	63190	416301	416301	415354	99.77%	409456	98.58%	374206	91.39%	5398	405954	99.14%	3502	409456	409279	99.96%	379757	92.79%	29522	7.21%	251832	203548	80.83%	48284	19.17%	97.4	A
海口市	88608	81485	7123	88608	88608	87139	98.34%	83849	96.22%	51343	61.23%	3290	79799	95.17%	4050	83849	83489	99.57%	54843	65.45%	28846	34.55%	75559	22933	30.35%	52596	69.61%	87.1	B
合计	1459082	1273731	185381	1459082	1459082	1454923	99.71%	1436255	98.72%	1295025	90.17%	18088	1419423	98.83%	16832	1436255	1435468	99.95%	1306904	91.04%	128564	8.96%	954607	746634	78.21%	207973	21.79%	96.7	A

图 20-3 数字城管平台处理问题综合评价

三、创新扁平化派发处理，助力问题高效处置

为高效处置问题，我市优化了数字城管系统的派发流程，将层层派发到处置单位变为直接派发到处置单位的现场处置人员。原来巡查员发现的问题要经过指挥监督中心派到处置单位，处置单位再把问题派到处置人，问题的流转环节往往要花费至少 10 分钟，而且派遣工单的人员还必须时刻紧盯着系统随时派发，遇到办件多的情况下，派遣到一线人员的时间会更长，使问题滞留在现场得不到及时处置。为解决派遣时间长、费工费时、处置慢的问题，我市采取了“上图入库”的方法，将市政、园林、环卫、城管等职能单位现场处置人的工作内容、管辖范围、工作时间、管理标准在数字城管系统中“上图入库”，将细化的问题类别和处置责任单位、责任人在系统中进行一一对应，使问题在上报的同时，就通过系统直接派发到一线的处置人员，问题派遣时间由原来的至少 10 分钟缩短到几秒钟，节省了时间、提高了效率，解决了派遣人员不足的问题，同时由于对具体工作人员的

责任管辖范围进行了精准的“上图入库”，理清了处置责任，为快速处置到位提供了有力保障。岗位信息“上图入库”、扁平化派发处理，如图 20-4、图 20-5 所示。

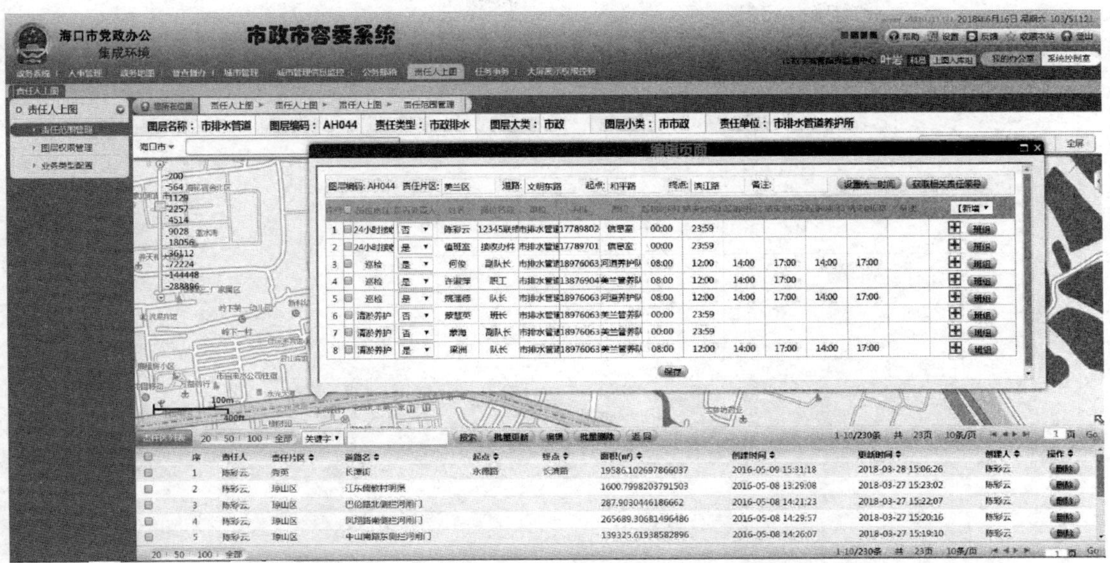

图 20-4　现场处置人的岗位信息在系统中“上图入库”

图 20-5　扁平化派发处理

由于数字城管快速发现、快速处置的优势，在创建过程中，市、区住建、食药监、工商、环保、爱卫、卫生等创建工作主要部门及各镇（街）纷纷开通数字城管系统，运用数字城管网格化发现、扁平化处理的模式，快速发现和解决相关领域存在的问题，数字城管的处置成员单位也由原来的 89 家增加到 113 家，数字城管模式在我市创建期间得到跨领域的推广和应用。数字城管成员单位如图 20-6 所示。

四、建立常态考评机制，助力全覆盖管理

为促进快捷有效地发现和处理问题，同时在创建中建立起常态长效管理机制，2015 年 9 月和 2016 年 4 月海口市委市政府分别启动了《海口市“门前三包”责任制管理督查考评实施方案》和《海口市市容环境卫生督查考评实施方案》，依托数字城管平台对“门前三包”和“市容环境卫生”的日常管理情况如机制建立情况、处置问题的效率、管理的

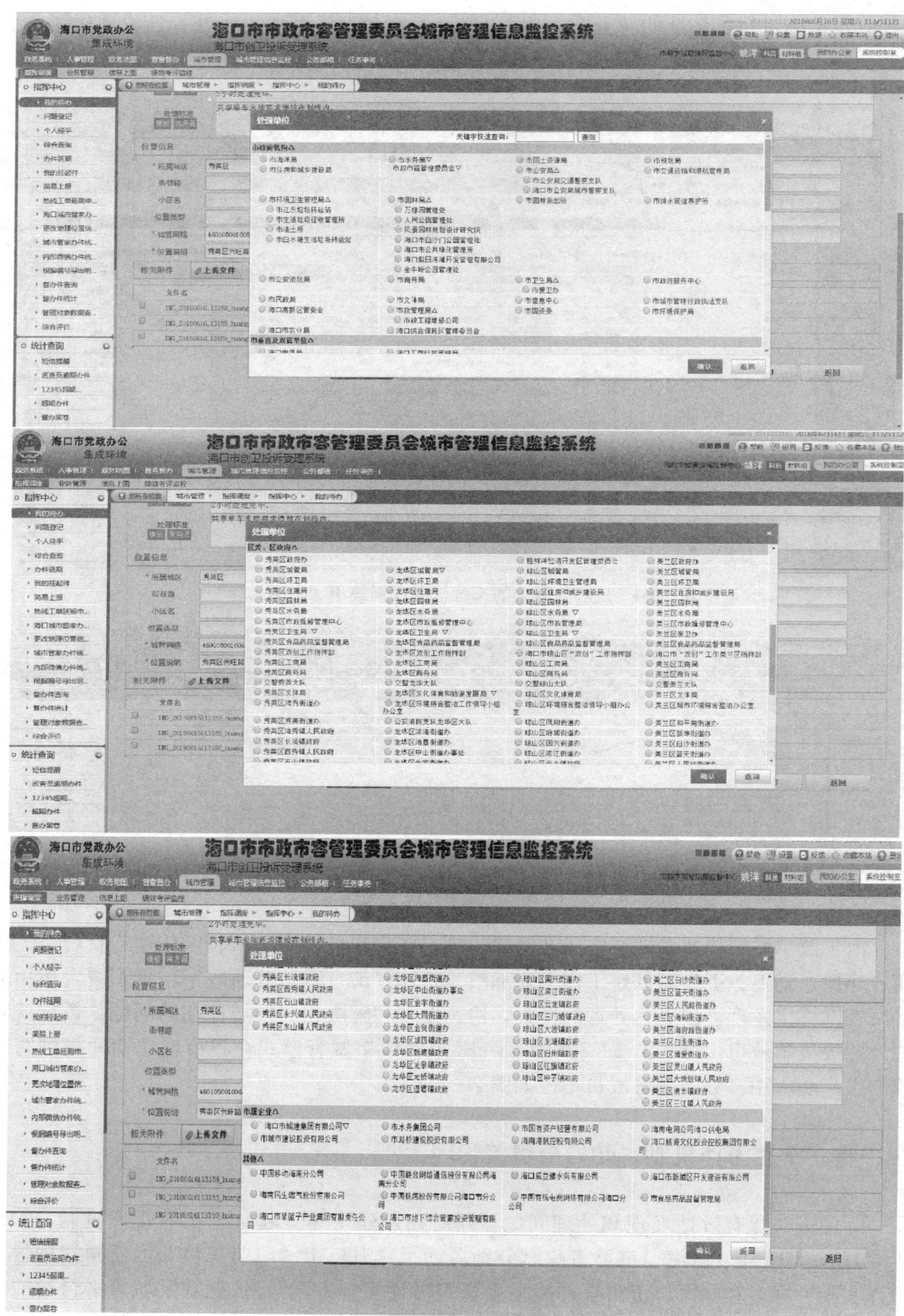

图 20-6　数字城管成员单位

效果进行常态化考评。随着创建工作的不断深入，考评的内容和范围也在不断扩展，截至2018年1月，依托数字城管平台进行考评的范围由建成区内延伸至全市建城区内外各镇（街），考评内容扩展到环卫作业质量、农贸市场、建筑工地、居民住宅小区等，考评的对象由各区延伸至各镇（街），考评单位由创建指挥部集中考评转向多部门参与考评，考评结果每月上报市政府通报问责，排名末位的责令公开检讨，建立起一套有效的考评体系。数字城管办件的处置效率由考评初期的60%迅速提升到90%以上，并每月持续保持，各处置单位逐步建立起常态化管理机制，主动履职，城市管理的常态化长效管理机制得到固化，有效改善了城市环境，提升了城市形象。“门前三包”日常处置效率考评、考评范围延伸、处置效率提升和巩固趋势，如图20-7～图20-10所示。

排序	辖区	结案分（40分）		按期结案分（30分）		按时反馈分（10分）		真实反馈分（10分）		协调分（10分）		总分 (100分)	占比分 (50分)
		结案率	分值	按期结案率	分值	按时反馈率	分值	真实反馈率	分值	协调率	分值		
1	秀英区	100%	40	100%	30	100%	10	99.3%	9.93	100%	10	99.93	49.97
2	龙华区	99.91%	39.97	96.19%	28.86	97.69%	9.77	97.69%	9.77	100%	10	98.37	49.19
3	琼山区	99.91%	39.96	97.4%	29.22	99.51%	9.95	99.62%	9.96	100%	10	99.09	49.55
4	美兰区	99.98%	39.99	98.29%	29.49	99.81%	9.98	98.91%	9.89	100%	10	99.35	49.68
5	海口市	99.94%	39.98	97.74%	29.32	99.22%	9.92	98.92%	9.89	100%	10	99.11	49.56

有效办件数:19098,办件总数:30824,办件有效率:61.96%

图20-7　“门前三包”日常处置效率考评表

图20-8　现场处置人的岗位信息在系统中“上图入库”

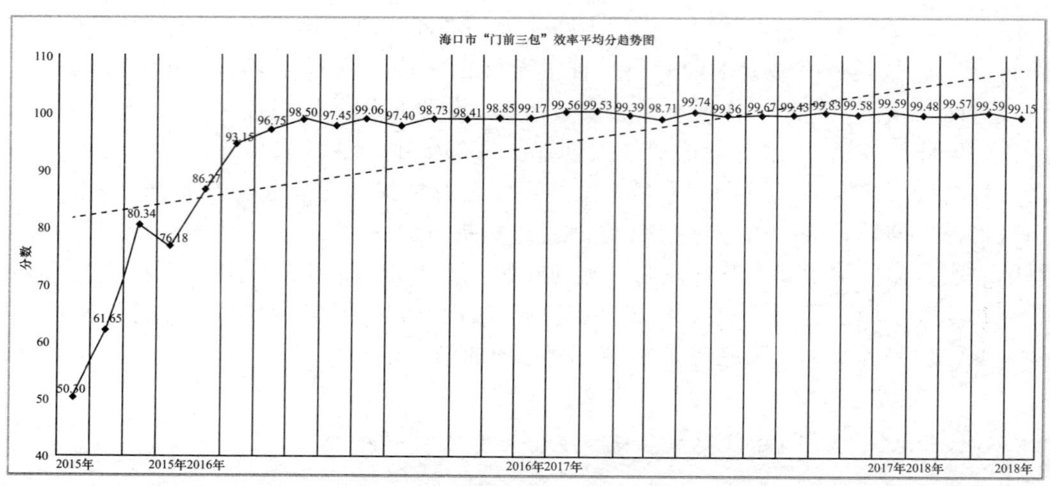

图 20-9　近年“门前三包”处置效率提升和巩固趋势图

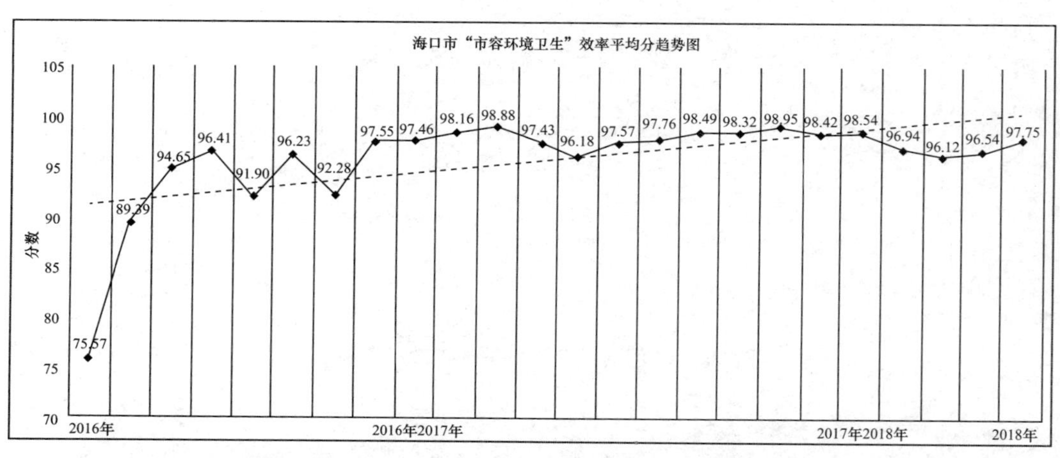

图 20-10　近年“市容环境卫生”处置效率提升和巩固趋势图

五、推广“微信企业号”应用，助力处置单位主动履职

为了鼓励处置单位主动履职、自查自纠，我们对数字城管移动端进行了功能扩展，自主研发了“微信企业号”应用，为各区各单位内部主动发现问题、跨部门联动处理提供了信息互通移动互联运行平台，极大地促进了各区各单位主动履职，提高管理效能。如海口市龙华区日常跨部门联动处理问题的“随手拍”，就是海口数字城管“微信企业号”应用之一。创建工作期间，龙华区通过“随手拍”自查自纠，主动及时发现和处理问题 47 万多个，管理效果明显提升。“微信企业号”联动处置如图 20-11 所示。

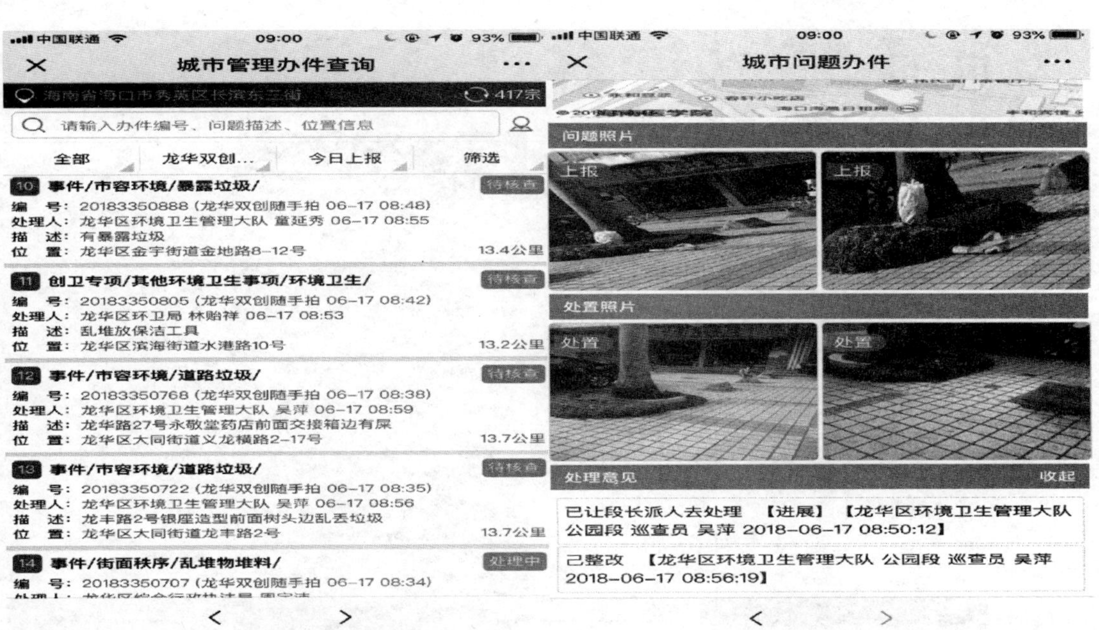

图 20-11 “微信企业号”联动处置功能界面

六、搭建服务平台，助力市民参与创建

海口创建国家卫生城市和全国文明城市走的是“政府主导、各部门参与、全社会动员”的全民创建之路，为便于市民广泛参与城市管理，数字城管建立了“海口城市管家”微信公众号，24 小时在线受理市民投诉；共享交警、市政、环卫、食药监等政府相关职能部门的数据信息和数字城管“上图入库”的管理信息 10 万多条，市民可随时在线查询生活便利信息，如离的最近公厕、餐饮店、公园景点、银行、商场等“十五分钟便民生活圈”的便利信息，道路是否拥堵的实时路况，下雨时易积水道路的现场视频、台风实时路径，城市管理的相关政策等，方便市民参与城市管理、共享创建成果，架起市民和政府沟通的桥梁，成为政府与市民对话和市民了解政府相关举措的“窗口”，在城市管理创建过程中充分发挥了正面引导和稳控作用，微信公众号信息点击量 45 万多次，和“公益海口”、“诚信海口”并列成为海口创建工作的三大网络服务平台，成为市民的贴心“管家”。“海口城市管家”如图 20-12、图 20-13 所示。

由于和创建工作紧密结合，我市数字城管逐步实现了管理模式的转型升级，成为城市管理中集发现、处置、监管、考评、服务为一体的常态化长效管理的综合监管平台。

2018 年 4 月，海南迎来全岛建设自由贸易试验区和中国特色自由贸易港的创新发展机遇，我市的城市管理和数字城管模式也将面临新的挑战。数字城管作为城市管理的问题处理平台、常态化长效管理运行的服务和监管平台，将以此为新起点，与海口自贸区建设及城市管理工作紧密结合，抓住机遇创新发展，为海口城市管理转型升级做出新的贡献。

市民可以这样投诉问题

图 20-12 “海口城市管家”市民投诉功能界面

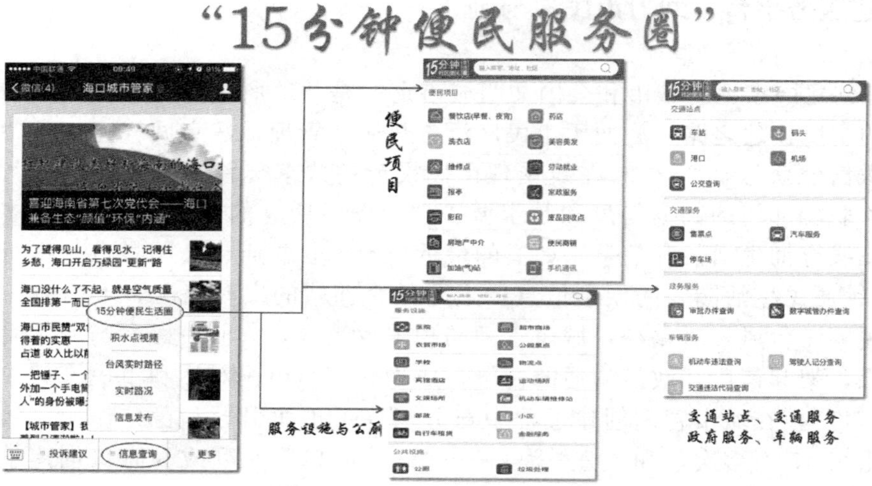

“15分钟便民服务圈”

便民项目

服务设施与公厕

交通站点、交通服务
政府服务、车辆服务

图 20-13 “海口城市管家”便民查询功能界面